RUPTURA DE CAMPO: CRÍTICA E CLÍNICA

*IV Encontro Psicanalítico
da Teoria dos Campos por Escrito*

Sumário

Apresentação 7

Introdução:

Freud e o Pensamento por Ruptura de Campo 13

Abertura 17

Capítulo 1 - Mesa 1 – Freud e o Pensamento por Ruptura de Campo ... 25

Pensamento por Ruptura de Campo, *Fabio Herrmann* 27

Freud e o Pensamento por Ruptura de Campo, *Sandra Lorenzon Schaffa* . 33

Debate 48

Capítulo 2 - Mesa 2 – Ruptura de Campo em Questão:

Klein e Winnicott 59

A Ruptura de Campo em Melanie Klein, *Claudio Rossi* 61

Ruptura de Campo em Winnicott, *Luís Claudio Figueiredo* 71

Debate 83

Capítulo 3 - Mesa 3 – O Impacto da Ruptura de Campo Sobre
a Psicanálise: Inconsciente, Transferência e Noção de Eu 115

Inconsciente, *Leda Herrmann* 117

Campo Transferencial, *Maria da Penha Zabani Lanzoni* 125

O Impacto da Ruptura de Campo Sobre a Psicanálise:

O Eu: Um ser Atônito, *Camila Pedral Sampaio* 141

Debate 157

Capítulo 4 - Mesa 4 – A Ruptura de Campo na Intimidade da Clínica .. 173

Um Troninho para Ricardo, *Sandra Moreira de Souza Freitas* 175

Debate 184

Flitkraft e a Tampa da Vida, *Magda Khouri* 191

Debate 197

Capítulo 5 - Mesa 5 – A Arte da Interpretação 207

A Interpretação e suas Teias, *Fabio Herrmann* 209

Variações Sobre a Hermenêutica, *Marilsa Taffarel* 217

Debate 223

Conclusão:

A Arte da Intepretação, *Fabio Herrmann* 255

Sobre os Autores 259

Coordenadores e Debatedores 261

Apresentação

Reúnem-se aqui os textos e debates resultantes do IV Encontro Psicanalítico da Teoria dos Campos, norteado pela problematização do conceito central da obra de Fabio Herrmann, a ruptura de campo, e suas ressonâncias na clínica.

Se no *III Encontro* tematizou-se a ampliação da Psicanálise para além do enquadre do consultório – a clínica extensa – na qual, segundo Herrmann, a técnica padrão é inexeqüível, neste se faz um retorno questionador das próprias bases em que a Teoria de Campos se assenta. Ao mesmo tempo, é reenfatizada sua capacidade heurística: ser, conforme expressão de Fabio, usada em outro contexto, um "desembaçador de consciências amortizadas pela rotina das nossas psicanálises praticadas no consultório".

Na primeira mesa, *Freud e a ruptura de campo*, Fabio expõe a importância do pensamento que se erige fora da rotina; da construção que se faz quando o conceito sofre uma torção, uma ruptura de campo – como fez Freud com o conceito de sexualidade, ao postular a existência da sexualidade infantil. Infelizmente, esse gesto fundador de Freud, tantas vezes repetido, foi se perdendo ao longo da história da Psicanálise, transformando-a em doutrina, reificando-a.

A Teoria dos Campos, poderia ser dispensada, diz Fabio, caso a Psicanálise não tivesse sido seqüestrada pela clínica-padrão, que acredita ser a interpretação um instrumento destinado a aplicar um conhecimento já sabido anteriormente; uma clínica atrelada à técnica. A Teoria dos Campos é uma tentativa de resgatar a Psicanálise de sua tecnificação.

Para Sandra Schaffa, a originalidade do pensamento de Fabio Herrmann está na recuperação do método psicanalítico, no enfrentamento com o próprio conhecimento. Exige da Psicanálise e dos psicanalistas que entrem numa crise com o próprio saber e com a forma de produção de conhecimento. O método freudiano que Fabio resgata consiste nesse submetimento constante do próprio saber ao processo disruptivo do método, a ruptura de campo.

Na segunda mesa, *A ruptura de campo em Klein e Winnicott,* Claudio Rossi e Luís Claudio Figueiredo apresentam aspectos das obras desses autores, relacionando-as com a Teoria dos Campos.

Para Claudio Rossi, a melhor forma de se ler Melanie Klein a partir da Teoria dos Campos não está na procura de momentos de ruptura de campo em sua obra, mas sim em sua desconstrução, usando o arsenal metodológico fornecido pela obra de Herrmann para "virá-la do avesso, desequilibrá-la, não por sadismo, mas com a motivação de fazê-la revelar o seu âmago, quebrar sua formalidade para que algumas de suas múltiplas e infinitas estruturas subjacentes se revelem".

Luís Claudio Figueiredo, ao abordar Winnicott, partindo de uma leitura desconstrutivista, inspirada em Hillis Miller e Derrida, busca trazer as tensões imanentes à obra do autor. Embora se utilize da mesma preocupação epistemológica que emana da Teoria dos Campos, Luís Claudio problematiza o estatuto epistemológico do conceito de campo, questionando a pertinência da própria Teoria dos Campos.

Na terceira mesa, *O impacto da ruptura de campo sobre a Psicanálise: inconsciente, transferência e noção de eu,* três trabalhos enfatizam

Teoria dos Campos
Coleção Psicanalítica
Dirigida por Leda Hermann

Colaboradores
Leda Maria Codeço Barone
Luciana Estefano Saddi
Magda Guimarães Khouri

Organizadores
Leda Herrmann
Leda Maria Codeço Barone
Sandra Moreira de Souza Freitas
José Carlos Mohallem

Ruptura de Campo: Crítica e Clínica

*IV Encontro Psicanalítico
da Teoria dos Campos por Escrito*

© 2008 Casa Psi Livraria, Editora e Gráfica Ltda.
É proibida a reprodução total ou parcial desta publicação, para qualquer finalidade, sem autorização por escrito dos editores.

1ª Edição
2008

Editores
Ingo Bernd Güntert e Christiane Gradvohl Colas

Assistente Editorial
Aparecida Ferraz da Silva

Editoração Eletrônica
Sérgio Antônio Gzeschnick

Produção Gráfica & Capa
Ana Karina Rodrigues Caetano

Imagem da capa
Fabio Herrmann

Preparação de Texto
J.B. de Souza Freitas

Dados Internacionais de Catalogação na Publicação (CIP)
(Câmara Brasileira do Livro, SP, Brasil)

Encontro Psicanalítico da Teoria dos Campos (4. : 2005 : São Paulo)
Ruptura de Campo: crítica e clínica/ Leda Herrmann...[et al.].
organizadores; J. B. Souza Freitas , preparação de textos;
colaboradores Leda Maria C. Barone, Luciana E. Saddi, Magda G.
Khouri. — São Paulo: Casa do Psicólogo, 2008.— (Coleção
psicanalítica. Teoria dos Campos/ dirigida por Leda Herrmann)

Vários autores.
Outros organizadores: Leda Maria C. Barone, Sandra M. de S.
Freitas, José Carlos Mohallem.
ISBN 978-85-7396-623-7

1. Psicanálise - Teoria, métodos etc. 2. Psicanálise e cultura 3.
Psicanálise e literatura 4. Psicanálise infantil 5. Psicologia clínica 6.
Teoria dos Campos (Psicologia Social) I. Herrmann, Leda, II.
Barone, Leda M. Codeço. III. Freitas, Sandra M. de Souza. IV.
Mohallem, José Carlos. V. Freitas, J. B. Souza. VI. Saddi, Luciana.
VII. Khouri, Magda Guimarães. VIII. Título. IX. Série.

08-08843   CDD- 150.19501

Índices para catálogo sistemático:
1. Psicanálise: Ruptura de campo: Psicologia   150.19501
2. Teoria dos Campos; Psicanálise: Psicologia 150.19501

Impresso no Brasil
Printed in Brazil

Reservados todos os direitos de publicação em língua portuguesa à

Casa Psi Livraria, Editora e Gráfica Ltda.
Rua Santo Antonio, 1010 Jardim México 13253-400 Itatiba/SP Brasil
Tel.: (11) 45246997 Site: www.casadopsicologo.com.br

as diferenças entre a proposta da Teoria dos Campos em relação à psicanálise tradicional, particularmente na abordagem desses seus conceitos centrais.

Leda Herrmann expõe como a crítica ao conceito de inconsciente é o embrião do pensamento de Fabio Herrmann. Ao criticar as teorias que advogam a substancialização do inconsciente, Fabio opera uma torção conceitual extremamente relevante para a Psicanálise. O inconsciente submetido à ruptura de campo mostra-se como "o conjunto de regras de produção de sentido". O inconsciente dessubstancializado, desprovido de mecanismos e conteúdos, passa a ser aquilo que a interpretação revela, daí a fórmula sintética de Fabio: "o inconsciente não existe, mas há". Não podemos fazer nenhuma asserção positiva que ultrapasse a interpretação. Falar em *memória inconsciente, percepção inconsciente* e *sentir inconsciente* é um equívoco do qual se impregnou a Psicanálise e que a Teoria dos Campos almeja superar.

Maria da Penha Zabani Lanzoni, após cuidadoso recenseamento do conceito de transferência na obra de Freud, Melanie Klein e outros autores, trabalha as implicações do conceito de inconsciente da Teoria dos Campos para a construção da concepção de transferência e contratransferência como um campo. Afirma ela: "É pela atenção ao campo transferencial que o inconsciente relativo, ou campo, das auto-representações presentes do paciente rompe-se pela ação do método interpretativo, permitindo a emergência de suas regras determinantes. Assim, outros sentidos, ou outras auto-representações apresentam-se para o paciente? sentidos que, repito não estavam ausentes da consciência e presentes no inconsciente, mas que foram criados pela interpretação no seio de uma relação".

Camila Pedral Sampaio aproxima a *teoria da alma humana*, constante no conto *O espelho,* de Machado de Assis, da teoria do eu proveniente da obra freudiana. Faz uma exposição da teoria do eu em Freud, que compreende uma crítica à filosofia cartesiana na identificação do eu ao *cogito*. Mostra que em Freud surge um eu "fragilizado, despotencializado e siderado por determinações que muito o ultrapasssam". Posteriormente, Camila vai expor a radicalização do descentramento freudiano em relação ao eu, feita por Fabio Herrmann. Analisa os dois ensaios que compõem o livro *A Psique e o Eu*, em que Fabio apresenta dois conceitos essenciais para a Teoria dos Campos – o de *disfarce* e o da *duplicação sub-reptícia do eu* – como contribuições fundamentais para a Psicanálise.

A quarta mesa, *Ruptura de campo na intimidade da clínica*, constituiu uma exceção na sistemática do IV Encontro, em que os debates aconteciam somente depois das apresentações. Dois distintos temas foram aqui debatidos em seqüência por especialistas em cada área. Pioneira na análise de crianças a partir do referencial da Teoria dos Campos – ou *Teoria dos Campinhos*, como a rebatizou –, Sandra Moreira Freitas apresenta um caso clínico de uma criança marcada pelo que ela chama de "campo do destituído". Magda Khouri expõe o abalo ocorrido na análise de um paciente adulto, cujo padrão era o engessamento da relação analista-paciente. Um maior acolhimento pela analista numa sessão permite-lhe ver em *status nascendi* a angústia proveniente dos movimentos iniciais da ruptura do campo das certezas obsessivas, habitado pelo paciente.

Na última mesa, *A arte da interpretação*, são apresentados os trabalhos de Marilsa Taffarel e Fabio Herrmann. Marilsa expõe a concepção hermenêutica de Schleiermacher, filósofo alemão do século 18, e o debate que se estende por todo o século 20 entre os positivistas e os hermeneutas. Debate que perpassa a Psicanálise e tem como expoente o psicanalista americano Roy Schaffer. São essas considerações que lhe permitem entender como anti-hermenêutica a concepção de interpretação de Fabio Herrmann, cujo "objetivo fundamental é romper com o campo da rotina". Isto é, ao romper-se a face visível, rompe-se o campo, face invisível, ou inconsciente relativo que sustentava a relação estabelecida. A ruptura propicia a ampliação da falha do sentido aprisionador de uma só forma do paciente relacionar-se consigo e com o mundo, forma essa que funciona como um nó

RUPTURA DE CAMPO: CRÍTICA E CLÍNICA

11

do desejo, fixando-o a um único modo de realização, sem a possibilidade de fluir. Ressalta Marilza que a interpretação, para Fabio, é a condição do surgimento do sentido.

Fabio Herrmann finaliza o encontro com uma conferência em que nos lembra que a psicanálise é uma ciência artística, mais próxima da estética e da obra de arte do que da ciência natural. Fabio narra-nos um sonho seu e o analisa. O ato de narrar e analisar o próprio sonho tem sido negligenciado na história da Psicanálise. Isto indica que, depois de Freud, os analistas perderam a coragem de interpretar os próprios sonhos, passando a interpretar apenas os sonhos alheios e os de Freud.

Num dos seus últimos trabalhos, contido no ainda inédito *Meditações Clínicas*, Fabio ocupa-se dos sonhos, sem se furtar a narrar os próprios. Com isso, mostra-se fiel a si mesmo. Reinventar a Psicanálise implica assumir o legado maior de Freud: o ato fundador. No primeiro livro da trilogia dos *Andaimes do real*, a análise do sonho *princeps* de Freud — *Sonho de injeção de Irma* — ocupa papel fundamental na construção do conceito de inconsciente na Teoria dos Campos. Dos primeiros esboços, nos fins dos anos 60, aos últimos textos de um autor tão profícuo quanto generoso, trabalhando seus sonhares pelo crivo da crítica, assim se ataram — parafraseando Machado de Assis, autor tão caro a Fabio —, as pontas dos sonhos e da vida.

Em plena e aguçada posse da clareza de espírito e do brilho que sempre o caracterizaram, mas fisicamente debilitado pela doença que o levaria à morte em julho de 2006, Fabio Herrmann limitou, por ordem médica, sua participação à abertura e encerramento do IV Encontro Psicanalítico da Teoria dos Campos, realizado no teatro da Fundação Faculdade de Medicina da Universidade de São Paulo, nos dias 23, 24 e 25 de setembro de 2005.

Para fins desta publicação, todas as falas e intervenções foram revistas e editadas.

Os Organizadores.

Introdução

FREUD E O PENSAMENTO POR RUPTURA DE CAMPO

Fabio Herrmann

A duração do tempo é muito variável nos assuntos humanos históricos. Há momentos em que é preciso procurar a explicação mais longa, mais clara, meticulosa. Há outros momentos, e este é um deles, em que é preciso atalhar os assuntos para que eles fiquem rapidamente de posse do leitor, de posse do grupo da Teoria dos Campos. Este é um desse *segundos momentos*.

A "Teoria dos Campos" tem sido um termo precioso para indicar nossa prática e concepção psicanalíticas. Entretanto poderíamos haver ficado com *psicanálise*, simplesmente, caso esse termo não tivesse sido abocanhado pela clínica, e por uma clínica não de todo progressiva, uma clínica que acredita que interpretar é só completar um conhecimento da psique já meio completo. Interpretar, nesse sentido, não é um instrumento artístico, mas quase se poderia dizer, cartográfico. Aos poucos, o termo mesmo, *psicanálise*, passou a designar uma operação puramente de técnica clínica, isto é, de tentativa de tratamento e cura – também uma pesquisa, uma investigação, um processo de ampliação de conhecimento, é claro. Mas é como se já tivéssemos sempre uma parte muito grande da psicanálise sob domínio, e tivéssemos apenas a necessidade de ampliar esse domínio, completá-lo, fechar o assunto. Infelizmente, por mais prático que fosse, a psicanálise compreendida assim, não corresponde à verdade.

A idéia de ruptura de campo, como quando se diz *Freud e o pensamento por ruptura de campo*, é a idéia de um método de pensar. Consiste esse método de pensar, desenvolvido pelo nosso movimento, em levar ao extravasamento o pensar em algo. Por exemplo, como o pensar sobre a sexualidade, que foi um dos primeiros atos desse pensamento em Freud. Ampliá-lo do jeito como Freud o fez, poderia levar à pergunta se sexualidade ainda era sexualidade? E não poucas vezes isso foi perguntado a Freud. Certa vez encontramos para isso a seguinte expressão: *Procurar no escuro o que no claro estava perfeitamente claro.* Freud teria ido procurar em um quarto escuro, aquilo que todo mundo parecia saber exatamente o que era, porque o procurava em um quarto claro, apenas, embora mais confortável, o objeto não tinha sido perdido em um quarto claro, e sim em um quarto escuro.

Aliás, um exemplo menor de pensamento por ruptura de campo é justamente a decisão de usar essa espécie de escorregamento de nomenclatura para dar vida de novo à noção de psicanálise. Consiste no seguinte. Uma certa forma da filosofia, a que se poderia chamar de filosofia heurística, foi convertida em algo mais restrito e mais preciso até, e passou a se chamar *psicologia*. Depois, a psicologia, ainda sendo ampla demais, acabou ganhando um nome fundamental – foi o grande passo realmente dentro da nossa história –, e a psicologia, assim chamada, passou a ser conhecida por psicanálise. É claro que na passagem de psicologia à psicanálise encontra-se toda a revolução freudiana. O passo-passagem de psicanálise à TdC, que foi dado por nós, tem a finalidade não de esclarecer as coisas, no sentido de que a expressão *TdC* seja mais precisa que psicanálise, ao contrário, o termo *psicanálise* é mais bonito, claro e provocador que *TdC*. Tem sim o propósito de denunciar que a psicanálise perdera sua força, como vimos, transformando-se em uma espécie de instrumento técnico, invés de permanecer como método artístico.

No momento da recuperação do sentido original e da força original da expressão *psicanálise* é que nos damos conta disso, de como tem sido diminuído o valor da psicanálise. Não importa. Temos usado *TdC* para isso. Mas agora que chegou o momento de atalhar, de expor as coisas de forma mais rápida e direta para vocês, é preciso que compreendam: TdC não é outra coisa senão a própria psicanálise, aqui virada em direção à explicação de seu procedimento. Quer dizer, a psicanálise é uma *teoria dos campos*. É um pensar por ruptura de campo, na medida em que Freud o praticou primeiramente com a sexualidade e com a noção de sentido – que talvez seja até mais importante que a própria sexualidade –, mas posteriormente com muitos outros conceitos e com muitas outras áreas. Se damos um passo nessa direção – *TdC/psicanálise* –, logo vamos ser convidados para dar os passos seguintes: psicanálise é tal como deveria ser, e a TdC tem oferecido à psicanálise a posição onde ela pode se exercer. E de imediato segue-se que a psicologia se exercida e se compreendida na sua forma mais perfeita, na minha opinião, ela já é psicanálise. O último passo, voltando às origens, é dizer assim: e sendo desta forma, a psicanálise já é psicologia, a psicologia, por sua vez, já é uma espécie de filosofia heurística do conhecimento humano.

Abertura

Marion Minerbo

Damos início ao IV Encontro da Teoria dos Campos, cujo tema é *Ruptura de campo, crítica e clínica*. O I Encontro, em 1999, tratou da Teoria dos Campos em seus aspectos gerais; o II e o III foram temáticos e abordaram, respectivamente *O Psicanalista: hoje e amanhã* e *A psicanálise e a clínica extensa*.

Por que este tema hoje?

Fabio Herrmann, criador da *Teoria dos Campos*, começou a se interessar sobre o que poderia ser a essência do ato analítico nos anos 60. Seu primeiro livro, *Andaimes do real*, é uma recuperação crítica do método da psicanálise no interior da clínica. Em lugar de propor um modelo de interpretação guiando-se por alguma concepção do psiquismo, seu caminho foi tentar compreender, a partir das interpretações efetivamente praticadas por todos os tipos de psicanalistas, em que consiste o ato de interpretar. Desse esforço nasceu o conceito de *ruptura de campo*, que veio a se tornar uma espécie de marca registrada deste pensamento. Quem já ouviu falar em *Teoria dos Campos* conhece a expressão ruptura de campo. O conceito tem sido compreendido e usado de diferentes maneiras. Daí a idéia de dedicarmos a ele este IV Encontro.

O que é ruptura de campo? Lanço mão de um exemplo simples. Se pergunto a vocês o que é um relógio, a primeira resposta, quase com certeza, é que se trata de um instrumento que marca as horas. Quando pergunto "que horas são?", estou no campo da funcionalidade. Mas, se pensarmos bem, esta é uma concepção bastante limitada do que vem a ser um relógio, já que ele pode ser muitas outras coisas. Basta que alguém me pergunte "quanto custa este relógio?", para que eu perceba que ele também pode ser um bem. Estamos no campo do valor de troca. Sem deixar de ser um utensílio, ele é igualmente uma mercadoria. Quando o relógio passa do campo da funcionalidade para o campo do valor de troca posso dizer que houve ruptura de campo. Rompeu-se o campo que me obrigava a vê-lo unicamente como utensílio. Ampliou-se meu repertório de relações com ele.

Na prática, o que isto significa? Algo bastante importante. Que, enquanto eu o via apenas como instrumento, a única forma de relação possível com ele era para saber as horas. Não me ocorreria vendê-lo, mesmo precisando de dinheiro, porque não existiria para mim a possibilidade de vê-lo como mercadoria. Se estou aprisionada ao campo da funcionalidade, quando alguém me pergunta "quanto custa?", a pergunta não faz muito sentido. Ou, mais provavelmente, a própria pergunta "quanto custa?" poderia produzir a ruptura do campo da funcionalidade, já que eu perceberia imediatamente que ele pode ser também uma mercadoria.

Não se trata de uma operação violenta, que lança o paciente num estado de confusão, desagregação ou de angústia. É verdade que a pergunta abalaria minha certeza numa única representação do relógio – e certezas abaladas não são confortáveis. Certezas inabaláveis, em contrapartida, são motivo de sofrimento psíquico, pois a vida fica limitada, repetitiva, com pouco prazer e criatividade. A ruptura do

RUPTURA DE CAMPO: CRÍTICA E CLÍNICA   19

campo da funcionalidade me deixaria, por um momento, sem chão. Mas, logo em seguida, quando passasse a vê-lo também como mercadoria, além de saber as horas, eu poderia vendê-lo, poderia me tornar uma comerciante de relógios, etc. É com alívio que vejo ampliarem-se minhas possibilidades de ser.

Imaginemos mais: que o relógio tenha sido presente de alguém. Neste caso, ele terá para mim um valor simbólico, uma vez que representa quem o presenteou. Ou que ele pode ainda, valorizado por sua grife, ser um objeto de consumo e desejo. Como vemos, da idéia inicial de apenas um instrumento, passamos para uma relação bastante diversificada com o nosso relógio. Tal o efeito da ruptura de campo na clínica. Como ele se produz? Vejamos uma vinheta clínica. O paciente me pergunta "que horas são?". Eu escuto em sua pergunta, além do desejo de saber as horas, certa ansiedade pelo término da sessão. Minha interpretação toma em consideração aquilo que não era o assunto principal, as horas, mas sua ansiedade. Respondo, então: "temos tempo". É uma resposta que lhe mostra algo de sua relação comigo, de que ele não tinha consciência: a vontade de não ir embora dali hoje.

O que esperar deste nosso Encontro?

A mesa de abertura chama-se *Freud e o pensamento por ruptura de campo*. A idéia que nos orientou foi a seguinte: embora Fabio tenha batizado o método desta maneira, é evidente que seu modo de operação foi inventado por Freud.

A psicanálise nasce com a criação e institucionalização de uma *forma de pensar* particular. Que forma de pensar é esta? Fabio costuma dizer que é um *pensamento fora da rotina*. A sexualidade, por exemplo, no pensamento rotineiro, relaciona-se com a vida sexual dos adultos. No entanto, quando Freud vê, no ato de sugar o seio (*Três ensaios*), ou no amor de si mesmo (*Narcisismo*), manifestações da sexualidade, ele está pensando fora do habitual. Num pensamento rotineiro, as fronteiras entre normalidade e patologia são claramente demarcadas. Num pensamento fora da rotina, a normalidade é impregnada de elementos encontrados na patologia – e a patologia mostra uma inteligibilidade que se imaginava exclusiva da normalidade. Esse trânsito do normal para o patológico e vice-versa só é possível para um pensamento que não se deixa aprisionar pela rotina. Finalmente, numa conversa rotineira com alguém, prestamos atenção no assunto principal. Numa conversa fora da rotina, prestamos atenção aos elementos marginais da conversa, e este é o começo da ruptura de campo. O pensamento por ruptura de campo é uma forma de pensar que produz um tipo de conhecimento sobre o homem ao qual não acederíamos de outra forma.

Sábado de manhã, teremos uma única mesa: *Ruptura de campo em questão: Klein e Winnicott.*

Para Fabio, a ruptura de campo está presente no fazer psicanalítico de psicanalistas de qualquer escola, embora com características técnicas e estilísticas muito variadas. A tese é ousada, pois supõe que a Teoria dos Campos possa pronunciar-se, em outro nível epistemológico, sobre as teorias psicanalíticas em geral. Essa mesa pretende colocar isso em questão, propondo uma interlocução e um debate entre essa tese de Fabio, e as idéias e, principalmente, a clínica de dois grandes psicanalistas, Klein e Winnicott. É comum escutarmos que, para certos pacientes, a ruptura de campo poderia ter efeitos desastrosos. Ou que, para outros, apenas a ruptura de campo não é suficiente. Pode-se falar, por fim, em ruptura de campo no *holding?* E como se produz ruptura no campo transferencial produzido por certas identificações projetivas maciças e bem-sucedidas? São algumas das questões que merecerão nossa atenção nessa mesa.

Sábado à tarde, teremos duas mesas.

O impacto da ruptura de campo sobre a psicanálise: inconsciente, transferência e a noção de eu impôs-se como a primeira. Uma vez definido o método como ruptura de campo, Fabio dispõe de um poderoso instrumento crítico que lhe permite, ou melhor, que o obriga a revisitar criticamente, "de dentro", a própria psicanálise como corpo conceitual. Trata-se de um verdadeiro efeito crítico em cascata.

RUPTURA DE CAMPO: CRÍTICA E CLÍNICA   21

Inconsciente e transferência, evidentemente, são os primeiros conceitos afetados, com repercussões imediatas sobre todos os outros. Destes, escolhemos, por sua importância, a noção de eu. Esse movimento, em que a própria psicanálise é pensada fora da rotina, faz com que os conceitos sejam redefinidos com rigor e legitimidade, com conseqüências importantes para a clínica.

Sua continuação se dará na segunda mesa, *A ruptura de campo na intimidade da clínica*. Depois de termos discutido como ficam redefinidos inconsciente e transferência, dispomos da idéia de campo transferencial, campo em que poderemos ver o que acontece na intimidade da clínica. Estaremos assim bem posicionados para discutir o que é interpretação na Teoria dos Campos, qual o lugar da teoria na clínica, como se cura o paciente, e tudo o mais que constitui este fascinante universo da clínica psicanalítica, já que nosso objetivo, afinal, é ajudar nossos pacientes a viver melhor.

Encerrando o Encontro, domingo de manhã teremos uma mesa sobre *A arte da interpretação*. Fabio fala em método psicanalítico, concebe a psicanálise como uma ciência artística e nos propõe uma clínica cujo estilo passa não por algum modelo interpretativo, mas pela arte da interpretação. Afinal, "onde situar a interpretação: do lado da habilidade, de um saber fazer, ou da criação?"

Duas palavras sobre o formato deste Encontro. Preferimos fazê-lo neste teatro, em lugar de um centro de convenções, o que, além de criar um clima mais gostoso, limita o número de participantes. Nossa idéia é favorecer uma conversa em situação de intimidade. Desse modo, estaremos juntos de hoje a domingo e, com a possibilidade da participação concentrada de todos, acabaremos por nos conhecer melhor. Optamos também por conceder a cada mesa tempo bastante para que possamos aprofundar o tema sem pressa e com prazer. Por fim, pensamos em fazê-lo funcionar como uma espécie de roda-viva. Os apresentadores – que escreveram baseados no capítulo intitulado ruptura de campo, de *Andaimes do real* – entregaram seus textos com antecedência para que fossem lidos pelos debatedores, cuja função é colocar as idéias em discussão. A idéia é que seja um debate ágil, com perguntas, comentários e respostas, começando aqui no palco e continuando com o público.

Com a palavra, Luís Carlos Menezes, presidente da Sociedade Brasileira de Psicanálise de São Paulo.

Luís Carlos Menezes

Para a Sociedade Brasileira de Psicanálise de São Paulo é uma honra ter entre seus membros Fabio Herrmann, um dos mais importantes analistas da psicanálise brasileira de todos os tempos. Recentemente, me lembrei de um livrinho que li há alguns anos. Fui olhar e lá estava ele, quietinho na minha estante: o *Discurso do método*, de Descartes. Nesse livro, Descartes conta que, cansado da fala empolada de tantos doutores e acadêmicos, resolveu sair pela vida, viajar e observar como as pessoas humildes resolviam seus problemas, porque devia ser uma coisa muito mais inteligente. Ao observar como se viraram nos problemas práticos, ele poderia aprender muito mais.

Liguei isso ao Fabio e à relação parecida que ele teve com a análise, no final dos anos 60, quando começou a se questionar: como é mesmo? E começou olhar para a vida, olhar em volta, vivendo nos andaimes do real. Naquela época eu estava em Paris, para onde o Fabio deveria ir para se reunir com um pequeno grupo, nós iríamos discutir o primeiro volume dos *Andaimes do Real*. Por uma circunstância particular, ele acabou não indo, mas lembro que ele falava de uma determinada situação em que se encontrava escrevendo. Podia ver passarinhos, árvores, grama – enfim, escrevia e olhava ao redor uma natureza assim. Mas como boa parte da vida dele, assim como a de muitos de nós, se passava mesmo dentro de um consultório, ele começou a aguçar o olhar também para o que se passava por ali. Acho que daí foi saindo a produção do Fabio. Ele foi desenvolvendo uma capacidade de escrita, de pensamento, de articulação que se espraia, que está no limite do humor, da piada. Mas não é piada a formulação do Fabio, é uma formulação gostosa de ser ouvida que ao mesmo tempo desperta e estimula o pensamento. E isso com certeza fez com que tantos analistas o tenham tomado como interlocutor de seu próprio pensar.

Gostaria ainda de mencionar o primeiro capítulo do livro *Introdução à Teoria dos Campos*, no qual Fabio refere-se ao professor alemão Athanasius Kircher que, no século 17, dispôs-se a decifrar um hieróglifo a partir das imagens, que ele supunha figuras mitológicas. Montou, então, uma história inteira sobre o que estaria descrito ali. Até que, em princípios do século 19, surgiu Champollion e descobriu naquilo uma escrita fonética, que designava não mais que o nome de um faraó. De certa forma, a descoberta freudiana foi isso.

Uma última citação. No segundo capítulo da *Interpretação dos Sonhos*, intitulado *Método da interpretação*, Freud fala da interpretação simbólica e da interpretação por deciframento. Simbólica sendo a da bíblia (as sete vacas gordas, as sete vacas magras, etc.), e deciframento a consistente em pegar cada elemento e remetê-lo a uma chave fixa preestabelecida. Por deciframento, descobre-se que cada coisa seria uma concepção rígida de alguma teoria, que teria que ser desfeita. Freud, naturalmente, disse que nenhuma dessas eram aceitáveis. Nosso método, por isso, é outro: é preciso deixar vir as idéias, que elas surgem, para colher todas as idéias que parecem surgir por si mesmas, que brotam. É com isso que tem que trabalhar o analista – e, acho eu, com um pouco daquela mágica de que falava Marion. Fabio, por sua vez, retoma esse miolo da invenção freudiana e nos sensibiliza para isso, ilustrando e esparramando esse freudismo crítico.

Capítulo 1

MESA 1 – FREUD E O PENSAMENTO POR RUPTURA DE CAMPO

Apresentadores: Fabio Herrmann e Sandra Lorenzon Schaffa
Coordenadora: Marion Minerbo
Debatedores: Ana Maria Loffredo, BernardoTanis, Cecília Maria Brito Orsini, Fernanda Colonnese, Mara Cristina Souza de Lucia, Maria Lucia de Oliveira

Marion Minerbo

Iniciamos agora a nossa primeira mesa. Fabio faz sua apresentação, segue-se a Sandra e depois vamos para o debate.

Pensamento por Ruptura de Campo

Fabio Herrmann

Vocês imaginam como estou contente por estar aqui com vocês, diante da ameaça de não poder estar aqui com vocês, porque não estou no melhor da minha saúde nesse momento. Felizmente, estou bastante bem para poder vir no Encontro. E, infelizmente, talvez não possa ficar o tempo que gostaria de ficar e participar das discussões.

Por falar nisso, dentro dessa mesa, *Freud e o pensamento por ruptura de campo,* eu queria tocar diretamente no centro do nosso assunto, que é a duração recomendável do tempo de transmissão. Nos negócios humanos e nos assuntos históricos, há um tempo recomendável para transmissão das idéias que é muito variável. Há momentos, assuntos, épocas, etc., em que convém ser meticuloso, em que é preciso polir quase até a exaustão a forma que se quer dizer, que se quer transmitir. Não dar margem aos equívocos e às confusões. Há outros, porém, e este é um deles, em que convém atalhar a exposição para que os próprios colegas entrem na posse imediata da parte que lhes cabe e possam jogar com ela, debatê-la, socializar sua autoria, digamos assim. Este é um momento, um desses segundos momentos em que nós, por assim dizer, pegamos o touro pelo chifre, discutindo nada menos que a questão da ruptura de campo, que é a questão central para nós, e, como vocês vão ver, é até o problema da pertinência ou não da Teoria dos Campos.

É tudo uma questão de tempo, e hoje o tempo sugere uma certa aceleração. Depois, cada qual e respectivo grupo lute por tirar o que puder dessas comunicações. Afinal, você também, Marion, tão apropriadamente trouxe o exemplo do relógio como modelo de um campo que evoca o essencial do absurdo contido na idéia de ruptura de campo. Pode ser tudo aquilo: mercadoria, utensílio, objeto de apreciação estética, objeto para produzir inveja nos outros; quanto vale um bom relógio, quando você pode exibi-lo? Ou, se você pensar como num conto muito popular e conhecido de Cortazar, *Instruções para se dar corda num relógio*, um relógio pode ser muito mais do que tudo isso junto, afinal de contas, você sai, você compara o seu relógio com os outros, vê qual é mais bonito, como ele marca a hora com mais precisão, embora sempre seja difícil saber com que precisão o seu relógio marca hora melhor do que os outros, uma vez que só os outros poderiam servir de comparação para marcar a hora. Mas isso não importa. O que importa é que os cuidados todos se centram de tal maneira, que você cuida do relógio e assim ao fim do dia – ou talvez de um certo tempo um pouco maior, no caso da Psicanálise, pelo menos – você descobre, segundo Cortazar, que foi dado de presente de aniversário ao relógio.

Um pouco disso passa-se com o próprio nome Teoria dos Campos. Ele tem sido um auxiliar precioso para qualificar a nossa prática e concepção da Psicanálise. Entretanto, poderíamos haver dispensado a idéia, o nome, Teoria dos Campos, ficando com Psicanálise simplesmente, nome tido como melhor tradição pelo menos, caso este termo psicanálise não tivesse sido abocanhado pela clínica.

E abocanhado por uma clínica não de todo progressista e inspirada, senão uma que acredita ser a interpretação principalmente um instrumento para transmitir o conhecimento prévio que temos do homem em geral. Instrumento para transmitir ao paciente o que pensamos saber o que seja um paciente, o que seja um ser humano e levar aos pacientes uma forma de ser menos conflitiva. Isso não é apanágio de uma das correntes psicanalistas, isso é apanágio de todos nós. Uma espécie de queda que sofreu a nossa atividade clínica, a nossa práxis quando passou a acreditar que tinha algo a transmitir, e aos poucos foi capitalizando um tesouro que não era seu e tentando transmitir aos pacientes uma coisa já sabida, já sabida e já sabida, a ponto de temermos muitas vezes pelo nosso próprio futuro, pelo futuro da própria Psicanálise.

Pois bem, essa clínica que engoliu, que patenteou, por assim dizer, o termo psicanálise acabou ficando muito mais próxima da técnica que do instrumento artístico, criando um tipo de conhecimento que seria cartográfico, como um mapa que se vai estendendo. Para nós, *ruptura de campo,* o conceito central da Psicanálise, é o método de pensar, ou seja, uma arte. Consiste levar ao limite, ao extravasamento o pensar em algo.

Como pensar sobre a sexualidade, que serviu de ponto de partida para Freud até que, embebida de genuíno espanto, nossa razão proteste diante, por exemplo, da sexualidade infantil freudiana. Mas isso ainda é sexualidade? Ou já estamos falando de outra coisa? No ponto exato onde nós nos insurgimos contra a idéia de que está sendo abusado o termo sexualidade, por exemplo, no caso da discussão da sexualidade infantil em Freud, é onde se criou, penso eu, a tensão que é o pensar por *ruptura de campo,* este que nos leva a ser dado de presente ao relógio. Foi o que Freud fez. E a pergunta: mas isso ainda é sexualidade? Ou isso ainda é pensamento? Ou isso que você diz ainda é racional? São perguntas que ele teve que ouvir e tentar responder uma porção de vezes, ao que tudo indica. Certa vez, encontramos na Teoria dos Campos a seguinte expressão para tal movimento em Freud: ele vai procurar no escuro o que no claro parecia perfeitamente claro. É uma reminiscência de uma anedota clássica. Todos vocês conhecem a história do sujeito que por comodidade foi procurar na sala que estava mais clara aquilo que ele tinha perdido em um quarto escuro. Essa é, no fim das contas, bem espremida, a Psicanálise.

De forma análoga, se Teoria dos Campos nada mais é que a tentativa de recuperar a Psicanálise usada no sentido próprio e original do termo, o sentido próprio de psicologia é, portanto, Psicanálise. Psicologia, no sentido que nos interessa, não é mais do que a própria Psicanálise, como a Psicanálise poderia ser a própria Teoria dos Campos, se não tivesse sido perdido seu sentido original freudiano. Por fim, o sentido próprio de psicologia tal qual consideramos é simplesmente o de uma heurística filosófica ou ainda artística. Uma arte ou filosofia heurísticas. E, aí – abracadabra! Quando nos damos conta de que é possível redefinir a Psicanálise a partir de uma espécie de escorregadela, de um tobogã que nos leva da Psicanálise, em geral, à Teoria dos Campos, em particular, recuperamos um sentido precioso para a construção da ciência moderna, similar ao poderoso avanço trazido pelo pensamento formal em áreas de pensamento de diferentes saberes.

A interpretação é uma arte, não uma obra de arte isolada. Não um exemplar, como vimos. Nesse caso, seria, antes, um gênero literário. A interpretação psicanalítica constitui um campo de estilo muito peculiar, ou seja, aquele da preferência por certas linhas temáticas e com uma conexão especial com a práxis, etc. Poesia heurística por analogia à já mencionada filosofia heurística. Nossa arte da interpretação é feita de momentos estéticos de ruptura de campo. Essas são as nossas obras de arte quando a *ruptura de campo* se dá, e na maior parte das vezes ela se dá nas mãos de Freud. O exemplo mais poderoso de ruptura desses com que Freud aprendeu a lidar, e a partir do qual foi inventando a Psicanálise, é o que se conhece por caso psicopatológico, que, quando submetido ao processo de ruptura de campo, é o mais incômodo da vida, mas também o mais belo. Quando nos referimos à psicopatologia, porém, não estamos pensando apenas na doença das pessoas – por isso, gostaria de terminar voltando, senão ao relógio, ao pavilhão onde o relógio poderia ter sido colocado.

Tomemos um exemplo em que a psicopatologia se assenta sobre o próprio objeto estético. Não uma pessoa, não um grupo, mas a própria coisa cultural, ligado ao sublime Pavilhão Dourado do século XV, em Kioto. Conta-se uma história aparentemente verdadeira, quase tão harmoniosa e tremenda quanto o próprio edifício. O edifício é, de fato, maravilhoso: tem a perfeição dessas coisas que não se deixam apanhar. Será saúde? Será doença? Ele nos ultrapassa desde o momento em que colocamos os olhos sobre ele. A história que se conta faz jus ao edifício. Um homem visitando o templo apaixona-se de tal maneira pela sua beleza que já não consegue pensar noutra coisa. Torna-se monge. Ainda assim, sua obsessão pelo pavilhão dourado de Kioto não é mitigada. Segundo antiga crença oriental, esse gênero de encanto por um objeto, só pode ser quebrado com o desaparecimento do objeto em causa. O objeto-suporte – autor e ao mesmo tempo imagem – de um grande momento de ruptura de campo psicopatológico. Assim é que nosso homem incendeia o pavilhão dourado, que arde até o chão. Só em 1955 o pavilhão do século 15 é reconstruído com a aparência original, e, em 1987 (coisa de muitos poucos anos, portanto), ele é coberto de folhas de ouro. Ele, o grande sedutor.

Vou ficar um pouquinho mais além da ordem médica, mas depois vou cometer a indelicadeza de sair. As ordens médicas foram dadas com muita autoridade médica, no caso.

FREUD E O PENSAMENTO POR RUPTURA DE CAMPO

Sandra Lorenzon Schaffa

Pensamento sem mistura.
A intimidade é um ato falho a dois.
O lugar do Método é entre.
Inconsciente e Método: as entranhas do pensar.

Abordar o tema proposto pelos coordenadores deste Encontro[1]: *Freud e o pensamento por ruptura de campo*, levou-me de início a buscar as formulações de Fabio Herrmann presentes nos seus primeiros textos, que viriam a compor os *Andaimes do Real*. Ei-nos diante do autor entregue à "tentativa de recuperar o método da Psicanálise para o uso amplo que sua vocação de ciência da psique

---

[1] Trabalho apresentado na abertura do IV Encontro Psicanalítico da Teoria dos Campos. Publicado em *Percurso* 36 1/2006, PP. 33-40. Agradecemos a autorização para reprodução neste livro.

34 TEORIA DOS CAMPOS - IV ENCONTRO

humana prevê e exige"[2]. Das formulações dos *Andaimes*, remontar ao pensamento freudiano procurando aí reconhecer a essência que Herrmann definiu como *ruptura de campo*. "Este ensaio é, sobretudo simples; sua dificuldade é a do pensamento sem mistura"[3], escreveu na abertura de seu livro sobre o Método. "É que o método de uma disciplina exprime a forma geral de seu saber e eficácia; em nosso caso, muito especialmente, da eficácia clínica".[4] Exige, portanto, um esforço de *purificação* do pensamento, exige a rigorosa sustentação de *um pensamento sem mistura*.

Tomo, nesta exposição, a idéia de *ruptura de campo*, como resultado desse esforço de depuração do pensamento freudiano, desviando-me inicialmente, contudo, em meu percurso, dessa *dificuldade*, que o autor de O *Método da psicanálise* confessa na sentença inaugural de seu primeiro livro. Partindo de seus mais recentes escritos, constato que o problema a ser tratado, entretanto, não fora abandonado: o de *um pensamento sem mistura*. Todavia, no lugar da expressão 'dificuldade', encontro outra, de que se serve o autor para designar a natureza do legado que recebemos de Freud. Esta última, que encontro no centro de suas *Meditações*[5], define o esforço pelo qual Fabio Herrmann procura penetrar a descoberta freudiana, caracterizá-la pelo seu traço mais puro: em uma única palavra: '*intimidade*'.

Como entender que o pensamento da intimidade da clínica possa definir a essência da descoberta freudiana? Para tanto teremos de nos colocar diante desse pensamento *sem mistura*, indagando se teria mesmo ele animado o sonho freudiano. Essa questão, presente nas *Meditações*, devo desdobrá-la: como considerar o pensamento

---

[2] Herrmann, F. *Andaimes do Real*, O *Método da psicanálise*, São Paulo: Editora Brasiliense, 1991, p.9.

[3] Herrmann, F. *Andaimes do Real*, op. cit. p.11.

[4] Herrmann, F. *Andaimes do Real*, op. cit. p.11.

[5] Herrmann, F. Da Clínica Extensa à Alta Teoria. Meditações Clínicas. (Texto inédito, não editorado).

RUPTURA DE CAMPO: CRÍTICA E CLÍNICA   35

freudiano em sua essencial *pureza*? Mas antes: o que significa *pensamento* depois de Freud?

Como foi que, da relação mais simples da qual partiu Freud – um homem fala e outro o escuta – chegamos à exigência de um pensamento sem mistura? Como assinala Blanchot, em seu belo ensaio "A palavra analítica", "para evitar toda grosseira interpretação mágica desse fenômeno maravilhoso foi preciso a Freud um esforço de elucidação obstinado, tanto mais necessário quanto *tinha seu método uma origem impura*, tendo começado próximo do magnetismo, da hipnose e da sugestão"[6].

Freud tomara como instrumento a *interpretação*, expurgando-a de sua origem sagrada, sem deixar de reconhecer nela o poder de jogo com a ambigüidade e a potência de seu movimento em ultrapassar o sentido manifesto e a aparência natural da realidade humana. Foucault, em *As palavras e as coisas*, analisou esta ordem de saber que se colocava no Renascimento lado a lado com a promissora ciência. "Não existe comentário, a menos que sob a linguagem que se lê e se decodifica, flui a soberania de um texto primitivo" escreve Foucault[7].

Laplanche no conhecido ensaio "Interpretar (com) Freud" parte dessa estrutura em dois níveis, texto manifesto e texto latente, própria à interpretação, para analisar o sentido essencial, demarcador da originalidade da *interpretação freudiana*. Reconhece que "o próprio Freud nos confundiu com algumas de suas declarações, por exemplo, quando dizia que 'a psicanálise descobriu um sentido oculto nos sonhos'", sentença dúbia que, observa Laplanche, quando assimilada rapidamente ao sentido de *sobredeterminação* como aceitação de uma pluralidade de sentidos possíveis com níveis maiores ou menores de profundidade, conduz à perda da especificidade da idéia freudiana. Vemos aí Laplanche às voltas com a mesma preocupação de preservar a pureza da descoberta psicanalítica. No ensaio mencionado, procura

---

[6] Blanchot, M. *L'Entretien Infini*, Paris, Éditions Gallimard,1969, p. 343.
[7] Cit. Laplanche, "Intrepréter [avec] Freud", *L'Arc* , 34 p. 22.

elucidar o que caracteriza a interpretação psicanalítica, distinguindo-a "de toda hermenêutica não freudiana, cabalística ou paranóica". O empenho na depuração é bastante compreensível se tivermos em conta o quanto o seu sentido não se deixou de misturar entre os próprios discípulos de Freud com concepções as mais díspares (que variavam segundo os pendores mais delirantes de alguns, como Fliess, ou até do genial Grodeck, até os que, no extremo oposto, esvaziaram a interpretação de sua própria natureza, substituindo-a por sistemas teóricos explicativos, como fez *rigorosamente* Hartmann). Laplanche, contudo, relembra-nos, o que já é suficiente, a exaustiva luta de Freud com Jung quando este derivara pela via da interpretação *anagógica*.

Interpretar, no sentido destacado por Laplanche, é interpretar *com* Freud. *Com* seu método. É afastar-se da ambição de uma leitura que se pretenda apropriar da *disposição arquitetônica da obra*[8] (dirige-se, no caso, a Paul Ricoeur) (...) E ironiza:"A arquitetônica? Esse termo implica por demais as idéias de sistema, de bela ordenação, de harmonia, para que o analista não a considere com desconfiança."[9] Interpretar *com* Freud é aceitar a disposição metodológica do pensamento freudiano: "o desmantelamento do pensamento e da expressão, a colocação no mesmo plano do 'insignificante' e da declaração de princípio sem cessar reafirmada, da parte pelo todo, etc., constitui uma regra metodológica salutar nisso que ela toma ao reverso as elaborações secundárias e as camuflagens do entendimento, permitindo a outras redes de significação liberarem-se."[10]

A direção de Laplanche não é estranha à de Herrmann e o conselho que nos dá o autor das *Meditações* para descobrirmos o sentido do método é: "Investigue com afinco os textos que tratam da demonstração do inconsciente, como a *Interpretação dos Sonhos*.

---

[8] A expressão é de Laplanche.

[9] Laplanche, op. cit. p. 46.

[10] Laplanche, op. cit.

RUPTURA DE CAMPO: CRÍTICA E CLÍNICA   37

Mas é prudente nunca perder de vista que *a noção de inconsciente pode rapidamente se transformar num pretenso saber positivo sobre aquilo que há no inconsciente (...)*"[11] Esta recomendação parece concordar com a prudência na leitura que Laplanche faz de Freud: "Isso que Freud chamou de *deslocamento de intensidade psíquica* ou ainda *reversão de todos os valores psíquicos* no sonho não é outra coisa que a justificativa teórica dessa *regra da fragmentação da unidade significante* segundo todas as linhas de divisão imagináveis, segundo as fronteiras aparentemente menos naturais que sejam. Escandalosa para o pudor ou senso moral, a regra de nada omitir no curso da sessão e de tratar todo pensamento do mesmo modo é tão chocante para o entendimento quanto para o 'eu'."[12]

O desprezo pelo edifício teórico acabado e o reconhecimento da residência do pensamento freudiano no caráter disruptivo de seu movimento aproximam a posição de Laplanche da de Herrmann. Este último afirma: "Freud mostrou que a psique é inexoravelmente lógica, porém que a lógica não é razão."[13] Vejamos como Freud atesta-o para retomar a partir de sua formulação a dupla questão que antes introduzi: "como considerar o pensamento freudiano em sua essencial *pureza?*" e "o que significa *pensamento* depois de Freud?"

"*Uma função intelectual nos é inerente*, que exige, de todos os materiais que se apresentam à nossa percepção ou ao nosso pensamento, unificação, coerência e inteligibilidade; e ela não teme estabelecer relações inexatas uma vez que, em conseqüência de certas circunstâncias, ela é incapaz de discernir as relações corretas. Nós conhecemos certos sistemas que caracterizam não somente o sonho, mas também as fobias, o pensamento obsessivo e as diferentes formas de delírio. Nas afecções delirantes (a paranóia), o sistema é o que há de mais manifesto, ele domina o quadro mórbido, mas

---

[11] Herrmann, *Meditações*.

[12] Laplanche, op. cit.

[13] Herrmann, *Meditações*.

não deve ser negligenciado também nas outras formas de psiconeuroses. Em todos os casos, podemos mostrar que é efetuado um remanejamento do material psíquico em função de um novo fim, remanejamento que é fundamentalmente forçado, mesmo que compreensível se nos colocamos do ponto de vista do sistema."[14]

O que significa pensamento para Freud? Significa, antes de mais nada, *análise*. Investigação do que está em jogo nessa "função intelectual que nos é inerente" produzindo incessantemente "o remanejamento do material psíquico", na mesma função (intelectual) que conduz os esforços mais brilhantes de nossa "bem sucedida" razão tanto quanto os de sua atividade delirante. Não esqueçamos que em textos como *O mal-estar na cultura* e *O futuro de uma ilusão*, assim como na análise da superstição que encontramos na *Psicopatologia da vida cotidiana* essa mesma "função intelectual que nos é inerente" é a responsável pelas concepções mitológicas e religiosas do mundo. "Uma psicologia projetada no mundo externo", escreve Freud. Ao que acrescenta: "poderíamos atribuir-nos *a tarefa de decompor*, colocando-nos nesse ponto de vista, os mitos relativos ao paraíso e ao pecado original, ao mal e ao bem, à imortalidade (...). E de traduzir a metafísica em metapsicologia"

Pensar freudianamente é entregar-se à tarefa de decomposição (análise).

Freud fez sofrer à palavra *pensamento* uma mutação ao reconhecê-lo por sua condição de apresentação: a condição de um *desvio* (*Umweg*) do desejo. Assim são os *pensamentos do sonho* (*Traumgedanken*), a *transferência de pensamentos* (*Ubertragungsgedanken*). E não são eles *intimamente* senão operações de transformação, essencialmente, movimento? E é esse movimento do pensamento, tal como Freud o concebeu, que determina o sentido de nossa teoria e de nossa técnica. Freud, com sua *Sexualtheorie*, assim como com sua *Traumtheorie*, postulou que o sentido da teoria e

---

[14] Freud, S. *Totem et Tabou*, Éditions Gallimard, Paris, 1993, p. 218.

RUPTURA DE CAMPO: CRÍTICA E CLÍNICA   39

da técnica psicanalíticas só se desvelaria sob a condição de sua investigação clínica. *A teoria, em sentido freudiano, é o desvelar-se* em suas operações de transformação (transferência) nos sonhos, nos sintomas, nas quais o que está em jogo é o método psicanalítico, movimento produtor no íntimo do sujeito.

"*O que os filósofos sonharam conseguir com seus sistemas, expor as entranhas do pensar, Freud obteve com seu método interpretativo*", afirma Herrmann, acrescentando a seguir: "claro, depois também criou um sistema..."[15] Mas, a inspiração mallarmeana que dá fundo a essa primeira *Meditação*, nos leva a suspender o fôlego diante da oração principal: "*O que os filósofos sonharam conseguir com seus sistemas, expor as entranhas do pensar, Freud obteve com seu método interpretativo*". O autor aí situa o pensamento freudiano em um plano fora do alcance das filosofias, plano onde se afeta o pensamento de uma potência que conduz à exposição de suas próprias entranhas. Uma tal potência resulta da capacidade de vencer sua maior força de resistência, sua tendência a objetivar-se. Vimos como essa *função intelectual*, em Freud, está ligada à projeção: "Uma psicologia projetada no mundo exterior". A objetivação do pensamento como expressão de resistência exige trabalho constante de decomposição (expor as entranhas do pensar), de *análise*. Sustentar o pensamento como trabalho de decomposição de nossa psicologia projetada no mundo exterior é enfrentar não só a *dificuldade do pensamento sem mistura* como abrigar o sonho de aceder ao *íntimo*. A psicanálise como lugar da transmissão essencial do pensamento freudiano exige assim o desapego do estatuto de saber constituído, objetivado.

Cito Herrmann: "Nalgum momento de século XIX, o imperativo da utilização do conhecimento começou a suplantar as demais funções, recorda. Hoje, talvez nos pareça um pouco ridículo imaginar que nos outros tempos o conhecimento fosse outra coisa, senão uma utilidade, mas já foi assim e, creio, não estamos distantes de

---

[15] Herrmann, *Meditações*.

nova virada, quando o conhecimento pessoal deixará de ser utilizável. Para que se dê a apropriação e utilização do conhecimento, porém, é preciso primeiro objetivá-lo: isto é o que significa tal texto, agora sou dono dele, posso combiná-lo com este outro a meu gosto, sou seu senhor, sendo seu escravo, por conseqüência. E aí está o começo da guerra com a obra: entender é objetivar. Este mandato de devoração das obras, a propósito, pode haver sido uma das alavancas consideradas por James Joyce. Ele escreveu livros impossíveis de objetivar e incorporar como propriedade, de usar e recombinar com alguma garantia."[16]

"O que chamamos pensamento?", pergunta, Herrmann, aludindo à questão heideggeriana: "O que significa pensar?" Seguindo o rumo traçado pelas *Meditações*, encontraremos, senão um encaminhamento suscitado pelo filósofo, uma estonteante demonstração na análise que o autor faz da obra de James Joyce, ou caberia melhor dizer, da análise a que nos submete diante de Joyce intérprete.

Para o psicanalista, "ocupar a posição de sustentar custe o que custe suas exigências doutrinais sem rigidificá-las e, sobretudo não transformá-las em formações de caráter (teórico) ou em sistema de pensamento, é a aposta maior do ofício impossível de analista", escreveu Pierre Fédida. Também este autor reconhece que "a acepção moderna da noção e técnica como poder de domínio graças à possessão de um saber regula os efeitos esperados sobre a palavra do outro. Uma tal acepção é ideologicamente dependente do acontecimento sociológico e político do indivíduo, do conceito de relação inter-individual e a noção de discurso comporta nela *a anulação do que é uma palavra humana*, da memória que a faz se falar e da língua na qual ela se fala no seio de uma comunidade de homens. Freud adivinhou que essa palavra humana, no seu uso de falar (*Sprachgebrauch*), era o grande saber do poeta e se sustentava junto do sonho, do mito e do povo de sua língua"[17]

---

[16] Herrmann, *Segunda meditação*. "Quem? Hoje, Joyce."

[17] Pierre Fédida, "Technique Psychanalitique et Metapsychologie".

RUPTURA DE CAMPO: CRÍTICA E CLÍNICA 41

"O que os filósofos sonharam conseguir com seus sistemas, expor as entranhas do pensar, Freud obteve com seu método interpretativo, mas, claro, *depois também criou um sistema...*" Consideremos agora a sentença adversativa do pensamento de Herrmann. A criação de sistemas, tendência tão demasiadamente humana, não nos cumpre lamentá-la, mas reconhecê-la. E este autor não poupa esforços em fazê-lo. Nas *Meditações* é o problema da resistência à psicanálise, ou melhor, de "nossa visceral resistência ao método psicanalítico", que quer atacar. "Consiste o pensamento em *ser aquilo que faz pensar,* que transmite heideggerianamente o *dom de pensar,* sendo por conseguinte o que há de *grave* numa obra" (...) e "todo autor luta a vida inteira contra a incompreensão de seus leitores – na realidade, *contra sua compreensão, eivada de resistências* – mas luta também com a própria obra tentando transmitir sua capacidade de pensar (...) *sua forma ativa.*"[18]

A primeira das *Meditações* trata efetivamente da "História da psicanálise como resistência à psicanálise". Aliando-se ao mais rigoroso dos poetas, afirma que, "ao criar a psicanálise, Freud, (...) *era o mestre então jogando seus dados.* Sua teoria vale, então, como lance de dados, ou em nossa expressão como *ruptura de campo.* Nós a transformamos em doutrina. Em cada ruptura uma doutrina, eis o lema dos náufragos alegres.", aludindo ironicamente ao poema de Mallarmé, "O jogo de dados"[19]. "Rigor mais absoluto, levado ao extremo inimaginável, é tão-somente a condição necessária para um lance de dados, para uma interpretação cuja verdade está no vórtice que sobrevém à ruptura (...). O problema do poeta é semelhante ao do psicanalista, embora bem anterior: se desconstruímos, uma a uma, as propriedades acessórias do poema, como saber que ainda se trata de poesia, ou, mais grave, que nem tudo é poesia?"[20] O mesmo vale para

---

[18] Herrmann, *Segunda Meditação:* "O pensamento de Freud e a psicanálise. O atrito do papel".

[19] Herrmann, *Primeira Meditação:* "A história da psicanálise como resistência à psicanálise. Os dados da circunstância".

[20] Herrmann, *Segunda Meditação:* "O pensamento de Freud e a psicanálise. O atrito do papel".

a interpretação. Retirados os parâmetros secundários, temos de nos haver com o essencial, que é precisamente aquilo de que foge cada um: ser obrigado a declarar o que vem a ser uma interpretação psicanalítica.

Como reconhecer a psicanálise discernindo-a do produto objetivado do pensamento freudiano? Pergunta o autor que um dia se desculpou pela dificuldade que nos impunha o seu projeto de restituição da idéia freudiana sem mistura. "Chamamos aí pensamento não à máquina produtora, mas ao conjunto dos seus produtos (...) certos precipitados consagram-se e já não podemos dele escapar."[21] (...) "O autor objetiva, a leitura objetiva, desse duplo *atrito do papel* – que ler é mais ou menos como escrever sob este aspecto – cria-se um simulacro, o mais nobre dos simulacros, o mais terrível dos simulacros: a doutrina. A doutrina freudiana é a psicanálise (mas não é a Psicanálise). (...) Freud o intérprete dos sonhos está à margem da psicanálise estabelecida, onde só ficou o produto objetivado. "[22]

Para Herrmann, sua força, a psicanálise retira-a de seu método que, "mesmo não sendo uma filosofia, ou talvez exatamente por isso lhe permita vencer momentaneamente a poderosa resistência contra experimentar o universo dos possíveis, a quase ilimitada variedade das possibilidades de experiência de que é dotada a protéica alma humana. Nisso consiste, diga-se de passagem, a verdade última do psiquismo, do ponto de vista da clínica: a verdade dos possíveis. Este é o caminho da cura analítica, a ruptura de cada campo aprisionador da experiência de ser. (...)"[23]

Podemos assim compreender esse aforisma de Herrmann: "A doutrina freudiana é a psicanálise (mas não é a Psicanálise)": A doutrina freudiana é a psicanálise, a psicanálise tida por afirmação de um saber cientificamente certo, enquanto uma realidade objetivamente

---

[21] Herrmann, *Segunda Meditação*: "O pensamento de Freud e a psicanálise. O atrito do papel".

[22] Herrmann, *Segunda Meditação*: "O pensamento de Freud e a psicanálise. O atrito do papel".

[23] Herrmann, *Meditações*.

RUPTURA DE CAMPO: CRÍTICA E CLÍNICA 43

determinada (mas não é a *psicanálise, pensamento que nos põe em questão no lugar que ocupamos como falantes*). Sobretudo, *para que não percamos a essencial pureza do pensamento que se formula aqui*, cumpriria destacar a seguinte idéia, tão facilmente confundida: "*Método é o que nos acontece, ele nos escolhe quando praticamos a psicanálise, não o escolhemos.* Técnica, nós escolhemos. Freud quase nunca falou de método, só de método terapêutico, que é precisamente a técnica."[24] Herrmann define a posição do analista como dimensão técnica de "eixo para os movimentos concretos da análise" (...) ou como "suporte transferencial ao trânsito do paciente por sua própria história" e, até certo ponto, o dirige (nesse sentido o rigor coloca-se do lado da técnica.) "O método psicanalítico determina uma espécie de neutralidade, de isenção, *de anterioridade posicional em relação aos acontecimentos*, que tem sido confundida com formalidade ou intangibilidade."(...) "O ponto técnico sustenta: De nada vale pensar que não é comigo (...), sendo eu *a intersecção de inúmeras figuras*. Não é comigo é impreciso. *É com este que eu sou, mas ainda não sei que é*." O exercício técnico dessa posição materializa-se num objeto que não deveria ser confundido com uma pessoa: "Este não é o analista em pessoa nem é a sua posição, mas a encarnação, na pessoa da posição."[25]

Em outros termos, dá-se essa *encarnação* quando, entre o divã e a poltrona, como com felicidade formulou Blanchot, "duas pessoas *invisíveis* uma a outra, são pouco a pouco *chamadas a confundir-se com o poder de falar e o poder de ouvir, a não ter outra relação que a intimidade de duas faces do discurso*, essa liberdade para dizer não importa o que, para o outro de escutar sem atenção, como à sua revelia e como se ele não estivesse lá – e essa liberdade que torna-se a mais cruel das obrigações, essa ausência de relação que se torna, nisso mesmo, a relação mais obscura, a mais aberta e a mais fechada. Aquele que, de

---

[24] Herrmann, *Quarta Meditação*. Três Modelos Técnicos.

[25] Herrmann, *Segunda Meditação*: "O pensamento de Freud e a psicanálise. O atrito do papel".

algum modo, não pode parar de falar, dando expressão ao incessante, não dizendo somente aquilo que não se pode dizer, mas pouco a pouco falando como que a partir da impossibilidade de falar, *impossibilidade que está já nas palavras*, não menos que aquém delas, vazio e ranço que não é um segredo, nem uma coisa morta, mas coisa sempre já dita, morta pelas palavras mesmas que a dizem e nelas – e assim tudo é sempre dito, e nada é dito; e aquele que parece o mais negligente, o mais ausente dos auditores, um homem sem rosto, *apenas qualquer um, espécie de não importa quem dando equilíbrio a não importa que do discurso, como um oco no espaço, um vazio silencioso que no entanto é verdadeira razão de falar, rompendo sem cessar o equilíbrio*, fazendo variar a tensão das trocas, respondendo ao não responder, e transformando insensivelmente o monólogo sem saída em um diálogo onde cada um falou."[26]

Ao reconhecer o lugar da palavra analítica naquilo que "libera a psicanálise de tudo que faz dela tanto um saber objetivo", prossegue, Blanchot coloca-se uma questão de grande pertinência, mas frequentemente negligenciada: "Que um psicanalista deva ser analisado, é uma exigência à qual ele está sempre pronto a se submeter tradicionalmente, mas menos prontamente *a submeter aquilo que ele sabe e a forma segundo sabe: como se analisar de seu saber e dentro desse mesmo saber?* No entanto, se a psicanálise tornou-se uma "ciência objetiva" como as outras, que pretende descrever e determinar a realidade interior do sujeito, manobrá-lo com receitas aprovadas e reconciliá-lo consigo mesmo fazendo-o cúmplice de fórmulas satisfatórias, isso não vem somente do peso natural das coisas, da necessidade de certeza, desejo de imobilizar a verdade afim de dela dispor comodamente, necessidade enfim de ter mais que uma ciência de segunda classe; é também que a palavra errante que ela suscita responde a uma profunda ansiedade do médico que tenta se preencher pelo apelo a um saber feito, pela crença no valor explicativo de

---

[26] Blanchot, op. cit. p. 348.

alguns mitos, pela ilusão também que no além da linguagem entramos em relação com a vida íntima do sujeito."[27]

A doutrina freudiana como produto consagrado atenderia ao imperativo da utilização do conhecimento cujo correlato é essa condição de objetivação do pensar que "responde a uma profunda ansiedade do médico que tenta se preencher pelo apelo a um saber feito". Nessa condição, escreve Fabio, Freud e a sua descoberta (a interpretação) ficam à margem. A obra de Fabio Herrmann volta-se inteiramente ao enfrentamento do problema agudamente denunciado por Blanchot: de que, além de cumprir com a exigência da própria análise ao analista caiba pôr em crise *aquilo que ele sabe e a forma segundo sabe*. O método freudiano apurado é esse contínuo lançar dos dados, como viu Mallarmé, onde ao analista cabe submeter constantemente aquilo que sabe e a forma segundo sabe ao próprio processo disruptivo da análise.

A objetivação do pensamento expurga o "equívoco que é próprio da essência da palavra humana concreta"[28] (sobre o qual Freud insistiu em: "O sentido antitético das palavras primitivas") e abole a intimidade de que a palavra necessita para ser ouvida. Intimidade que não é jamais garantida por quatro paredes, mas por esse vazio produtor que a posição do analista favorece. A intimidade constrói-se "entre", é o lugar onde se dá "esta abertura para a equivocidade dos sentidos, que é a origem da psicanálise, renova-se em cada um de nós, que estamos sempre a adormecer no leito seco do rio do costume, aceitando a palavra morta pela rotina"[29]

A essa altura é preciso considerar que avançamos além da questão colocada até aqui : "*O que caracteriza a interpretação psicanalítica?*" para esta outra, que se desenvolve ao longo das *Meditações*: "*Quem interpreta?*"

---

[27] Blanchot, op. cit. p. 348.

[28] Herrmann, *Meditações*.

[29] Herrmann, *Meditações*.

Um espaço, que se poderia demarcar graficamente pelas // interpreta, propõe Herrmann. Entre o analisando e o analista, em uníssono, mas discrepantes, constrói-se um vazio. Não são as pessoas, a dupla que o constrói, mas o método constituindo o vazio como nascedouro da interpretação. O método é, pois, vazio produtor. : "um nada organizado e um vazio organizador, pura estruturação da clínica (...). Tal *como o inconsciente*. Tal *como o método*. Duas faces da mesma moeda que se popularizou sob o esdrúxulo nome de *espessura ontológica do método*."[30]

Esdrúxulo nome para caracterizar a excentricidade de nosso devir humano: "Nascer, é, depois de ter todas as coisas, estar privado subitamente de todas as coisas, e logo do ser, – se a criança não existe nem como corpo constituído, nem como mundo. Tudo lhe é exterior, e ela não é quase nada desse exterior: o fora, a exterioridade radical sem unidade, a dispersão sem nada que se disperse; a ausência que não é ausência de nada é antes de tudo a presença exclusiva da criança. E a cada vez que ela crê ter conquistado com o meio uma certa relação de equilíbrio, cada vez que encontra um pouco de vida imediata, é preciso que se prive de novo (o desmame por exemplo). É sempre junto da falta e pela exigência dessa falta que se forma o pressentimento disso que será, sua história. Mas essa falta, é o "inconsciente": *a negação que não é somente falta – mas relação com isso que faz falta – desejo*. Desejo cuja essência é de ser eternamente desejo, desejo disso que é impossível de atingir e mesmo de desejar."[31]

Inconsciente e *Método* em sua condição reversível de uma espessura ontológica exigindo a extravagância de um pensamento sem mistura, rigor e, até mesmo, a completa abstinência de conteúdos representativos para se definir. "Seria certamente bem mais cômodo tomar essa negatividade por conteúdos representativos de experiências vividas", escreve Fédida, o nascimento, o desmame, as separações,

---

[30] Herrmann, *Quarta Meditação:* "Três modelos técnicos".

[31] Blanchot, op. cit. p. 343.

RUPTURA DE CAMPO: CRÍTICA E CLÍNICA 47

as situações de carência e por que não: a castração. Esses conceitos são, com efeito, indicativos de experiências "negativas" de modo que há lugar para crer que eles se puderam produzir realmente ou sob ameaça, adverte, Fédida. "A palavra, prossegue, traz a marca da falta corporal. Ela nunca mais parou de sofrê-la. É bem assim – por essa falta que não é outra que a falta no espelho de um outro corpo e de um outro rosto – que alguém demanda um dia uma "ajuda" ao analista. É pela falta que se procura escavar o lugar: o analista é posto no lugar de um reconhecimento"[32] Com a mesma gravidade, porém divertidamente, a questão nos é apresentada em "A infância de Adão"[33].

Numa outra fórmula, mais concisa, a excentricidade radical desse pensamento de espessura ontológica poder-se-ia dizer como: *Um ato falho a dois.* "Uma falha, um *entre*, dando margem à interpretação: a discordância interior de uma simples palavra exige, nada mais, nada menos, um ato falho, que só a dois pode ser cometido" Um ato falho a dois, é abertura da possibilidade de que um sentido venha à luz na falha de dois significados. "O que é inteiramente apropriado, pois só onde falha a significação, pode nascer o sentido." Um ato falho a dois é ato prenhe de sua condição ontológica e metodológica.

A *posição do analista* nas *Meditações* define-se por um estatuto técnico renovado – a técnica, tomada no sentido de *techne,* que se recupera "das desventuras sofridas pelo conceito de técnica no movimento psicanalítico. Tecnologia: princípios gerais metodológicos, fórmulas para a identidade do analista, conselhos práticos, receitas de interpretação." A intrínseca ligação da técnica com o método empresta-lhe uma acepção de quase negatividade: "o analista tem de trabalhar com arte prática, para *desimpedir o caminho da descoberta,* mas seu objetivo só estará cumprido quando, dos fatos, puder chegar ao seu sentido íntimo, proeza que a literatura tem realizado há milênios (...)". Em seu

---

[32] Pierre Fédida, "Le neutre et la négation" *in Le négatif,* L' Esprit du Temps, 1995.

[33] Herrmann, "A infância de Adão" *in A Infância de Adão e outras ficções freudianas. São Paulo:* Editora Casa do Psicólogo, 2002.

trabalho "Campo psicanalítico e livre associação", este ponto de vista técnico radicaliza-se: "Claro está que *o analista não deve atrapalhar a livre associação*, impondo sentidos antes que surjam, mas é provável que a possa induzir a pedido (...). A livre associação é manifestação do vórtice basal de longa duração que acompanha o processo analítico. *Não é uma condição para a análise, mas um dos seus efeitos.*" A arte do analista é pura intimidade com o seu fazer, desimpedindo o caminho da descoberta, "é deixar que o método aconteça, que ele nos escolha"[34].

DEBATE

Marion Minerbo

Vamos então começar a nossa roda-viva. Cecília pediu para ser a primeira.

Cecília Orsini

Acho que a Sandra recolheu no trabalho dela o fundamental da preocupação do Fabio, que é esse pensamento sem mistura. Ela traz uma frase magnífica de Blanchot, dizendo do esforço de Freud, o mesmo esforço de forjar aí um pensamento, obstinadamente, sem mistura. Por quê? Porque a psicanálise nasce exatamente de dentro dos fenômenos de sugestão hipnótica. Pessoalmente, não conheço nenhum outro autor que tenha levado a cabo com tanta radicalidade o desejo de se afastar dos fenômenos de sugestão do que Fabio Herrmann. Lamento ele ter se retirado, mas a gente vai tentar dar conta da questão. Existe um texto pré-psicanalítico nos *Estudos sobre histeria*, o capítulo sobre a *Psicoterapia da histeria*, em que a gente vê o método em *status nascendi*, o bebê praticamente saindo do corpo da mãe. E Freud tentando montar esse método.

---

[34] Herrmann, *Quarta Meditação: Três modelos técnicos*. "Método é o que nos acontece, ele nos escolhe quando praticamos a psicanálise, não o escolhemos."

RUPTURA DE CAMPO: CRÍTICA E CLÍNICA   49

(A gente tem aqui o ilustre professor Renato Mezan na platéia, e estou morrendo de medo de falar *Aufhebung* na frente dele, porque não tenho tempo para ler filosofia tanto como leio psicanálise.)

Seja como for, a idéia de *Aufhebung* é que, num primeiro termo, ele é ao mesmo tempo negado e conservado. Garcia-Roza – tenho que lançar mão de outro filósofo – usa aqui o exemplo do *strudel* e da maçã. A maçã como fruta é negada no *apfelstrudel*, mas de alguma maneira ela é conservada. Na psicanálise, na minha hipótese, a gente sofre a *Aufhebung* dos fenômenos de sugestão hipnótica. A sugestão é negada enquanto psicanálise, mas ela se mantém de alguma maneira. Se eu estiver certa nessa idéia de que a psicanálise contém a sugestão, será que nós conseguiremos efetivamente nos libertar dos fenômenos de sugestão?

A radicalidade da ruptura de campo, que já defendi em outro trabalho, é como se fosse um DNA da psicanálise, um fundamento básico que desobriga a utilização necessária de qualquer uma das doutrinas. Sua radicalidade é brutal. Não fosse por isso, Fabio não teria dito na *Introdução* à *Teoria dos Campos*: "Talvez um escritor seja mais ou menos isto: sobrevivente da idéia que decidiu habitá-lo. Pois bem, nestes anos tenho procurado sobreviver a ela e, para manter-me à tona, construí, por jangada, um sistema de pensamento que não chega ser uma escola – não só por falta de discípulos, senão também pela vocação diferente de minha única idéia".

Minha pergunta: será realmente possível abrir mão das doutrinas, uma vez que acho inevitável que a nossa prática contenha um tanto de sugestão?

Sandra Lorenzon Schaffa

Diria que sim. Quando citei Freud, entre Groddeck de um lado e Hartman de outro, ele estava entre a hipnose e o rigor. Só que nesse *entre* é que situa-se a natureza do rigor que, acho, está fortemente presente na discussão sobre o rigor psicanalítico nas *Meditações* clínicas e, em particular, quando trabalhando com o poema de Mallarmé, Fabio mostra que o rigor é necessário. Diz Fabio: "O método psicanalítico é necessário para que o acaso possa determinar no momento presente. Esse acaso corresponde a toda situação de contágio, que é necessária no contato com a fala do paciente". E ela é herdeira, sim, da sugestão. E o rigor é necessário para que haja essa possibilidade, essa paixão pelo acaso, por se perder nessa travessia e deixar-se guiar por alguma coisa que é a confiança no *lance*. O rigor, então, está do lado da técnica de não interferir. Rigoroso é aquele que não interfere e deixa que o acaso determine. Entendo isso no sentido de uma herança, de uma conservação da herança da hipnose nos fenômenos que dão a cola da transferência, o corpo da transferência.

Fernanda Colonnese

Uma vez que, segundo Laplanche, o método se divide em regra fundamental e a situação analítica, fundamental é a associação livre. Fabio também fala isso. Tanto que o analista pode dirigir o paciente no sentido da associação livre – que de associação livre não tem nada, porque é um esforço muito grande para não deixar de lado o que está nas bordas, tudo que seja agressivo, sexual, etc. Pergunto, assim, se a sugestão não está presente aí, e se ela não é algo indissoluvelmente ligado à psicanálise? Não seria ela, por isso, alguma coisa não para se jogar fora, mas para se prestar atenção e, por seu intermédio, sentir como estamos manejando aquele pedido, naquela direção? Em francês, diz-se mesmo "conduzir uma análise". Na minha opinião, acho que ela está presente. Trata-se de ver como utilizá-la.

Sandra Lorenzon Schaffa

Não sei se concordo inteiramente. Há uma frase do Fabio muito interessante: "Nós devemos permitir que o método nos escolha. Que

RUPTURA DE CAMPO: CRÍTICA E CLÍNICA 51

ele aconteça. Nós não dirigimos o método". Há uma confusão em pensar que nós produzimos rupturas como alguém maneja um instrumento técnico. O instrumento técnico tem que ser manejado com rigor e o procedimento técnico é um procedimento de abstinência, ele é muito impregnado por essa negatividade do método, porque ele é o elemento que vai favorecer o processo associativo.

Cito a frase de Fabio sobre a associação: "Claro está que o analista não deve atrapalhar a livre associação, impondo sentidos antes que surjam, mas é provável que possa induzir a pedidos". Quer dizer, que seria um resquício dessa sugestão. Diz ele, em seguida: "A livre associação é a manifestação do *vórtice* basal de longa duração que acompanha o processo analítico. Não é uma condição para análise, mas um dos seus efeitos". Conquistar a situação analítica, assim, é conquistar uma condição na qual a associação possa se dar, que o método possa se instalar e a condição de *ruptura* se colocar.

Marion Minerbo
Vamos completar uma rodada. O Bernardo quer perguntar agora.

Bernardo Tanis
Pensando nas associações que tive até agora, me lembrei de um amigo que, anos atrás, foi pai de trigêmeos. Fui visitá-lo. Sua mulher estava dando banho nas crianças e ele, que era matemático, sentado ao lado da banheira, fazia cálculos. Me ocorreu, então: como ele consegue se concentrar numa situação dessas?

Acho que isso traduz um pouco a sensação do esforço que a gente está tentando fazer aqui para se concentrar e falar. O importante é que estamos conseguindo. E é importante que a gente faça isso. Pensei em falar alguma coisa que talvez tangencie a questão da sugestão, que começou a surgir. Acho que a grande riqueza do trabalho do Fabio e a importância que tem seu resgate do método psicanalítico, tanto do ponto de vista epistemológico quanto do ponto de vista clínico, também tem uma relevância ética e política como uma intervenção no campo da psicanálise. Há aí igualmente uma denúncia bastante grande, me parece que do Fabio: a questão da sugestão.

Muitos de vocês devem ter recebido um *e-mail* que trazia um comentário da Roudinesco sobre o livro negro da psicanálise na França. Com mais de trezentas páginas, o livro condena a psicanálise, afirmando que os psicanalistas são um grupo de profissionais que visam enriquecer a partir da manipulação (leia-se sugestão) e da propaganda enganosa. Pensei: é uma coisa muito violenta. Como nós podemos reagir a isso? Como contrapor essa ideologia do ódio, do preconceito, esse humanismo científico, essa codificação do homem entre o neurônio e a mercadoria? Minha impressão é que o resgate do método psicanalítico, na forma como Fabio vem trabalhando, e como a gente vem discutindo a questão da clínica, é um meio de introduzir uma reflexão crítica também para dentro da psicanálise. Em que medida nós contribuímos também para essa ideologia do preconceito que atinge a psicanálise?

Uma questão para a Sandra sobre a intimidade da clínica. Quando você fala que a intimidade se constrói num *entre*, mas ao mesmo tempo esse *entre*, você citou Fabio, é o lugar onde se dá essa abertura para a *equivocidade dos sentidos,* que é a origem da psicanálise. Essa intimidade da qual você fala é uma intimidade que subverte o sentido comum da idéia de intimidade. A idéia de intimidade que nós temos é uma idéia de familiaridade, de vida doméstica e cotidiana. Então, a idéia da clínica é uma inversão, uma subversão dessa idéia. Pergunto: nesse mundo de hoje onde as pessoas estão buscando a intimidade no sentido da familiaridade, do entorpecimento dos sentidos, dessa racionalidade científica que restitua uma certa garantia, que lugar tem esse avesso da intimidade da qual você fala?

Sandra Lorenzon Schaffa

Concordo com tudo que você falou. Essa ligação que há entre a sua questão e a que estava circulando antes, a da sugestão, é que a sugestão põe em risco o trabalho analítico quando instaura essa confusão entre intimidade, no plano pessoas, com essa outra intimidade, que é a intimidade com o fazer clínico, sendo esta última, uma intimidade que vai exatamente exigir esse rigor e essa instalação de uma situação que o Fabio definiu como *ruptura de campo* e que em Freud era a abertura para o caso, para caso clínico sempre diferente, sempre renovado, naquela situação em que ele conta de Charcot.

A história é a seguinte: reunido com alguns alunos, inclusive o próprio Freud, todos formados pela escola alemã de fisiologia, Charcot refere-se a alguma coisa e alguém contesta: "Aí não pode ser, porque isso aí contraria a teoria do fulano de tal". Freud pensa: "A gente esperaria que ele dissesse: lasque-se a teoria". Mas não é o que acontece. Charcot responde: "Sim, teoria é necessária, mas o que observei não a impede de existir".

Essa paixão pela investigação, acho, é o antídoto a isso que você traz como exemplo, esse livro negro, essa busca da familiaridade nestes tempos de objetivação e de técnicas de satisfação, de alívio.

Maria Lucia de Oliveira

Tanto no texto do Fabio quanto no seu, Sandra, a gente entende que analista seja aquele que, como Freud disse – vou usar a expressão –, *per via de levare*, atinja o material psíquico que produz um pensamento.

Algumas perguntas me ocorrem. A formação de um analista, na sua opinião, está sustentada nesse tamanho desafio? E se assim sustentada, a partir das idéias da Teoria dos Campos, especialmente o conceito de *ruptura de campo*, ela não nos traria também, ou não forçaria, agora, um outro golpe narcísico nos analistas? Nesse contexto, quais as implicações da *ruptura de campo* para a formação do analista?

Questiono, enfim, a possibilidade de se pensar não só a interpretação, não só inconsciente, não só o método, mas tudo isso estendido para a formação do analista a partir das idéias de Fabio Herrmann. Me inspiro aqui no texto *Daqui p´ra frente*, publicado como conclusão do II *Encontro Psicanalítico da Teoria dos Campos*, no qual Fabio levanta a idéia de que médicos, professores, psicólogos possam se influenciar e se valer, no seu exercício profissional, da Teoria dos Campos. Junto isto com as outras perguntas: você acha possível que todo esse resgate que Fabio faz do método psicanalítico possa sustentar a capacidade da formação profissional de médicos, professores, psicólogos e também de psicanalistas, sustentando, ao mesmo tempo, a capacidade de pensar? É só isso.

Sandra Lorenzon Schaffa

Só isso? Faltaram os engenheiros, os físicos. Sua questão é muito ampla para tão pouco tempo. A idéia do analista, da formação do analista, é uma idéia desse ofício em que é impossível colocar em questão o tempo todo a escuta do paciente, de se deixar transformar pelo paciente e de, nos termos de Fabio, abandonar a usura básica de reter os dados e deixar que se rompa o estabelecido. Acho que essa é uma condição fundamental para a formação do analista. Um tema central, que implica, sim, a idéia da formação. Como observou também Bernardo Tanis, Fabio está muito voltado para a situação da própria psicanálise, da perspectiva de que a psicanálise possa se colocar em crise como pensamento, para não se tornar uma doutrina rígida.

Ana Maria Loffredo

Quando cheguei e vi a formatação deste IV Encontro fiquei um pouco perdida: tive um impacto de *ruptura de campo*. Ao sentar-me, fui ficando mais confortável. Passado o impacto da *expectativa de trânsito,* fui curtindo a imagem de que nós estamos em roda, ao pé do fogo, fazendo associações ao som das falas do Fabio, da Marion, da Sandra, dos meus colegas. Mobilizada por essa atmosfera, no interior desse teatro, senti que participava de uma solenidade de coisas importantes.

Ocorreu-me uma imagem que se encontra na *Introdução à Teoria dos Campos:* um círculo que não se fecha, dotado de um imã, com seus pólos positivo e negativo, justamente para eles não se encontrarem. Esse espaço *entre* é fundamental (aí a identidade, o real, a realidade e o desejo têm o seu campo de conceituação possível) e muito apropriado, porque noto um círculo aberto. Temos aqui aquele modelo que está no desenho do Fabio: vocês na platéia fazendo parte deste *campo,* por essa viagem que essa formatação me possibilitou.

Fiz algumas anotações e vou ser breve. Os textos do Fabio freqüentemente provocam vertigens, como se, em momentos privilegiados, a própria leitura favorecesse experiências de *rupturas de campo,* pois o arcabouço da Teoria dos Campos coloca em suspense, sob tensão, as próprias noções de saber e do conhecimento. Na consideração do *método psicanalítico* como *ruptura de campo,* fica absolutamente marcado que não existe o inconsciente, mas que há o inconsciente como conjunto de regras, cuja apropriação só é possível pelos seus efeitos; e sendo os mesmos desprovidos de conteúdos, cabe à palavra veicular a apropriação do que é criado e inventado por meio do método, sem o que esse 'aquilo' e esse 'isso' carecem propriamente de existência. Sobre essa função da palavra referiu-se Freud em 1890, num belo texto intitulado *Tratamento psíquico.*

Citando Blanchot, Sandra enfatiza como a palavra analítica pode ser reconhecida em termos daquilo que "libera a psicanálise de tudo que faz dela um saber objetivo. A doutrina freudiana, como produto consagrado, atenderia ao imperativo da utilização do conhecimento, cujo correlato é essa condição de objetivação do pensar, que expurga o equívoco que é próprio da essência da palavra humana concreta e abole a intimidade de que a palavra necessita para ser ouvida".

"O analista", diz Fabio, "tem que trabalhar com arte prática para desimpedir o caminho da descoberta, não atrapalhar a associação livre". (Adoro esse "o analista não deve atrapalhar".) Mas seu objetivo só estará cumprido quando dos fatos puder chegar ao seu sentido íntimo, proeza que a literatura tem realizado há milênios. É uma posição de exercitar a contracorrente da resistência ao método, assim como, continua ele, a história da psicanálise se fez, tem se feito, como resistência à psicanálise. Espécie de vigilância epistemológica, desde que método e inconsciente são faces de uma mesma moeda. Acontece que não se ensina ninguém a ser poeta nem se faz um analista por decreto – sabemos, entretanto, que grandes escritores são assíduos leitores e a originalidade de grandes poetas repousa numa espécie de exorcismo radical daqueles aos quais são mais endividados.

Esta a minha questão: como transmitir a psicanálise? Que condição é essa para a convivência necessária entre o pensamento disciplinado e a imaginação criadora subjacentes ao exercício do método? Mais especificamente: como é que a gente faz, quando começa ensinar introdução à psicanálise, introdução à pesquisa e psicanálise para alunos do primeiro ano de psicologia – impregnados pelo fascínio da psicanálise –, com currículos lotados de conteúdos psicanalíticos, para alunos de 17, 18 e 19 anos? Como se concretiza, enfim, esse exercício sutil, esse andar na corda bamba que é o que nós estamos aqui comemorando?

Sandra Lorenzon Schaffa

Sua pergunta também é um comentário, agradeço por você ter resumido as idéias centrais do meu texto. Você focou o problema da transmissão, da formação, que são imensos, e a única resposta que eu daria, de forma muito breve, é que talvez o professor, nessas condições, seja o sedutor. O hipnotizador. E isso faz parte da transferência.

E isso é que exige que nós sejamos ao mesmo tempo rigorosos, e saibamos quando a gente está transmitindo desse movimento presente na relação de transmissão. É difícil imaginar que transmissão possa se dar de uma forma inteiramente pura. Quer dizer, a pureza é exatamente esse relançar, esse criticar aquilo que vai tendendo à formação de sínteses, doutrinas ou xamanismos. Isso está presente o tempo todo. O professor é um sedutor.

Marion Minerbo
Podemos fazer uma última rodada abrindo para uma questão para o público. Se alguém quiser fazer alguma pergunta, só para começar lançar esse movimento, que esperamos que amanhã seja mais intenso e ágil. Foi suficiente por hoje? Todos concordam? Agradecemos, então, a presença de todos.

Capítulo 2
MESA 2 – RUPTURA DE CAMPO EM QUESTÃO: KLEIN E WINNICOTT

Apresentadores: Claudio Rossi e Luís Claudio Figueiredo
Coordenadora: Leda Maria Codeço Barone
Debatedores: Belinda Mandelbaum, Cíntia Buschinelli, Liana Pinto Chaves, Marion Minerbo, Rogério Coelho de Souza, Silvia Maia Bracco

Leda Maria Codeço Barone

Vamos dar início à primeira atividade do dia. Vocês já devem estar inteirados de como vamos trabalhar. A idéia é fazer uma rodaviva para discutir a questão da ruptura de campo em Melanie Klein e Donald Winnicott. Cada apresentador fala por volta de 20 minutos e os debatedores lançam as questões. A idéia é que se trabalhe de uma forma solta. Claudio Rossi encarrega-se de Melanie Klein e Luís Claudio Figueiredo de Winnicott. Em seguida, abrimos para o debate.

A RUPTURA DE CAMPO EM MELANIE KLEIN

Claudio Rossi

A obra de Melanie Klein tem grande importância na história da psicanálise, tem papel predominante na Associação Psicanalítica Internacional e é fundamental na constituição da psicanálise latino-americana, em geral, e na brasileira, em particular. Pode-se concordar ou discordar dela, no todo ou em parte, mas não é possível deixá-la à margem. Suas contribuições teóricas e técnicas estão presentes no trabalho da maioria dos psicanalistas em nosso meio.

A Teoria dos Campos não pretende ser um novo ponto de vista, uma nova teoria psicanalítica, para concorrer ou se colocar ao lado das várias escolas existentes. Ela procurou, e acredita ter achado, algo que é comum à todas as escolas analíticas. As diferentes correntes de pensamento teórico e clínico teriam em comum o método psicanalítico. O método psicanalítico, por sua vez, teria na ruptura de campo sua pedra fundamental. Encontrar a ruptura de campo na obra kleiniana, portanto, é necessário para que a Teoria dos Campos possa sobreviver. E é desejável que se possa demonstrar que ela não apenas está presente, mas que é muito importante para a eficácia e funcionamento da clínica dessa escola. A Teoria dos Campos, além disso, baseada no que considera importante no método psicanalítico, teria condições de avaliar o que uma escola tem de "vivo", em processo, em andamento, e o que se congelou, se transformou em ideologia, em credo, em dogma. Ela ajudaria o psicanalista, que a tem como ferramenta, a se proteger da tendência a adotar uma escola como religião, como ideologia protetora na qual se refugiar, ao invés de se manter alerta, questionando o tempo todo o conhecido para encontrar novas configurações. Como ferramenta para estudar, para trabalhar, é que a Teoria dos Campos, e seu conceito de ruptura de campo, realiza sua vocação.

Nesse sentido, encontrar a ruptura de campo em Klein, não é propriamente encontrá-la, mas provocá-la. Não é buscar na obra da autora os momentos em que teria havido uma ruptura de campo – que ela teria chamado por um outro nome ou não se teria dado conta. Usar a ferramenta, é ler Melanie Klein de uma forma tal que rompa o campo no qual está estruturada. Não é aprender M. Klein, é desconstruí-la, é colocá-la sob o método, no divã. Não sei se serei capaz de fazer isso: o importante é tentar. Não é assim, afinal, que começamos qualquer sessão de psicanálise? Isso é o que espero de mim, nessa pequena comunicação-exercício. O que espero de vocês, que vão escutá-la (ou lê-la), é o mesmo.

Espero que nem discordem nem concordem comigo. Minha aspiração é virar Melanie Klien pelo avesso, desequilibrá-la, não por sadismo, mas com a motivação de fazê-la revelar o seu âmago, quebrar sua formalidade, para que algumas das múltiplas e infinitas estruturas subjacentes se revelem. Se, depois disso, me for devolvida a palavra, tentarei fazer, com o que disserem, o que acabaram de fazer comigo, até cansarmos ou enlouquecermos. Este é o jogo!

É perfeitamente permitido, porém, e até desejável, que minhas expectativas sejam contrariadas. Seria muito pouco psicanalítico (pelo menos pelo ponto de vista da Teoria dos Campos) que esta sessão de debates ocorresse de acordo com o planejado. Ficarei, por isso, perfeitamente satisfeito com vocês se vocês me deixarem completamente insatisfeito.

Freud surpreendeu sua geração ao afirmar (e demonstrar) que havia nas crianças muito mais sexo do que se imaginava. Melanie Klein, que concordava com isso, causou uma nova comoção ao afirmar que o mundo dos pequeninos é repleto de uma brutal e cataclísmica violência, diante da qual os deuses do Olimpo parecem bastante comportados e que só é comparável a da era dos titãs. Para quem se convenceu com as provas clínicas que ela forneceu, a visão da infância como um período de inocência e pureza foi perdida para sempre. Isso não é pouco. Nossa identidade está baseada numa série de representações que excluem outras. Quando se altera a importância relativa dessas representações, ou se inclui uma nova, a nossa visão de mundo e a de nós mesmos se altera. Como dependemos vitalmente de nossas visões de mundo e da de nós mesmos para organizar nossa vida cotidiana, não é difícil perder o rumo de casa quando esses parâmetros são alterados.

Como acabei de dizer, esse abalo sísmico, essa ruptura de campo, pode ter ocorrido com aqueles que se convenceram com os argumentos e as provas clínicas da Sra. Klein. Sim, porque a ruptura de campo, não é uma rasteira, uma surpresa, um susto. Ela é um abalo provocado por um novo conhecimento que desestabiliza a rede estabelecida de conhecimentos anteriores. A nova informação, porém, só será considerada um conhecimento se for convincente para o sujeito, se for acompanhada daquela vivência afetiva de se estar diante de um fato que não depende, para ser modificado, de nossa vontade. A experiência emocional é a de se estar diante de uma verdade. Uma verdade que desmente a organização das verdades instituídas e que obriga a uma reformulação do conjunto.

Imaginemos, agora, um menino de dez anos, em plena segunda guerra mundial, em Londres, que lê três jornais por dia e está preocupadíssimo com a maldade e a violência de Hitler. Ele pensa e fala quase o tempo todo na aflição que tem a respeito das notícias da guerra. Preocupa-se com sua mãe e mostra intenção de defendê-la contra possíveis delinqüentes, mesmo às custas de sua própria vida. Um menino valoroso, valente, idealista, ético e pacifista. Um garoto da melhor estirpe. Bom filho, bom cidadão britânico. Verdadeiro anjo! Como as crianças, aliás, deveriam ser, ou melhor, eram.

O menino não está bem. Por essa razão vai se encontrar com uma senhora, com sotaque alemão, especialista em resolver problemas emocionais de crianças. O menino é sério, não é dado a brincadeiras, mas aceita usar os materiais de desenho, disponíveis, como auxílio, para a comunicação com aquela pessoa.

O que se espera de uma distinta senhora, cujo sotaque pode colocá-la, já de saída, como levemente suspeita de ter alguma relação com o inimigo? Espera-se que ela proteja e acalme o anjinho. Que de alguma maneira o ajude a suportar a pesada realidade que o circunda. Que se mostre, pelo menos, como uma pessoa de bom senso e com boa educação. Na pior das hipóteses, sendo alguém que trabalha com as questões de saúde mental, espera-se que diga "coisa com coisa" e que não fale absurdos.

Acho que nossa imaginação é verossímil. Richard não estava conseguindo ir às aulas. Seus sintomas – tinha medo das outras crianças, mostrava-se inibido, deprimido e hipocondríaco – haviam piorado aos oito anos de idade, quando fora deflagrada, em 1939, a segunda guerra mundial. Richard amava os aspectos belos da natureza, gostava de música e falava com palavras escolhidas, que davam a sua conversa um toque dramático. Procurava se relacionar com adultos, principalmente mulheres, impressionando-as com seus dotes de conversador, insinuando-se de forma precoce. O que devia ele obter nas suas relações?

Proteção, simpatia e encantamento. Ao evitar as crianças, evitava confrontos, disputas e todo tipo de malcriação. Causava

RUPTURA DE CAMPO: CRÍTICA E CLÍNICA   65

preocupação a seus pais e grudava em sua mãe que, também, depressiva, dava muita importância para seus temores hipocondríacos. "Pude manter-me alerta, conservar-me atenta ao princípio fundamental de analisar sistematicamente tanto a transferência negativa quanto a positiva" – observou M. Klein. "Acredito que evitei as armadilhas a que uma grande solidariedade com o sofrimento do paciente e uma contratransferência positiva podem conduzir."

Klein teve sérios problemas com as organizações psicanalíticas, pois essas, na época, consideravam que, para crianças, era inadequado fazer interpretações profundas, transferenciais, principalmente se fossem de transferência negativa. Muito pior seria se isso acontecesse no início de um tratamento.

No início da primeira sessão, Richard escutou daquela senhora que ela supunha que ele, até então um anjinho assustado e ameaçado, acreditava que seu bom pai durante a noite se transformasse num Hitler e com seus genitais maltratasse sua mãe que poderia ser arrebentada e explodida, tal como acontecia nos bombardeios da Luftwaffe sobre Londres. Supunha ainda que ele desejava matar o agressor jogando sobre ele água fervente, mesmo que isso lhe custasse a própria vida. Afirmou também que ela própria poderia ser atingida pela violência daquele homem. Evidentemente, M. Klein não tirou essas cartas da manga: apoiou-se no material que Richard havia lhe fornecido, interpretando-o à sua maneira.[1]

Não é difícil imaginar a reação de Richard ao ouvir esse monte de barbaridades. Ficou assustado e afirmou que pensava exatamente o contrário a respeito daquilo que fora interpretado. Demonstrou repetidos sinais de ansiedade e surpresa, ao mesmo tempo que rejeitava as interpretações. No final da sessão, menos tenso do que na chegada, despediu-se, amistoso e satisfeito, dizendo estar contente por voltar no dia seguinte.

---

[1] O diálogo detalhado encontra-se em seu livro *Narrativa da análise de uma criança*.

Pois é. Escandalizado, mas satisfeito e menos tenso. Nas sessões seguintes, evidentemente, a boa senhora afirmou que Hitler era também Richard, e que desejava fazer igualmente com ela (a analista) uma porção de barbaridades. Foram quatro meses de sexo e violência, em prosa, versos e desenhos. Por razões circunstanciais, a análise não podia durar mais do que isso. Richard melhorou bastante e manteve a melhora por muitos anos.

Na cultura ocidental dos anos 40, foi rompido o campo da "ausência de violência sexualmente engajada" da infância. Na psicanálise, rompeu-se o campo das idéias de que as crianças não devem ser confundidas com interpretações transferenciais, principalmente as negativas. Em Richard – sozinho em seu mundo de sexo e violência –, foi rompido o campo no qual ele não poderia falar com ninguém sobre aquelas coisas e aqueles sentimentos alarmantes que sentia dentro e fora de si.

Suas concepções de mundo e de si mesmo, estreitas demais para ele, se alargaram com as novas possibilidades. Era possível ser mau e ser aceito. Era possível referir-se a coisas espantosas sem ter medo delas. Era possível falar de assunto de criança com adultos sem ser repreendido e punido. Conversava-se sobre urina, fezes, sexo, sadismo, violência em geral, sem perder o controle. Isso tudo, porém, podia acontecer, porque toda essa conversa encontrava eco em Richard. Fazia sentido para ele, parecia ser verdadeira. "Esclarecia" e tornavam "compartilháveis" suas emoções. Somente por isso é que Richard pode escutá-la e com isso se instalou a ruptura.

Se tomarmos o material dessa análise e fizermos exercícios interpretativos – nós mesmos, ou chamando um grupo de analistas de diferentes formações –, veremos que Richard poderia ter sido interpretado de muitas formas diferentes. Nunca ao acaso. Não adiantaria surpreendê-lo, assustá-lo, contradizê-lo. Seria necessário questionar seu mundo através de argumentos que para ele parecessem insofismáveis. Para conseguir isso, seria necessário ter com Richard, com suas emoções e possibilidades, uma intimidade que ele próprio, conscientemente, não conseguia ter. Não que, muitas vezes, não possamos atirar no que vemos e acertar no que não vemos, mas até para aproveitar a caça inesperada precisamos ter cães suficientemente adestrados para trazê-la para nós.

Em outras palavras, precisamos ter alguma clarividência sobre o mundo do outro se quisermos desestabilizá-lo a ponto de provocar uma ruptura de campo. É exatamente aqui que a feiticeira austríaca tenha dado, talvez, sua maior contribuição. Freud concebia teoricamente a relação analítica como uma situação na qual o analista seria um observador e funcionaria como uma tela de projeção. Ao verificar como o paciente o via, deduzia os conteúdos do mundo dele, suas fantasias e conflitos. Era necessário ser neutro e interferir o mínimo possível no campo. As emoções do analista deviam manter-se em silêncio e, quando ocorriam, deviam estar conscientes e sob controle para não confundir a observação do fenômeno clínico. A contratransferência era algo indesejável. Um analista bem analisado deveria ter um mínimo de contratransferência.

Para M. Klein, existia um tipo de funcionamento mental – por ela chamado de identificação projetiva –, que, além de uma fantasia inconsciente, era também uma forma muito primitiva de comunicação. O paciente seria capaz de provocar no analista emoções, vivências, fantasias, imagens e até ações. Da análise pessoal do analista não era mais esperado que ela extinguisse a reação emocional do analista, mas que o ajudasse a distinguir o que era dele e o que havia sido projetado (provocado) pelo paciente. Era igualmente necessário que o analista, em seu desenvolvimento pessoal e profissional, aprendesse a suportar (a ser continente) para essas projeções, para poder ter consciência delas, simbolizando-as e as transformando em interpretações.

Usando esses recursos, a escola kleiniana, deu um *status* científico à intuição, à adivinhação do que ocorria dentro do paciente. O analista, ao perceber o que ocorria consigo no contato com o paciente, deduzia o mundo do mesmo. Freud colocava-se como um observador cuidadoso do outro. M. Klein olhava o efeito do outro dentro de si mesma e em seguida voltava para ele. Do ponto de vista da teoria da técnica e da metapsicologia, aconteceu aqui um importante salto. A subjetividade do analista passou a entrar de forma intensa no trabalho com o paciente, o profissional passou a emprestar sua alma e a usá-la como ferramenta de trabalho.

Foi isso o que a grande analista usou com Richard, foi desse lugar que ela falou. Como se buscasse dentro dela a criança que tinha sido e a deixasse compreender o garoto e conversar com ele. É evidente que suas teorias psicanalíticas estruturavam seu pensamento e suas interpretações. Tivesse ela outras concepções a respeito do funcionamento mental, certamente teria feito intervenções muito diferentes. Mas foi sua sintonia com as emoções do paciente que permitiu que suas falas fossem aceitas por ele e promovessem as rupturas de campo.

Melanie Klein nunca soube que promovia rupturas de campo: sua visão do processo psicanalítico era a de que precisava promover a integração da personalidade através de uma construção paciente que passava pelo conhecimento dos conteúdos do mundo interno do paciente. Não sei se concordaria, caso estivesse viva, com as teses da Teoria dos Campos. Para ela, assim como para Freud, havia a possibilidade de transformar o inconsciente em consciente, pelo menos em parte, e dessa conscientização acompanhada de elaboração dependia a integração necessária. Para a Teoria dos Campos, não existe um inconsciente a ser conhecido. Existem inconscientes relativos incognoscíveis; na melhor das hipóteses, dedutíveis.

Para Klein, a partir de seu contato com ela, Richard ficou com um melhor conhecimento a respeito de seu mundo interno. Para Herrmann, Richard pôde perceber como ele podia ser diferente quando estava com aquela mulher e pôde relativizar os conceitos que tinha a respeito de si mesmo e a respeito do mundo. Verificou que podia sentir e dizer coisas que até então eram impensáveis. Sentiu prazer ao fazer isso e se tornou mais livre e mais feliz. Caso continuasse esse processo, com novas experiências que rompessem esse novo campo e os próximos, Richard verificaria que tinha muitas possibilidades, mas que elas não seriam infinitas. Perceberia que, mesmo nessa grande variedade, algo permanecia: o seu estilo pessoal. Algo se manteria que seria sua marca registrada, sua forma pessoal de ser. Seu inconsciente, para a Teoria dos Campos, seria algo que estruturaria esse seu estilo, que impediria que ele fosse qualquer coisa ou qualquer pessoa. O inconsciente se manifestaria, enfim, como limite das possibilidades de ser.

Ruptura de Campo em Winnicott

Luís Claudio Figueiredo

Agradeço a comissão organizadora pelo convite. Uma das razões para aceitá-lo, ainda em maio deste ano, quando Fabio estava em plena forma, era a oportunidade que eu esperava de conversar com ele, de poder debater. Lamento muitíssimo, por isso, sua ausência. Na verdade, seria a oportunidade de reatar uma conversa já iniciada em outras ocasiões e, como acontece com as melhores conversas sobre bons assuntos, sempre inconclusa. Outra razão do meu pronto aceite foi o formato deste evento: realmente, um *encontro*, não um ciclo de palestras seguidas de ordenados questionamentos, ou coisas do gênero, que quase sempre não passam de monólogos cruzados.

Gostaria, de início, de falar um pouco a respeito de como me soou o tal convite porque, aqui entre nós, não sou um winnicottiano de carteirinha e fui convidado para representar a posição de

Winnicott, de quem já tive, certamente, a ocasião de ler muita coisa, sem me sentir tentado a vestir a camisa. E o que é mais curioso, convidado a falar de, ou por Winnicott, mas fazendo uma ligação com a Teoria dos Campos, que eu conheço pouquíssimo, menos ainda do que conheço a obra winnicottiana.

Dado o inusitado da situação, me parecia imperioso aceitar. E ainda havia um probleminha extra. Costumo, nas palestras, falar as coisas que vão me ocorrendo à medida que me ocorrem, mesmo que um tanto meditadas e pensadas antes; no caso presente, fui solicitado a escrever um texto com larga antecedência. Fiz o seguinte: escrevi o texto, deixei-o disponível dentro do prazo exigido, mas vou falar outra coisa. Incumbe aos debatedores a escolha: discutirem o que eu pensava meses atrás ou o que comecei a pensar desde hoje cedo, continuava pensando agorinha mesmo e darei prosseguimento em voz alta diante de vocês.

Essa vivacidade da palavra, que vem sem aviso prévio e rumo excessivamente determinado – coisa que sempre me encantou, mesmo nas falas mais sisudas –, creio que se torna ainda mais apropriada ao formato 'encontro' adotado pelos organizadores.

Enfim, levantei cedinho para preparar o que vou falar, mas é claro que quem se deu ao trabalho de ler o texto de 25 páginas, em que cedi às exigências dos meus anfitriões, vai reconhecer aqui e ali uma série de questões insistentes (assim o espero). E se prepararam perguntas em relação ao texto, não estiveram a trabalhar em vão. Ao acordar hoje às seis da manhã para pensar no que diria, me lembrei que, ao receber o convite, tinha recebido junto um texto do Fabio chamado 'ruptura de campo'; Marion me passara esse texto, que então li e hoje voltei a ler.

Vou agora começar relendo para nós um pedacinho: "Toda relação comporta um campo que é por assim dizer o seu avesso. O campo é tudo e nada na relação. É a ordem produtora de sentidos, mas não é qualquer sentido em particular. Orienta as produções concretas, mas não possui qualquer concretude. Não é também algum tipo de essência metafísica da relação".

E aí vem uma frase que me chama a atenção: "O campo pode ser rompido".

Que o campo possa ser rompido não deve ser assim tão auto-evidente, porque senão não mereceria uma afirmação tão contundente, tão explícita e destacada, ocupando uma única sentença. Fiquei pensando no que pode tornar um campo 'rompível', como diria o ex-ministro Magri. Qual a importância de afirmar que um campo pode ser rompido? Creio que isso se desdobra em duas questões. Uma: como se *deve* imaginar, como *é necessário* conceber o campo para que o rompimento se torne possível? E a outra: o que efetivamente opera, o que efetivamente está implicando o rompimento do campo?

Estas duas questões podem me servir, ou vão me servir, de guia para a rápida apresentação que farei em torno do pensamento do Winnicott, e a elas duas vou retornar ao final desta minha exposição.

O que fiz quando fui escrever o tal do texto que passei para os debatedores? Fiz aquilo que costumo fazer há muitos e muitos anos: exercitar certo tipo de leitura de texto psicanalítico, que é uma *leitura desconstrutiva*. O que vem a ser isso? Uma leitura que implica uma espécie de corpo-a-corpo com o texto, uma leitura *próxima*. Não é uma leitura apenas para detectar, ter acesso e organizar de maneira inteligível as idéias principais do texto, essas idéias do autor que correspondem à(s) sua(s) tese(s). Ao contrário, trata-se de um processo de leitura que procura fazer um contato contínuo com o processo de escrita, com o processo de pensar-escrever do autor a partir de sua experiência, seguindo suas brechas, ramificações, hesitações e tortuosidades, aberturas e linhas de fuga. É tentar lidar com o texto como uma 'presença viva' do pensamento do autor, com sua retórica e seus 'gestos', com suas nuances e tonalidades – e, eventualmente, com suas oscilações e instabilidades, com suas anomalias e surpresas. Uma *presença viva* é sempre mais que uma 'presença plena', pois está *em marcha,* e, desse modo, contém elementos de passado e de futuro, algo dos 'já-não-mais' e dos 'ainda-não' de que um pensamento vivo se alimenta; ler segundo este procedimento é também ir respondendo àquilo que essa leitura suscita através da minha própria escrita.

A idéia de base é de que o texto, mesmo que tenha um bom acabamento, começo, meio e fim, uma ordem, uma sistematicidade, é sempre heterogêneo a si mesmo: ele contém mais do que diz e, não raramente, menos do que gostaria de dizer. Ele sugere mais e, às vezes transmite, sem se dar conta, aspectos essenciais de uma certa argumentação. Outras vezes, lança o leitor por caminhos de pensamento e argumentativos inesperados, que fogem ao seu controle e não foram antecipados pelo autor. O texto, lido enquanto heterogêneo a si mesmo, revela não apenas as teses e as principais idéias: nos mostra como um autor, no caso um psicanalista, opera quando pensa e se comunica, e mesmo como ele opera quando efetivamente pratica psicanálise. Não me refiro apenas à psicanálise que ele pratica com seu paciente, mas também àquele trabalho psicanalítico que se prolonga no pensamento, na escrita a respeito do que seja o paciente, e assim por diante.

Enfim, submeti a esta leitura desconstrutiva um determinado artigo de Winnicott, que é um texto de maturidade, já de 1962, e que ele lê diante dos seus colegas da Sociedade Britânica: *Os objetivos do tratamento psicanalítico*.

O primeiro ponto notável – e que sugiro uma retomada na discussão das possíveis ligações de Winnicott com a questão da ruptura de campo –, é que, diante de uma instituição com uma larga história consolidada, diante de seus colegas bem-postados e circunspetos, nessa situação ele é extremamente vivo, seu estilo transpira uma extraordinária vivacidade, uma 'presença viva'. Há muita ironia, humor, brincadeira e uma capacidade de uso da língua inglesa em que ele faz muito mais que meramente comunicar idéias. Ele produz efeitos nos seus ouvintes à medida que vai fazendo contato não apenas com os produtos acabados de processos secundários, mas com associações, com afetos, com intuições que certamente vão dando colorido afetivo a essa fala, a essa escrita, garantindo uma eficácia retórica extraordinária. Eu diria que é um texto vivaz, um texto bem-humorado, um texto irônico, um texto maleável, elástico e repleto de sugestões. Não é uma coisa endurecida, nem pela aridez teórica nem pelas boas maneiras burocráticas.

Lembro que Marion falava ontem aqui da questão das rotinas, das quebras das rotinas, das possibilidades de olhar para um objeto ou para uma tarefa de maneira nova e original; Winnicott, certamente, perpetrava continuamente essas transgressões. Rompia rotinas de comunicação, de sociabilidade e de pensamento.

Um dos exemplos que acho mais interessante dentro dessa perspectiva é quando, no início do artigo, Winnicott diz que durante uma psicanálise ele deseja *ser si mesmo* e, ao mesmo tempo, *comportar-se*. Na verdade, seria aparentemente apenas uma coisa complementando a outra, daí o conectivo 'e' que ele adota. Mas *ser si mesmo* é algo muito complexo e, embora não esteja necessariamente em oposição, estabelece uma tensão muito peculiar com o *comportar-se*, com o funcionar de acordo com certas regras, com certos parâmetros, com certos limites que o sujeito se impõe e que lhe dizem o que é o 'bom comportamento' de um analista diante de seu paciente.

Dou isso apenas como exemplo. No texto, analiso em detalhe essa tensão entre o autêntico e espontâneo e o bem-comportado segundo as normas de um superego técnico. A 'dialética', no caso, é um exemplo do modo de pensar que não aponta para a convergência e para a unidade, mas também não aponta para dualismos. Não é isso ou aquilo. É isso e aquilo: *ser si mesmo e comportar-se*. Mais talvez do que de dialética, caiba falar, winnicottianamente, em paradoxo. Pois, entre isso e aquilo, cria-se um campo de tensão e uma leve oposição que a ironia consegue enfrentar, sem resolver.

Existem muito mais exemplos que podem ser apontados como paradoxais. Vejamos a posição do analista que, para ele, constitui tanto princípio de realidade quanto objeto subjetivo. Ou seja, o analista tanto vai entrar, digamos, no psiquismo do outro, em suas fantasias, para ali funcionar como objeto subjetivo apropriado pelo paciente na sua área de onipotência, como vai ser simultaneamente princípio de realidade, lugar e função daquele que dá o limite, que dá o horário, encerra a sessão, estabelece as condições do trabalho, cobra, etc. Enfim, é o analista que constitui e mantém o *setting* enquanto limite da situação analítica e, portanto, representa e sustenta uma fronteira externa em relação à análise dentro da qual ele é, ao mesmo tempo, um objeto privilegiado da alucinação transferencial.

Outro exemplo muito interessante nesse texto é quando Winnicott afirma que o processo analítico – e ele está falando aqui basicamente da análise-padrão de neuróticos – se desenvolve quando são estabelecidas as condições de uma cooperação entre inconscientes. Mas ao mesmo tempo ele diz que a cooperação entre inconscientes é – em si mesma – um fenômeno de resistência. É, enfim, 'simultaneamente', cooperação e resistência. E é preciso que se escute tanto a cooperação entre inconscientes na constituição do campo analítico, quanto aí mesmo se escute a produção resistencial.

São esses pequenos exemplos que vão mostrando que, além do humor, da ironia, da jovialidade e da vivacidade de Winnicott, não se trata apenas de reconhecer nesta escrita-pensamento as características pessoais dele. Na retórica winnicottiana, e na clínica winnicottiana, essas qualidades não estão por casualidade e, também, não são apenas manifestações de um dado modo de ser da sua pessoa. Tais presenças têm a ver com algo que é, para mim, decisivo na produção winnicottiana, no pensamento da clínica *winnicottiana*: a *lógica do paradoxo*. Winnicott é, eu diria, o autor em psicanálise que mais longe foi na captação da dimensão paradoxal dos fenômenos humanos e dos processos psíquicos.

Essa lógica do paradoxo responde, em termos de Winnicott, a algo que sempre considero muito fundamental para a psicanálise, que é a possibilidade de superarmos tanto uma perspectiva convergente e unitária, quanto uma perspectiva meramente dualista. Ou seja, cada fenômeno *não apenas é isto, como, ao contrário, é aquilo*. Tal lógica pode ser resumida na sentença: "Não só isto, mas ao invés

RUPTURA DE CAMPO: CRÍTICA E CLÍNICA   77

disso", tal como se expressou o teórico da literatura Hillis Miller, de que falarei adiante. Winnicott usa freqüentemente o "e" para justamente aproximar aspectos de uma realidade que, no plano psíquico, estão na base da ambivalência, estão na base de percepção de ambigüidades, mas que vão além disto na apreensão de uma realidade complexa e profundamente paradoxal.

Um autor de que gosto muito é um teórico da literatura americano chamado Hillis Miller, marcado pelo pensamento desconstrutivo de Jacques Derrida. Analisando um texto de Freud, ele faz uma belíssima análise da retórica freudiana, mostrando que Freud opera com a lógica dita da suplementaridade, segundo o termo criado por Derrida, que é justamente a lógica do paradoxo, na qual as coisas são isso, mas ao invés disso são outras coisas também. Falava-se ontem a respeito da questão da sexualidade na psicanálise, da descoberta freudiana da sexualidade. Pois bem, a sexualidade freudiana é isso a que nossa noção de sexo se refere, mas, ao invés disso, é outra coisa bem diferente; ela se diferencia de si mesma. Ela não é, digamos, algo que possa ser concebido como simples, no sentido de destituída de facetas, de contradições, de desdobramentos, de possibilidades em tensão umas em relação às outras.

A lógica do paradoxo de Winnicott é algo que nós já encontramos de certa maneira em Freud (e em Ferenczi, como mostro em meu livro *Palavras cruzadas entre Freud e Ferenczi*); a partir daí, podemos encontrá-la em todos os grandes pensadores da psicanálise, embora em nenhum com a mesma agudeza de Winnicott para tratar especificamente dessa lógica e operar de maneira explícita com ela. Algo é não só isso, mas ao invés disso – sustentando-se ambas as afirmações.

O caso principal e paradigmático de operação dessa lógica suplementar ou do paradoxo, como sabemos, é o dos fenômenos ou objetos transicionais, subjetivos e, ao invés disso, objetivos, nem uma coisa, nem outra, ambas. Ontem, Cecília Orsini, numa das questões que fez à Sandra Lorenzon Schaffa, referiu-se a um termo hegeliano:

Aufhebung. Ela dava até o exemplo da torta de maçã, que seria ao mesmo tempo a negação e a conservação da maçã. Colocado nos termos em que trago hoje, não seria propriamente uma negação e uma conservação: seria melhor dizer que a torta de maçã é, não só uma fruta, mas, ao invés disso, um doce. A relação não é pura e simplesmente a de superação daquilo que foi negado, conservando-o numa síntese, numa unidade em que as diferenças se resolvem, mas é aquilo que pode se conservar como distinto de si mesmo e não apenas absorvido naquela nova condição, naquele novo patamar. Diria, assim, que a lógica da psicanálise não é a da dialética hegeliana, mas é a lógica do *não só isso, mas ao invés disso*, ou seja, é a lógica da suplementaridade (Derrida), ou do paradoxo (Winnicott).

Outros autores da psicanálise insistem no caráter metafórico das produções psíquicas e das interpretações psicanalíticas (cf. Fédida). Não é difícil perceber que estamos falando da mesma coisa: a metáfora existe e funciona porque a lógica da suplementaridade opera fazendo com que uma coisa seja isso que ele é e, ao invés disso, seja outra coisa. E assim os processos transcorrem e as transformações podem ocorrer.

Acho também, passando agora para outro patamar, que a posição de Winnicott no movimento psicanalítico deveria ser considerada, ela mesma, a partir dessa lógica. Eu diria de maneira enfática e provocativa que Winnicott é freudiano. E, ao invés disso, ele é Winnicott. Ele é kleiniano, e, ao invés disso, ele é Winnicott. Ou seja, ele não deixa o passado de lado; esse texto de 62 deixa isso muito claro, e ninguém pode dizer que ainda estivesse em formação. Em toda a sua trajetória, ele mantém um pé fincado em suas tradições, em todo o acervo freudo-kleiniano, em todo o legado da psicanálise. Dizer que ele cria um novo paradigma e com isso se diferencia radicalmente seja de Freud, seja de Melanie Klein, me parece um absurdo total. A menos que se acrescente, ao revés: ele não só é puramente winnicottiano – criador de um novo paradigma – mas, ao invés disso, é cem por cento freudiano e kleiniano.

Enfim, penso que Winnicott tem que ser entendido no contexto da história da psicanálise, que como todo processo psíquico e social segue a lógica da suplementaridade. Nessa medida, como pensador original – aliás, Melanie Klein já tinha sido e outros vieram a ser, como Lacan – Winnicott é freudiano, mas, ao invés disso, é uma outra coisa que vai além de Freud, que faz de Freud outro uso; e a mesma coisa se passa em relação a Melanie Klein. Eu diria que esses dois autores estão absolutamente presentes em suas ausências operativas e funcionais; não que eles sejam negados e conservados hegelianamente por uma síntese winnicottiana. Winnicott não sintetiza a psicanálise, ele é um novo patamar do processo de construção da clínica e do pensamento psicanalítico em que Freud e Melanie Klein estão presentes, mas ao invés disso estão ali 'ausentificados', ao lado daquilo, por trás daquilo que Winnicott veio a desenvolver a partir da sua própria clínica, da sua própria capacidade teórica, da sua experiência.

A mesma coisa se dá em relação às várias modalidades de trabalho analítico que ele foi capaz de reconhecer e conceber. Winnicott em vários textos faz uma diferença clara entre o que ele chama de análise-padrão, a análise criada por Freud – cuja manutenção é absolutamente necessária para o atendimento de pacientes freudianos que, segundo ele, constituíram-se como uma unidade num contexto relacional no interior do lar, na *home family*. Essa modalidade de prática, que pode e deve ser sustentada, requer, ao mesmo tempo, ser diferenciada quando nos cabe trabalhar com pacientes que ele caracteriza como pacientes kleinianos. E isso ainda pode e deve ser sustentado, mas diferenciado, para que o analista possa fazer aquilo que ele chama de "análise modificada".

No caso da análise modificada, ou do que ele chega a denominar de "alguma outra coisa", nós teríamos uma análise estendida para o trabalho com certos pacientes com problemas mais graves e severos no processo de constituição psíquica, que é ao que ele vai particularmente se dedicar. Para esse trabalho, ele vai desenvolver uma série de novidades técnicas como a regressão terapêutica e os manejos de *setting*. Nós não vamos entender Winnicott como pensador, nem como clínico, nem como psicanalista inserido na história da psicanálise se não pudermos levar plenamente a sério o seu pensamento do paradoxo, a sua disposição de sustentar e ao mesmo tempo se diferenciar daqueles que o precederam.

Retorno às questões iniciais.

Eu havia falado que se o campo, como diz Fabio, pode ser rompido, a primeira questão é como conceber o campo para que ele *possa* ser rompido? E a segunda é: como pensar, como conceber aquilo que opera efetivamente numa ruptura de campo?

Começo pela segunda. Diria que, chamemos ou não de *paradoxo*, chamemos ou não de *lógica da suplementaridade*, chamemos ou não de *lógica metaforizante*, a ruptura de campo em psicanálise (porque ela não se dá só na psicanálise) pode ser pensada, pelo menos a partir de Winnicott, como o exercício 'metódico' do pensamento paradoxal, se é que tal modalidade de pensamento é compatível com a noção de 'método'. Trata-se de sustentar a aquisição e ao mesmo tempo diferenciar-se dela, levar ao extremo a posição e, ao mesmo tempo, poder sustentar aquilo que está de certa maneira estendido, em tensão, em processo de autodiferenciação. Os fenômenos já trazem em si aquilo que aponta para sua possibilidade de transformação: operar uma 'ruptura de campo' seria, fundamentalmente, mobilizar o que estiver 'contido' no campo como sua incontinência virtual.

Vamos à primeira questão. Como é possível conceber um campo para que algo assim opere num trabalho de pensamento e num trabalho analítico? Como levar continuamente, insistentemente, o pensamento do paradoxo às suas conseqüências, às suas conseqüências que nunca são as últimas conseqüências, que sempre são novas, porque esse é um trabalho interminável? Como propiciar a eclosão do que metaforiza e suplementa o campo com seu poder transformador?

É preciso conceber o 'campo' como constituído de heterogêneos e como comportando processos internos de autodiferenciação e transcendência metaforizante. Uma coisa que sempre me incomoda nas falas a respeito dos 'campos', em qualquer área que ocorra, é certa tendência a pensarmos o 'campo' em termos excessivamente espaciais, o campo excessivamente homogêneo e estruturado. Como se o 'campo' homogeneizasse e desse um caráter de simultaneidade a todos os elementos significativos que se constituem dentro dele. É como se o campo fosse a própria realização perfeita da 'metafísica da presença', para adotarmos o termo de Heidegger e Derrida. Como se o campo, todos os seus elementos e todas figuras que daí se formam, e até seus avessos e mesmo suas possibilidades emergentes, pertencessem, todos ao mesmo tempo, ao *tempo presente*, sendo assim contemporâneas umas às outras.

Se o campo fosse isso, se o campo fosse uma estrutura, uma essência, e homogeneizasse todos os seus elementos efetivos ou virtuais, tornando-os significativos e amarrados uns aos outros de acordo com certa ordem, de acordo com certo sistema, a ruptura não seria possível. A menos que ela viesse 'de fora do campo', como um cataclismo externo e arbitrário, que não tivesse nada a ver com aquilo que se passa ali 'dentro', pois nesta concepção essencialista o 'fora' e o 'dentro' se distinguiriam de maneira absoluta. Acho que a 'ruptura de campo', principalmente a ruptura que pode ser praticada com efeitos libertadores e terapêuticos, não poderia ser isso. Algo assim seria um milagre – ou, mais provavelmente, um desastre! (Poucos acreditam hoje em dia em milagres, mas de desastres pouca gente duvida.)

Na prática analítica, tanto maior pode ser a eficácia terapêutica e libertadora de uma fala, de um gesto, no sentido amplo da palavra, quanto mais essas falas, esses gestos permitam a manifestação, a emergência, o desatamento e deixem que venha à tona alguma coisa que já estava de certa maneira sendo produzida e contida, gerada e retida no 'campo', mas que vai além dele, que o transcende, que o rompe, e que não vem 'de fora' para efetuar a sua ruptura, não está nem nas 'margens do campo', mas o habita intimamente, *é ele mesmo e, ao invés disso, já é outra coisa.*

O que faz o analista com sua escuta, com sua leitura e com suas intervenções parcimoniosas e econômicas é evocar possibilidade de transformação que já estão sendo geradas e contidas no 'campo' entendido como uma *matriz heterogenética de processos autoorganizadores e autodesorganizadores*. Nessa medida, é preciso tomar muito cuidado para evitar qualquer tendência a espacializar e a dar um caráter excessivamente estrutural e essencialista à noção de 'campo'. É preciso pensar que se há 'campos', esses 'campos' são campos que comportam e produzem movimentos que os transcendem e desfazem. Mesmo que haja repetição (até porque a oposição entre o que se repete e o que se transforma não é absoluta, e nada se transforma se não houver processos e movimentos de repetição atuando), eu diria que é preciso pensar o 'campo' associado a *processos, ausências*, enfatizando a dimensão temporal e transformadora daquilo que se está configurando e desfigurando, para que as nossas intervenções paradoxais possam fazer emergir novas figuras. 'Campos' não seriam 'campos' de elementos organizados sistematicamente, homogêneos e simultâneos. Eles teriam que ser concebidos como heterogêneos e não-simultâneos, pois senão não haveria como esperar que o próprio campo fosse ou criasse uma possibilidade de ruptura. Ao contrário, seria apenas resistência a ela e o analista seria um intruso onipotente e pretensioso, movido, no melhor dos casos pelo *furor curandis* tão malvisto pelos psicanalistas desde Freud.

Dito isto, a questão que me fica é se vale a pena continuarmos falando em 'campo'. Ontem, o próprio Fabio levantava a possibilidade de, ao invés de falarmos em 'Teoria dos Campos', voltarmos a falar de psicanálise e retomarmos a problemática da psicanálise a partir das questões que me parecem decisivas: por exemplo, essa compreensão dos processos e dos elementos heterogêneos que compõem e que fazem o psiquismo se mover. Pode parecer uma questão, na realidade, de escolha terminológica; o que quero enfatizar é a possibilidade de podermos aproveitar e aprender com toda uma elaboração a respeito daquilo que é mais específico do trabalho analítico,

RUPTURA DE CAMPO: CRÍTICA E CLÍNICA   83

e que devemos à Teoria dos Campos, mas eventualmente chegarmos
à conclusão de que o conceito de *campo* pode nos desviar ou nos
bloquear. Pode, quem sabe, nos prejudicar na compreensão de alguns
aspectos importantes daquilo que deve ser o trabalho da análise e a
compreensão analítica da vida psíquica.

De certa maneira, só hoje reconheci plenamente, de madru-
gada, à medida que elaborava essa minha ex-posição, digamos assim,
esquisita nesse contexto (e o hífen acentua o caráter estrangeiro da
posição que aqui ocupo), que, não sendo winnicottiano nem tão ligado à Teoria dos Campos, não podia recusar aquele convite nem
renunciar a esta provocação.

Na condição de membro suplementar deste encontro, termi-
no minha fala entoando um 'viva!' à lógica do paradoxo.

DEBATE

Leda Maria Codeço Barone

Vamos começar as discussões. Belinda tem a palavra.

Belinda Mandelbaum

Klein, Winnicott, Luís Claudio Figueiredo, Claudio Rossi: constitui um desafio pensar esses autores partir das concepções da Teoria
dos Campos. Convidada para falar sobre Melanie Klein, me interes-
sei em dialogar com Winnicott através do trabalho do Luís Claudio,
embora acredite que o que pensei me permita também dialogar com
o trabalho do Claudio Rossi sobre Melanie Klein.

Achei muito interessante a maneira que o Luís Claudio traba-
lhou, pelo método de leitura desconstrutiva – interessante igualmente
para toda a psicanálise. Vejo nela muita semelhança com o que o
Fabio recomenda que se faça antes de romper um campo: a imersão
profunda e meticulosa dentro desse campo. E é isso que você faz com
o texto do Winnicott, ao acompanhar passo a passo esse texto. Você

salienta na sua fala que o trabalho do psicanalista deve ser parcimonioso, deve ele fazer o mínimo possível. Que o máximo que é possível fazer é o mínimo possível, no sentido de não violentarmos o texto ou o paciente com interpretações extemporâneas. Acho que a idéia de Winnicott de que o máximo é fazer o mínimo é um corolário do *deixar que surja* para *tomar em consideração*. Essa imersão no campo é necessária para *deixar surgir* para *tomar em consideração*.

Dois pontos de sua leitura de Winnicott, Luís Claudio, me instigaram: você contrapõe sua leitura a uma maternalização da psicanálise, que você atribui a um *humanismo sentimentalóide*. Em oposição à maternalização, você se utiliza de Winnicott para dizer que a psicanálise tem mais a ver com a simplicidade da verdade nua e crua, sem enfeites e adornos, uma simplicidade austera e severa, nítida, vigorosa e talvez cortante. A palavra cortante é sua. E isso o leva a imagem de uma *lâmina*. Você, depois, aproxima a situação analítica de uma situação de guerra. Em outro momento, você fala de um Winnicott que trata o leitor a golpes de punhal. Acho que você contrapõe em campos diferentes o da maternagem e o da guerra. Embora você enfatize os paradoxos, por que não considerar a maternagem, não bem como uma guerra, mas como uma batalha muito difícil? Que a maternagem não é o campo do humanismo sentimentalóide e sim uma batalha difícil – acolher realmente o outro é muito difícil-, uma guerra em que não se entra com lâminas, nem com tiros ou golpes de punhal, mas talvez com outros instrumentos.

Luís Claudio Figueiredo
Otimista, você...

Belinda Mandelbaum
Queria que não perdêssemos o elemento fundamental do campo winnicottiano, que é o da maternagem. Outro ponto que me

permite aproximar o texto de Winnicot que você escolheu da Teoria dos Campos é justamente o fato desse texto expor, diante de psicanalistas britânicos, a necessidade de se ampliar o campo da psicanálise, frisando Winnicot que, em razão de não dar a análise-padrão conta de todos pacientes (e ele enumera os casos em que ela não funciona), lançava ele mão da análise modificada. Isso me remeteu ao *III Encontro da Teoria dos Campos*, sobre a *Clínica extensa*, e o interesse do Fabio em levar a psicanálise para além do consultório: para o campo da cultura, do social – por exemplo, o trabalho que o próprio Fabio fez no Hospital das Clínicas, com grupos de enfermeiras. Talvez a gente pudesse fazer dialogar essa questão da *análise modificada e da clínica extensa*. Interessante também porque, pelo que depreendi de sua leitura, Winnicott diz que entre a análise modificada e a análise-padrão haveria em comum o psicanalista. Acho que para o Fabio é *método* que se mantém constante. E o psicanalista é o método encarnado.

Por fim, creio que quando tratei dessa questão da *maternagem* e dessas metáforas mais bélicas, talvez a gente pudesse pensar na questão que aprendi com os kleinianos, especificamente num texto de John Steiner e Ronald Britton, *Fato selecionado ou idéia supervalorizada*, em que se discute justamente isso: em que medida, diante de um texto, é fazer esse mínimo para que ele possa emergir, e o que é fazer esse mínimo para que o *being himself* do paciente também consiga isso. E os riscos que a gente corre continuamente com essa *sobreinterpretação*, digamos assim. Será que a sobreinterpretação seria também uma *ruptura de campo*? Rompemos com o campo do paciente ou do texto, mas em que sentido?

Luís Claudio Figueiredo

É uma pergunta complexa cheia de aspectos. Comecemos pelo fim. Estaria havendo uma *ruptura* que não leva em consideração as forças internas do campo. O *campo* não está sendo propriamente rompido, está sendo atropelado. Atropela-se o paciente, atropela-se o *campo* da análise se você faz coisas desse tipo, uma *superinterpretação*. E acho que a ruptura não é isso. A ruptura é uma coisa que tem que emergir como uma das possibilidades das forças que estão se configurando, movimentando-se dentro do campo. É da processualidade do campo, e não de um atropelamento, que a análise se faz. Quanto à questão da maternagem, concordo com você. Quando Winnicott fala em *holding*, freqüentemente a gente vê uma interpretação que não leva em conta que *holding* significa *segurar, segurar firmemente*. E *segurar* firmemente não é uma coisa sentimentaloíde. É uma coisa constitutiva, que tem uma incidência que não é obviamente o caso da *navalha, do cortante, do punhal*, mas que certamente estabelece limites, que estabelece fronteiras, que dá contorno.

Quando enfatizo essa dimensão, não é para deixar de lado a *maternagem*, mas uma certa leitura da *maternagem* que a vê de maneira adocicada, pura benevolência, simpatia. Todo texto, principalmente com essa leitura que faço, se eu for fazer de novo, ela vai ser diferente, porque as coisas que estão me chamando a atenção e que eu vou me sentir obrigado a responder numa outra leitura serão outras. Esse texto (o que escrevi) é escrito num certo ambiente, onde há uma difusão do pensamento winnicottiano vulgarizado e extremamente tendente a transformar Winnicott num grande humanista, num sujeito bonzinho.

Belinda Mandelbaum

De que ambiente você está falando? Da Sociedade Britânica de Psicanálise?

Luís Claudio Figueiredo

Estou fazendo a leitura em um ambiente que é o nosso, brasileiro, aqui de São Paulo, onde a gente vê uma grande, e muito diluidora, difusão do pensamento winnicottiano. Certamente, isso é

RUPTURA DE CAMPO: CRÍTICA E CLÍNICA   87

o que me obriga também a enfatizar essas outras coisas que encontro em Winnicott, que o tornam não um humanista, mas um psicanalista. Estou tentando acentuar a dimensão psicanalítica do trabalho winnicottiano, mesmo em seu trabalho com pacientes muito complicados, muito regredidos, quando é fundamental regredir a dependência ao ambiente, aquela dependência primária – é isso que acho importante.

Leda Maria Codeço Barone-
Claudio Rossi, quer falar alguma coisa? Então, a Silvia vai dar continuidade.

Silvia Maia Bracco
Minha questão é um pouco nessa direção da simplicidade, ou da falsa simplicidade. Devo antes dizer que achei muito interessante o formato deste encontro: montou-se aqui um grande campo de conversa. É bem interessante ter contato com alguns textos de vocês, e que fizeram, Luis Claudio, também a gente perder algumas noites de sono.

A leitura minuciosa que você faz de Winnicott vai na contramão da falsa idéia de simplicidade que se tem de seus escritos. De que Winnicott – ao contrário de Freud, de Klein – é muito fácil, não requer tanto investimento. Doce ilusão. Se alguém tinha alguma dúvida disso, terá que rever suas idéias sobre o autor a partir da leitura proposta por você. Empresto a paráfrase de Tom Jobim: "não é para principiantes".

Vou pensar por aí, debater um pouco essa questão da simplicidade, como você falou, nua, cortante, propondo questões ou conexões com nosso tema, que é a ruptura de campo. Winnicott nos apresenta uma clínica em que o encontro que se dá entre o analista e o analisando, que pode ser numa sessão, será mais um espaço de experiência do que um lugar de cognição. Diz ele que praticar a psicanálise não é fazer interpretações espertas, mas, sim, devolver ao paciente o que ele traz de si mesmo. Parece simples. Do que um analista precisa para desempenhar bem essa função? Que lugar é esse que possibilita, dentro de um campo transferencial, que esses fenômenos possam acontecer? Tais questões – algumas você trouxe na sua exposição – me levaram ao lugar estranho, que comporta esses diversos paradoxos, a começar pela complexidade contida nessa simplicidade. O lugar ocupado pelo analista não só como princípio de realidade, mas também como objeto subjetivo.

Gilberto Safra, que também comenta e escreve muito sobre Winnicott, observa que para Winnicott o analisando busca o analista na esperança de encontrar a função e o campo que lhe possibilitem emergir como ser existente, inserido na cultura e na história do homem. A clínica winnicottiana é econômica, de poucas palavras; da interpretação que não explica, mas leva a mergulhos em algum sentimento não identificado, num campo desconhecido.

Claudio diz no texto dele que "a experiência emocional é se estar diante de uma verdade", e que a interpretação disso vai ter várias funções e finalidades, sendo a principal a de "criar e conservar o espaço no tempo desse jogo que permite a emergência de existir em pleno direito". Isto é, a interpretação deve facilitar o surgimento dessa proximidade, deixar que algo venha ao encontro. O analista, sem se mostrar imperativo nem dominador, pode criar condições para isso, mantendo-se no seu devido lugar para o acontecer da experimentação. Pensei nesse "deixar que surja", na criação de um campo transferencial, capaz de sustentar esse movimento da dupla, e que, quando rompido, deixa o quê? O analista e seu método. Analista que pôde suportar, vivo e bem acordado, um campo de aparecimento do gesto que apresenta o *self* do paciente.

Usei aqui algumas coisas do Fabio e outras de Winnicott, no sentido de pensar a língua comum a ambos. Como é que a Teoria dos Campos articula e permite o uso de todas as outras teorias? Esta é a questão.

Claudio Rossi

Tomo uma coisa mais pontual: quando você falou em devolver ao paciente o que ele traz de si, ou apresentar o paciente para ele próprio. Essa fala está imersa na idéia de que o paciente precisa, digamos, ser se apresentado. Ou seja, que o analista teria a possibilidade de saber a respeito do paciente coisas que o paciente não sabe, precisaria, assim, através de algum processo, ampliar o conhecimento que o paciente tem sobre ele mesmo.

Acho que essa é exatamente a questão com a qual a Teoria dos Campos não articula, mas se choca frontalmente, pelo menos na minha compreensão. A Teoria dos Campos vai se chocar frontalmente com a idéia de que existe algo a ser revelado para o paciente a respeito dele próprio, e que o analista detém essa possibilidade. Ou seja, que o paciente tem dimensões inconscientes que precisam vir à tona, e que é o analista que vai fazer essa exegese. Isso é apenas uma forma de ler o trabalho psicanalítico e que aparece volta e meia em quase qualquer autor – de repente, até no Fabio se encontra alguma coisa assim –, porque essa idéia está o tempo inteiro presente no trabalho psicanalítico, a gente está toda hora falando disso, pensando conceitualmente.

Na minha maneira de entender, a *Teoria dos Campos* bate de frente com isso porque *a Teoria dos Campos* vê muito mais a relação como um choque de subjetividades. Isso que apareceu no paciente vai se chocar com a minha subjetividade, na medida em que eu expressar minha subjetividade para ele, que pode ser como uma coçada de cabeça ou uma cara estranha. A minha subjetividade é que vai chocar com a dele. E é esse processo de choque de subjetividades que vai permitir que o paciente se veja de outra maneira que o analista pode nem saber qual é. Todos nós temos a experiência de escutar do paciente que determinada sessão foi muito útil, sendo que a gente ou nem lembra daquela sessão ou se lembra nem sempre concorda.

Creio que a Teoria dos Campos não articula todas as outras. A Teoria dos Campos mostra que existe algo que transcende o conhecimento acumulado de todas as escolas psicanalíticas. É como se a Teoria dos Campos insistisse que psicanálise é alta-costura. O costureiro não precisa esquecer tudo o que sabe, mas ele precisa fazer uma roupa para aquela pessoa. O *prêt-à-porter* não é psicanálise. É um pouco isso o que penso e é sobre isso que a Teoria dos Campos chama a atenção. Não importa o estilo ou se a roupa é social ou não – o importante é que seja sob medida.

Luís Claudio Figueiredo

Concordo com as suas observações, não teria muita coisa a acrescentar agora.

Cintia Buschinelli

Se entendi bem a questão da heterogeneidade e da homogeneidade, a heterogeneidade do texto nem é necessária, já o campo seria homogêneo. A idéia que tenho sobre campo é que ele é heterogêneo e traz em si a própria semente da ruptura. No entanto, Luís Claudio, o que me ocorreu, quando você falou da questão do paradoxo e disse "isso ao invés disso", foi se não seria melhor: isso e além disto?

Luís Claudio Figueiredo

Vou responder muito pontualmente essa questão. É que porque 'além disto' proporia uma relação complementar. O 'além disto' complementa o isso. Não só isso, mas ao invés disso: eu já estou introduzindo uma torção. O método que entendo como sendo a ruptura de campo – interpretação no sentido amplo como ruptura de campo, método analítico e o pensamento paradoxal –, produz algo que implica torcida, continuidade e torção. Tem uma coisa que é e que vira, de uma certa maneira, uma outra coisa. O 'além disto' poderia me levar simplesmente a complementar, agregar, e ficar simplesmente estendendo qual a expectativa de um dia nós chegarmos a uma visão unificada, porque uma série de agregações, de acrescentamentos e de complementos poderia nos levar, por exemplo, à esperança de uma apreensão unificadora do paciente ou da relação.

E a idéia de que se tem não 'só isso', mas 'ao invés disto', nunca vai permitir que se alimente a ilusão dessa unidade e dessa apreensão totalizante. Ela sempre oferecerá novas possibilidades de desdobramentos que, sem invalidar o 'isso', o anterior, diferenciam-se dele e estabelecem um certo campo de tensão. Quando você fala do heterogêneo, não seria efetivamente heterogêneo se nós pensássemos apenas o 'além disso'. A heterogeneidade é, 'isso', mas também 'invés disso'. É um movimento que se faz de torção, que é levar as conseqüências que reposiciona aquilo que já tinha sido visto, pensado e dito.

Cintia Buschinelli

Pensei no 'além disso' no sentido dos vários 'eus' que Fabio propõe. Acho que é uma questão sobre a qual nem discordo de você, mas o 'além disso' é como se acrescentasse seres diferentes entre si, com várias possibilidades.

Luís Claudio Figueiredo

Mas não tenho exatamente uma divergência em relação a isso.

Leda Maria Codeço Barone

Passo a palavra para Rogério Coelho de Souza

Rogério Coelho de Souza

É sempre muito bom encontrar colegas e ter a oportunidade de ler e estudar textos tão ricos. O benefício de se ter vários debatedores em um trabalho como este é que a gente pode se deter num aspecto, se focar num assunto e deixar o resto para os outros. Os apresentadores foram generosos, mas vou me contentar em investigar, em debater apenas um aspecto, presente em ambos os trabalhos. Um pouco transgressivamente (fui convidado para perguntar ou debater mais sobre o trabalho de Winnicott), vou fazer pergunta para os dois. Embora a questão seja única, ela se desdobra em duas, e cada um dos desdobramentos é para cada um dos apresentadores.

Começando organizadamente pelo Claudio Rossi. Claudio, parece haver uma forma constante, uma forma de ser do psicanalista em Klein que permite incluir por meio de identificação projetiva algo inconsciente de seu paciente – a violência, por exemplo. Isso será mostrado ao paciente através da experiência emocional tão vívida que o fará senti-la como verdade, levando-o a uma integração egóica maior. Talvez até fosse possível entender essa interpretação como sendo fruto de uma maneira de se romper o campo. Essa constante do estilo pessoal de Klein de ser psicanalista é garantida pela técnica de "conservar-se evitando". Isto é, conservar-se atenta ao princípio fundamental de amenizar sistematicamente a transferência, tanto positiva quanto negativa, evitando armadilhas transferenciais e contratransferenciais. Essa constante, no entanto, nada mais seria do que aquilo que está nos limites da possibilidade de ser, também dela, psicanalista: seu próprio inconsciente. Aquilo que está integrado a uma ruptura de campo, posteriormente experimentada.

Aquilo que faria de alguém um psicanalista, portanto, seria a maneira que o capacitasse conhecer seus modos integrados de ser inconsciente. Talvez seu modo ou seus modos integrados de funcionar por meio de suas fantasias inconscientes. A relação com a Teoria dos Campos, me pareceu, afigura-se no horizonte kleiniano. Cito Fabio, em *Andaimes do Real*: "É claro que os *outros* representam-me, e é claríssimo que não estando eu em condição de análise consigo manter isso oculto. Por um capricho da sorte, a conjunção da percepção do outro com o outro que me percebe leva a perceber-me outro. A perceber-me outro, caricato, analista vestido de analista que, contudo, só é analista verdadeiramente ao interpretar, e quando interpreta bem".

Minha pergunta: se me percebo analista quando ao bem interpretar, esse supra-analista, digamos, se interpreto com base no conhecimento que tenho dos meus modos de ser inconsciente ou dos meus modos de funcionar – seria isso que possibilitaria a alguém ser psicanalista de forma pessoal? O prazer de colocar a capacidade de conhecer seus modos inconscientes de funcionar, incluindo aquele em que a violência está engajada?

A mesma pergunta, de uma maneira um pouco diferente, é feita para Luís Claudio, juntamente com duas pequenas associações que fiz com seu texto. A primeira associação é que você, ao nos brindar com a oportunidade de rever Winnicott em sua completa e total simplicidade, me fez pensá-lo como herdeiro da melhor tradição britânica, provavelmente iniciada no final da idade média pelo filósofo Occam.

Winnicott parece se servir da famosa navalha de Occam, defensora do princípio da parcimônia, no qual se segue um princípio metodológico que determina um viés em direção à simplicidade de qualquer construção teórica onde os parâmetros da sociedade sejam tomados pelos tipos de entidades em questão, pelo menor número de axiomas usados como pressupostos e pelas características das funções entre as experiências acionadas. Penso que esse princípio – certamente a gosto da Teoria dos Campos – em Winnicott se encontra a toda hora. A navalha tem a lâmina da navalha afiada por seu humor para o uso de lógicas. Seja aquela do medievalista, William de Occam, seja aquela da psicanálise. Essa foi a sua primeira sugestão e eu não quis deixar passar. Você faz cinco sugestões, mas só vou mencionar essa, que me parece bastante apropriada, embora não fazendo nenhuma aproximação do conteúdo filosófico de Occam com a lógica do paradoxo winnicottiano.

Outro breve comentário diz respeito a uma observação bastante comum, possível de ser feita mesmo fora do contexto analítico. Uma criança, brincando de andar a cavalo, montada em uma vassoura, é saudada por um adulto: "Puxa! Que lindo cavalo você tem!" Ao que a criança responde: "Você é tonto? Não está vendo que estou brincando com uma vassoura?" Já outro adulto, interrompendo a brincadeira da criança, diz: "Você não tinha algo melhor para brincar, que não uma vassoura?" Responde, então, a criança: "Você não está vendo que esse é meu cavalo escolhido?"

Parece que no brincar, assim como na psicanálise, existe uma espécie dessa lógica do paradoxo, em que a vassoura não é só uma vassoura, mas também um cavalo. Talvez neste motor do brincar, semelhante ao motor da psicanálise, o método psicanalítico, minha pergunta se insere – na verdade, quase a mesma feita para o Claudio.

Em todo o texto que você analisou, Luís Claudio, me pareceu que se preserva o seguinte: nesse processo todo há um psicanalista, um ser que assim trabalha, exercendo ou deixando que se exerça o método psicanalítico. Sem cairmos na tentação de ontologizar esse ser psicanalítico – a Teoria dos Campos diria o *homem psicanalítico* –, sem recairmos na tentação em que a filosofia parece ter recaído com a navalha de Occam, o que parece estar apontado na apresentação do estilo de Winnicott é que o ser psicanalítico do psicanalista é sua capacidade, seu potencial humano, não perturbado pelo ambiente, sua trajetória de amadurecimento, de poder brincar, brincar de transitar diferentes modos inconscientes de funcionar. Estaria no prazer – ainda que às vezes paradoxalmente incômodo – do exercício dessa capacidade de brincar, rigorosa e seriamente, o fundamento de ser psicanalista?

Claudio Rossi

Acho que sim. É na idéia do jogo, da brincadeira que existe a possibilidade de ser analista. Acho também que não existe apenas a possibilidade de ser psicanalista. Na verdade, a possibilidade de encarar a relação como um jogo, como algo lúdico, é fundamental para que o ser humano seja ser humano. Penso na história da vassoura e do cavalo. Evidentemente, nenhum adulto vai dizer que aquilo é uma vassoura, a não ser que esteja querendo provocar a criança. E nenhuma criança vai dizer que aquilo é um cavalo, a não ser que esteja querendo provocar o adulto. E se a gente pensar que a *teoria do regime do atentado* de Fabio Herrmann talvez seja uma boa teoria, uma criança atual daria uma vassourada quando você fizesse qualquer comentário a respeito da brincadeira dela. Essa é a possibilidade de ser humano. Nesse ponto Winnicott é magistral. O que acontece? Acho que acontece quando se concebe o consciente e o inconsciente na primeira tópica. A gente pensa que o inconsciente é o que foi recalcado, um depositário de sentidos e significados que é preciso conhecer. O analista precisaria conhecer o seu inconsciente para poder dar conta do paciente. E precisaria, a partir desse conhecimento do seu inconsciente, ter uma intuição tremenda a respeito do inconsciente do paciente para poder ajudá-lo a ter consciência do seu próprio inconsciente.

Fica engraçado porque ou é consciente ou não é consciente. Ou é inconsciente ou não é inconsciente. Deste ponto de vista, acho que a Teoria dos Campos resolve a coisa, dizendo que o inconsciente é incognoscível, ele se manifesta: a gente sabe que é falado por alguém e agido por alguma coisa. Isso é um grande conhecimento do inconsciente: o saber que é agido. Acho também que o importante para o psicanalista não é ele ter uma consciência do seu funcionamento inconsciente e, sim, ter a coragem de se permitir ser dirigido por algo que desconhece quando está em contato com o outro. E isso não é fácil, já que todos nós tentamos nos agarrar nos conhecimentos ou pretensos conhecimentos que temos a respeito do nosso próprio inconsciente. Essa capacidade de se desgarrar, de se deixar falar por algo que desconhece, que permite que uma pessoa seja psicanalista, igualmente permite que uma pessoa seja mãe, tenha uma boa relação sexual, etc.

Luís Claudio Figueiredo

Em relação à sua primeira questão: concordo plenamente que a tradição na qual Winnicott se inscreve é essa tradição que você faz remontar a William de Occam e sua navalha, que é a tradição empirista. O apreço pela a experiência, pela constituição da experiência e pelo que se pode aprender com a experiência.

Isso não quer dizer que se deva abolir do campo teórico, certamente, mas ter um certo cuidado para não permitir que haja uma invasão construtiva, teórica e racional que vai impedir que você tenha acesso e que possa, efetivamente, tanto experimentar quanto pensar a respeito da experiência e a partir dela. Não é só Winnicott que está nessa tradição, mas certamente ele é um dos grandes momentos do pensamento psicanalítico dentro da tradição empirista. Não um empirismo simplista, um empirismo de achar que não é possível uma experiência sem nenhum pressuposto, sem nada prévio.

Liana Pinto Chaves

Quero falar um pouco sobre minha convivência com a Teoria dos Campos. Indagações e impressões. Fui me deixando pensar sem fazer muita força para produzir uma pergunta. Aproveitando o gancho de Tom Jobim, diria que a Teoria dos Campos não é para principiantes.

O que é a ruptura de campo? Um daqueles grandes conceitos do qual não sabemos ainda a extensão, a profundidade e o que comporta. Percebo isso muitas vezes em conversa com colegas, quando a gente fica colecionando exemplos de ruptura de campo. Ao ler a tese da Leda, relatórios e alguns trabalhos, fico de olho em seu aparecimento. A impressão que tenho é que ninguém sabe direito o que é. Por isso acho que não é para principiantes. A Teoria dos Campos é boa? Quem estudou as outras teorias – que funcionam como recheio para explicitação do método, para que se possa enxergar como o método opera –, sabe, como disse Luís Claudio, que sem o conhecimento de nossa genealogia, de todo o conhecimento acumulado, não dá para ter noção desse processo. Cito uma passagem da tese da Leda, para poder discordar dela. Diz Leda: "As teorias psicanalíticas não são dispensadas, mas só é possível voltar a elas, reencontrá-las em crise e ruptura, nunca partir delas". Claro, estou fazendo um recortinho de um pedacinho de uma frase, mas isso para dizer que para ter a crítica precisamos viver a psicanálise do jeito que sempre se viveu. O que a Teoria dos Campos procura instaurar é uma atitude de saudável desconfiança. Leda reafirma essa posição do Fabio: as teorias estabelecidas só podem ser utilizadas de forma crítica. Concordo com o espírito crítico. A Teoria dos Campos, pretendendo revigorar esse vigor da descoberta psicanalítica, perpassa todas as escolas, para delas destacar a operação do método. Acho, então, que o estudante tem que fazer esse percurso.

Não sendo uma analista campista, reconheço a extraordinária sacada que é o conceito de ruptura de campo. Daí a minha grande relação de curiosidade. Conheço um tanto dos textos do Fabio, freqüentei alguns seminários seus e fiz supervisão com ele. Posso dizer que nas supervisões Fabio sempre rompia meu campo. Ele me ouvia e, invariavelmente, vinha por um lado bem imprevisto, que resultava naquela sensação de "aahá!".

Experimentei nas supervisões o tal do efeito de vórtice. O que aprendi ali, numa expressão do próprio Fabio, foi *operar por diferenças produtivas*. Ele validava meu discurso aparentemente quebrado, identificando e aproveitando os erros necessários, os atos falhos conjuntos, e assim fui aprendendo algumas noções fundamentais da Teoria dos Campos. Fabio não entrava no mérito das interpretações dadas: procurava mergulhar nas complexidades virtuais da relação com meu paciente e nas regras de interdição a serem deduzidas no campo onde estávamos imersos. Eu e o meu paciente.

Me ocorreu propor algum tipo de ligação com o estilo kleiniano. O efeito súbito de uma ruptura de campo e do rearranjo que muitas vezes se segue gera um estranhamento, a sensação de estarmos diante de um jogo intelectual. Isso mais nos textos, não na experiência ao vivo. O estilo aí é elegante, mas "abstraizante", se é que essa palavra existe. Nesse sentido, o estilo da Teoria dos Campos nos textos que tenho lido é bem oposto ao estilo visceral kleiniano.

Pensando agora nos textos da própria Melanie Klein. Acho engraçadíssimo – isso para entrar um pouco no estranhamento da linguagem – quando Fabio refere-se à fantasia de um coito perpétuo e hermafrodita, na ilusão de autobastância. Por que escolhi esta imagem? Porque ele, naquele estilo minimalista de pegar indícios, jamais faria uma interpretação com tamanha carga – que, diga-se, não é muito diferente da figura parental combinada e outras coisas pesadas.

Como seria a ruptura de campo em Melanie Klein? Notou Claudio que ela provavelmente fazia, sem saber que estava fazendo. Será que poderíamos lidar com um conceito de fantasia e dizer, por exemplo, que são tantos os campos quantas são as fantasias? Revelamos campos para um conjunto de fantasias que estão expostas em relação? Ou em oposição? Penso aqui, friso, não em fantasias no varejo, miudinhas, mas em fantasias básicas, estruturantes da subjetividade de uma pessoa. No meu entender, desvendar uma fantasia dessas e apresentá-la ao paciente é uma ruptura de campo.

A ruptura pode ser compreendida como uma outra linguagem, pelo chamado efeito de interpretação? Pode ser que sim.

Tudo isso são notas e indagações para algum dia tratar de ruptura de campo e de *insight*, um conceito forte na teoria kleiniana e, imagino, mais raro do que rupturas de campos.

Uma pergunta final: terei por acaso embaralhado tudo, pondo tudo no mesmo balaio?

Leda Maria Codeço Barone

Vocês querem falar alguma coisa?

Claudio Rossi

Não é para principiantes exatamente no sentido referido por você. Teoria dos Campos tem que ser lida por psicanalista, e psicanalista com experiência, senão não dá. Pode-se até criar essa idéia de que a psicanálise é um joguinho, uma espécie de luta marcial, na qual o professor dá rasteiras cada vez mais caprichadas em seus alunos. O que é um absurdo. Não é isso a Teoria dos Campos. O conhecimento da psicanálise é fundamental. E acho que você foi muito feliz quando falou que, no fundo, existe a questão de estabelecer uma saudável desconfiança em relação a tudo o que a gente está fazendo como psicanalista. Isto seria, digamos assim, uma das principais conseqüências da Teoria dos Campos.

Há pouco, conversando com Luís Claudio, a respeito da possibilidade de se abandonar a idéia de campo, disse para ele: desde que você tenha uma visão desconstrutivista das teorias que lê e da sua própria prática, é possível estabelecer, como você disse, um corpo-a-corpo que faz com que o pensamento daquele determinado autor e também o seu trabalhem – nesse caso, você pode abandonar algumas das idéias fundamentais da Teoria dos Campos. Teoricamente, acho que ela pode ser abandonada; politicamente, não. A Teoria dos Campos questiona qualquer conhecimento estabelecido, por acreditar que a psicanálise age exatamente desestabilizando o conhecimento construído. Mesmo se usarmos a idéia de jogo.

Quando aprendi xadrez com meu pai, eu devia ter uns sete anos de idade, ele me ensinou o xeque-do-pastor. Em poucos lances, você dá um xeque-mate no outro, se o outro não conhecer o xeque-do-pastor. É fundamental conhecê-lo, se você quiser ser um enxadrista; caso contrário, você faz um papelão até com uma criança de seis anos. Agora, depois que você conhece o xeque-do-pastor, não dá mais para usá-lo. Mas você tem que saber que ele existe e como funciona.

Se você chegar para uma criança, hoje em dia, e usar as interpretações kleinianas, tal como ela fez com Richard, vai chover no molhado, porque ela vê situações assim nos desenhos animados o tempo inteiro. Não adianta, é o xeque-do-pastor. É isso que a Teoria dos Campos mostra, que o nosso conhecimento tem que ser retomado, revitalizado – e, nesse sentido político, ela é muito interessante.

Ruptura de campo e *insight*. Existem tantos campos quanto existem as fantasias? Campo, acho, é um pouco mais complexo do que uma fantasia inconsciente. Se bem que fantasia inconsciente não seja uma coisa simples. Eu diria que o campo, no sentido prático do trabalho clínico, poderia se aproximar de uma cosmovisão, com dimensões mais conscientes e assumidas, menos evidentes para o paciente.

Quando se provoca uma torção, ou algo que se poderia chamar de uma idéia de *si mesmo*, uma idéia de identidade própria, ou seja, no momento em que você causa uma torção nisso você obriga a uma redefinição. Parece-se com um *insight* – só que o *insight* tem o prefixo *in*, dentro. Voltamos aqui àquela questão de que o inconsciente está dentro, uma visão de dentro, que se aproxima do *insight* desde que se possa dizer que um campo rompido é um *in/out side*. Quer dizer, ele é *in*, mas é também *out*. Porque o campo não está dentro, mas ele está.

Marion Minerbo

Apresento três vinhetas clínicas, surgidas como associação a certas expressões de Winnicott, que Luís Claudio evidencia em seu texto, mas que na verdade servirão para uma perguntinha aos dois.

As três expressões de Winnicott que funcionaram como disparador das associações: a primeira é a idéia da *simplicidade cortante*. A segunda – que não consigo distinguir muito bem, e talvez através

RUPTURA DE CAMPO: CRÍTICA E CLÍNICA   101

da vinheta a gente possa conversar, sem a preocupação de acertar sempre na mosca – é a idéia da *cooperação inconsciente*, que também é resistência. Por fim, a idéia da *análise modificada*: no caso, a vinheta traz alguma coisa sobre isso.

No meu ponto de vista, as três apresentam a possibilidade tanto de se falar em ruptura de campo como a de examinar suas possíveis relações com a clinica winnicottiana e com a kleiniana.

A primeira, a idéia da *simplicidade cortante*, refere-se a uma paciente obesa, que freqüenta uma associação chamada *Comedores Compulsivos Anônimos*. "Hoje eu consegui não comer." "Ontem eu não resisti." Dá para imaginar os depoimentos. Um deles, que a paciente relata: "Fulano ganhou de presente uma caixa daquilo que é marrom e gostoso, mas que eu não posso nomear. Sabe o que aquele louco fez? Jogou um a um na privada e deu descarga, não comeu nem unzinho".

Apresentei esse caso ao Fabio e ele, que não interpreta, não se conteve e disparou: "Você come cocô?" Uma interpretação totalmente dentro do espírito da Teoria dos Campos: pega aquele significante marrom e gostoso, que está no campo da oralidade, quando a paciente o traz, e leva a escuta para o campo da analidade. Em relação à idéia dos elementos heterogêneos, é evidente que a analidade entrou como um elemento totalmente heterogêneo ao campo proposto pela paciente. E só por aí a interpretação poderia ser: "Você come cocô?" Como não dei essa interpretação para a paciente, não sei o que aconteceu. A idéia é de que ela poderia promover um efeito de vórtice, dando conta da indiscriminação entre os elementos orais e anais.

Segunda vinheta. Ao chegar, a paciente retoma sua última sessão e anuncia ter entendido a irritação que sentira ao conversar com um analista que, numa mesa de bar, contava detalhes de sua vida particular. (No dia seguinte àquela sessão, almoçara com o pai, que lhe dissera ter arrumado uma nova namorada – e ela entendera que a repulsão estava deslocada. Como a paciente tem duas sessões no mesmo dia, uma semana havia decorrido.)

Ao contrário do habitual – ela é bastante contida e bem-comportada analiticamente –, falou sobre aquele *insight* de maneira entusiasmada, num tom de voz ansioso, feliz. Percebi a animação, mas não fiz nada. Esperei para ver. Continuou durante quase 20 minutos, quando sua vivacidade inicial passou a dar lugar para um tom burocrático.

Digo então que, ao chegar, ela estava morrendo de vontade de me encontrar, para contar o que tinha descoberto. E aquilo transparecia no seu entusiasmado tom de voz: coisa arriscada para ela, que costuma ser tão comportada. No entanto, como não se sentira recebida, reconhecida, acolhida, ela fora murchando – embora continuasse associando por mais 20 minutos, como boa paciente que era. Após um tempo em silêncio, conta de uma amiga que conheceu na França, uma pessoa de quem gosta muito até hoje.

A idéia desta vinheta é de que a afetividade pôde neste momento entrar. A ruptura de campo aqui que se manifestou na guinada das associações. Ao referir-se a amiga, demonstrou a paciente que a proibição no campo anterior era a nossa – minha e dela – relação afetiva. Assim entendo a ruptura de campo: um surgimento coibido num campo anterior.

Na terceira vinheta, um paciente que em todas as sessões começa: "Não sei do que vou falar hoje, não tenho assunto, dá uma idéia". Percebo que o lance é um vazio: preciso falar alguma coisa para ele se sentir acompanhado. Determinada sessão, escolho o tempo: "Está frio hoje". A partir disso, passa ele a contar de sua cidade – na análise, uma espécie de paraíso perdido. "Nessa época do ano, na minha cidade faz muito frio." O paciente assim continua e a sessão assim prossegue.

Na linguagem da Teoria dos Campos, acho que aconteceu aqui uma ruptura do campo da agonia – e isso através, talvez, de uma análise modificada nos termos de Winnicott, já que, na minha microalteração no enquadre, passei eu a falar do tempo.

Sobre essas três vinhetas, em que a idéia de ruptura de campo é mais ou menos clara, teria vontade de saber de vocês as possíveis semelhanças e diferenças com a clínica winnicottiana e a kleiniana.

Em relação à idéia dos elementos heterogêneos e homogêneos no campo que Luís Claudio comentou, naturalmente, só é possível interpretar, nesses três exemplos, a partir de um heterogêneo surgimento: a analidade; a alegria na voz que se transforma em tom burocrático, e a angústia do paciente, perceptível nas entrelinhas. Já o segundo momento – quando você sai da sala de análise e vai para a frente do computador descrever aquele campo, escrever teoria, prototeoria – pode ter esse jeito mais homogêneo, na medida em que você está organizando algo que fez sentido *a posteriori*.

Luís Claudio Figueiredo

A clínica winicotiana, até onde entendo, não se diferencia muito da kleiniana. É uma clínica psicanalítica. Desses três exemplos, talvez no terceiro a gente possa identificar algo mais winnicotiano, que é a disposição de ir em direção ao paciente. De criar condições para que rapidamente se dispare um processo de associação livre, que é o que parece acontecer em seguida. Você percebia que alguma coisa estava dificultando, que não adiantava ele ficar em silêncio, então você se antecipou, criando um ambiente facilitador e, digamos, aceitando winnicotianamente a necessidade de pequenas modificações no *setting* – porque foi um tempo bem pequeno, no início da sessão, que propiciou um desdobrar praticamente esperado. No mais, acho que poderíamos pensar em uma clínica psicanalítica kleiniana, winnicotiana, freudiana, ou de qualquer psicanalista de qualquer filiação.

O psicanalista tem a escuta exatamente para esses elementos heterogêneos. Ele detecta os gargalos, as tensões, enfim, os impasses, e de alguma maneira faz algo com isso; em alguns casos, interpretando; em outros, antecipando-se minimamente em direção ao paciente, de modo que ele se sinta mais confiante na possibilidade de dar prosseguimento. Acho difícil, tirando certos casos, identificar uma clínica winicotiana completamente distinta de uma clínica freudiana ou kleiniana. Têm estilos diferentes, mas isso não é ser clínica winnicottiana. São singularidades que integram o trabalho de cada um de nós, que marcam o que a gente faz, expressa e sente. Lógico que ao falar numa clínica winnicottiana você não está pensando na singularidade de Winnicott. Está pensando no estilo que poderia ser transmitido, que poderia ser aprendido – o que, francamente, acho que não precisa ser considerado como relevante, salvo naqueles atendimentos muito estranhos, em que são criadas e desbravadas novas fronteiras para o atendimento psicanalítico. E isso é realmente uma análise modificada, não apenas uma modificação do *setting*, tal como aconteceu no seu terceiro caso.

Isso também me faz levantar uma questão suscitada na sua fala: a formação de um analista poderia se basear estritamente em Teoria dos Campos? Tomemos agora a afirmação de que a Teoria dos Campos não é para principiantes – o que supõe ter sido ela precedida por uma vasta experiência, tanto na prática psicanalítica como no campo das teorias existentes em psicanálise. Como ficamos? Não sei. Gostaria até de ouvir outras pessoas falarem a respeito.

O que a Teoria dos Campos propicia e facilita, me parece, são novas posições diante do campo teórico. A *desconfiança salutar*, uma certa liberdade e um investimento no campo da experiência que singulariza a relação de um dado analista com um dado paciente. Acho que a Teoria dos Campos sempre precisaria contar com as teorias psicanalíticas tais como elas existem – e também muito bem aprendidas e muito bem usadas. Sendo esse bom uso muitas vezes a contribuição da Teoria dos Campos para o estabelecimento dessa distância, dessa *desconfiança salutar*.

Em sua questão me pareceu existir um obrigatório pressuposto: nos três casos você atua se situando no campo da Teoria dos Campos. Seria possível fazer isso sem ter passado por Freud, Melanie

Klein, Winnicott – sem que para isso tenha sido necessário se tornar winnicotiano, kleiniano, freudiano, no sentido estrito de uma filiação leal e exclusiva? Creio que não. O que você faz certamente depende de todo esse trânsito, em cujas confluências a Teoria dos Campos talvez contribua com um ponto de vista, um ângulo para lidar com a situação clínica e com as teorias na situação clínica. Aqui, sem deixar de estar absolutamente enraizada em toda clínica psicanalítica, você pode dever muito a ela.

Marion Minerbo

Minha idéia era justamente esta: apresentar três vinhetas bastante diferentes em princípio, e que não podem ser classificadas de jeito nenhum. Primeiro, porque são muito diferentes entre si. Depois, porque feitas sob medida para cada situação, para cada paciente. Não acho que isso seja uma clínica da Teoria dos Campos. É simplesmente uma clínica. Minha idéia ao trazer essas três vinhetas era mostrar que elas podem ser compreendidas à luz da idéia de ruptura de campo, e que isso não faz com que elas tenham uma marca absolutamente particular – assim como não podem ser distinguidas de uma clínica winnicottiana. A intenção foi mostrar que simplesmente é clínica.

Claudio Rossi

Se eu tivesse poder, instituiria o departamento de marketing da Teoria dos Campos. Me nomearia diretor e proibiria exemplos de ruptura de campo como os que você deu. Como marketing. Entre nós, perfeitamente válidos. Quando a gente pega uma clínica de um ponto de vista tão fragmentado, tão pontual, sem nenhuma contextualização, nada disso pode ser clínica psicanalítica. Pode ser clínica freudiana, kleiniana, winnicottiana, pode ser qualquer coisa – mas também pode ser conversa de botequim. Pode ser qualquer coisa, definitivamente, porque ela está completamente fragmentada.

Entre nós, acho perfeito, mas para o público jamais. Uma das coisas que acontecem na Sociedade de Psicanálise é isso, as pessoas pegam exemplos desse tipo para dizer que a Teoria dos Campos ignora toda teoria psicanalítica. O que é uma grande bobagem. Fabio jamais desconsidera o conjunto da teoria psicanalítica.

Aproveito a contribuição da Marion para fazer algumas considerações do tipo culinário. Vamos supor que eu seja uma dona de casa e saiba exatamente quantos ovos tenho na minha despensa. E eu tenho conhecimento que não se faz omelete sem quebrar ovos. Chega minha empregada e diz: "Dona Claudia, fiz uma omelete para os convidados e está servida lá na sala". Olho na minha despensa e vejo que todos os meus ovos estão lá. Não preciso ir até a sala para saber que não foi servido a omelete. Porque eu sei quantos ovos tem, eu sei que ali não tem outra fonte de ovos. Bem, não se faz fritada, não se faz omelete sem quebrar ovos. Mas não vou acreditar que seja suficiente dizer que um ovo foi quebrado para que uma omelete seja construída. Não vou reduzir os conhecimentos culinários das boas e das más omeletes à verificação das cascas na lata do lixo. Creio que aqui é a postura: a Teoria dos Campos faz duvidar de qualquer omelete em que os ovos estejam íntegros. Agora, ovos quebrados não são suficientes para saber se você fez uma fritada, uma omelete simples, bem passada, uma omelete malpassada. Nada disso se sabe olhando somente a casca. Marion mostrou três cascas. Não podemos esquecer disso, que psicanálise é toda culinária.

Leda Maria Codeço Barone
Vamos, agora, falar com o público.

Marilsa Taffarel
Vou me apresentar: Marilsa Taffarel, campista. Anotei várias coisas que quero pontuar. Não acho que haja uma diferença entre

RUPTURA DE CAMPO: CRÍTICA E CLÍNICA

"mais isso, e mais além, e torção", como disse a Cíntia. Se ela tivesse tido tempo ou lembrado, poderia citar que o *mais além* implica uma ruptura. A meu ver, o homem do nosso tempo é um homem fragmentado e unidimensionalizado: coisa contraditória. E o *mais além* implica uma quebra, um corte ou, no dizer de Foulcaut, a interpretação é mais uma interceptação, implica uma interceptação, uma ação realmente de lâmina sobre a unidimensionalização.

Com isso ela aumenta a fragmentação? Não. Ela aproxima o homem de hoje do homem do futuro, como quer Foucault. O homem finito e limitado. Para Fabio, o homem não é finito e limitado porque o campo do desejo – embora nunca se consiga traçá-lo na sua totalidade – tem o desenho do desejo, tem um limite para esse finito e limitado. Mas acho que é uma aproximação com o que Foucault chama do homem do futuro, na visão do homem psicanalítico da Teoria dos Campos.

Acho que a Teoria dos Campos é para principiantes. Para isso me baseio em cursos de formação para terapeutas, analistas, e cursos da Teoria dos Campos para formação, nos quais incluímos algo que para mim é fundamental e que falta em todas as formações psicanalíticas: a história da psicanálise. Quando cursei filosofia, me encantei e fiz diversas vezes os dois semestres de história da filosofia. É preciso saber ler bem cada filósofo. A exposição de um professor sobre a história da filosofia nos situa desde Platão, ou dos pré-socráticos, e até onde ele for. Situados, podemos então passear um pouco, estudando melhor, etc. Acho, por isso, que é para principiantes. Em nossa experiência, nunca deixamos de lado o ensino de Freud, de Melanie Klein. Tenho especial apreço por essa cadeira que nós instituímos – talvez pioneiramente, já que aconteceu quase uma década atrás – de história da psicanálise, que mostra as conexões e diferenças entre as teorias.

Creio, Luís Claudio, que você faz uma leitura do Winnicott e a sua leitura de Winincott é o seu ver (claro que estou falando o óbvio, mas quero acentuar). Uma leitura a partir de uma visão que você tem da psicanálise e, chuto aqui, a partir de uma visão. Seu

Winnicott é diverso do Winnicott que outros winicotianos delineiam. Por isso você quase superpõe, se não superpõe, a Teoria dos Campos. Em suma, qual é a novidade? Todos fazemos isso, mesmo a Liana com *insight* e ruptura de campo. *Insight* não é ruptura de campo. E não é só pelo *in*.

Ruptura de campo é bem entendida pelos alunos. É um conceito que eles captam muito rapidamente: o modo de pensar, o modo de fazer. Dificuldade eles têm é de estudar a teoria da Teoria dos Campos, Freud, Melanie Klein, os novos kleinianos, Bion. Colhemos isso em nossa longa experiência. Teoria dos Campos é um olhar sobre a psicanálise. Um olhar crítico, no melhor sentido do termo. Por isso, pelo menos para nós, que pertencemos à Teoria dos Campos, sabemos que não podemos fazer distinções, mas aproximações. A bela leitura que Luís Claudio faz de Winnicott, por exemplo, é diferente da leitura de outros winnicotianos.

Se a gente fosse discutir mais a teoria de campo, do ponto de vista da Teoria dos Campos, a construção de possíveis prototeorias, focalizaríamos diferenças mesmo nos propositalmente recortados exemplos da Marion. Tais diferenças precisam ser mantidas, assim como precisamos manter Freud, Melanie Klein e Winnicott. Eles são diferentes.

Luís Claudio Figueiredo
Mas é claro que são diferentes.

Claudio Rossi
No final da minha fala, quando imaginei Richard continuando uma análise, tentei mostrar umas das diferenças de um enfoque que seria mais *insight*, mais construtivista, no que se refere à construção de um conhecimento sobre si próprio, e o que colocaria uma teoria mais intersubjetiva, como é a Teoria dos Campos, desviando

RUPTURA DE CAMPO: CRÍTICA E CLÍNICA 109

mais para uma dimensão existencial com possibilidade de ser, de acontecer, em que o inconsciente apareceria como um limitador deduzido, jamais conhecido e vivenciado em si próprio. Existem, de fato, diferenças muito importantes de postura. Se você pensa de uma forma técnica, talvez seja possível encontrar – possível não, é absolutamente necessário que se encontre – ruptura de campo no trabalho de qualquer analista que consideremos válido; caso contrário, é a própria Teoria dos Campos que fracassa. Mas Teoria dos Campos não se resume em encontrar rupturas de campo. A idéia da ruptura apóia-se num questionamento muito radical do conceito e concepção de inconsciente. Diria aí que ela não é igual, mas se irmana com as teorias de ponta do fim do século 20 e do século 21.

Suzete Capobianco

Busco fazer um fio, percorrer um pouquinho da Marion e da Liana, passando pelo Fabio. Desde a exposição da Marion, juntam-se às falas sobre o conceito de campo – algo de difícil captação – um esforço de torná-lo simples. Daí, o exemplo do relógio; as vinhetas clínicas. Tenho impressão que isso se agrega com a questão de transmitir, motivo da nossa reunião. Temos que falar do campo, da ruptura de campo.

Penso no balaio da Liana e no jeito gostosinho que ela contou de ficar, daqui e dali, tentando achar a ruptura de campo, procedimento normal de alguém que se propõe a conhecer alguma coisa. Me ocorre que Fabio formula esse conceito à luz de um conhecimento, de um esquecimento. Quando se tenta ir para camadas mais profundas do chão, para um fundamento, certamente o que se procura não vai ser encontrado na superfície. Não é aí que se pode captar e nem é daí que se pode falar, é algo que deveria estar mesmo no fundo para que outras coisas pudessem aparecer.

Penso encontrar aqui a razão de Fabio ter afirmado ontem que campo, ruptura de campo, são para serem esquecidos de novo, porque se a psicanálise voltar a ser praticada de uma forma viva, crítica, não tem sentido ficar falando em Teoria dos Campos. Quando a gente faz isso começa correr o risco, de um lado, de instituir o que Marilsa estava nos advertindo a respeito das limitações. Há um esforço para que isso fique lembrado, transmitido, etc. Há uma outra dimensão, porém, em que ela pode ser simplesmente compreendida para ser esquecida. É a tal da rampa. Se em algum momento foi necessário lembrar os fundamentos da psicanálise, talvez num outro já não seja mais.

Luís Claudio faz, como sempre, um belo trabalho, que nos toca porque chega perto dos fundamentos, liberando os conceitos de modo que ventilem. O que nos incumbe é deslizar pela superfície do texto – assim às vezes conseguimos deslizar pela superfície psíquica dos pacientes, transparecendo-a como uma textualidade.

Neste ponto, dirijo-me ao Claudio. Na visão da senhora Klein, o processo psicanalítico só promoveria a integração da personalidade através de uma construção que passava pelo conhecimento dos conteúdos do mundo interno do paciente *versus* a interpretação que está lá na análise de Richard: seu pai era Hitler; os genitais; as bombas. Parece que ao fazer essa interpretação, ela estava fazendo prática psicanalítica; pela sua descrição, ela vinha imbuída de seu credo psicanalítico. Minha pergunta: estava em andamento uma paciente construção do que se passava no conhecimento do mundo interno de Richard? Ou houve a tal da sobredeterminação, o atropelo do mundo da criança ou o que quer que seja?

Claudio Rossi

Acho que houve uma paciente construção, uma brilhante, uma extraordinária construção. Tenho pela senhora Klein uma admiração imortal. Acho que ela é uma das grandes construtoras não apenas da psicanálise do século 20, mas até do próprio século 21. Tenho uma visão mais hermanniana – para não dizer campista, que fica engraçado –, de

RUPTURA DE CAMPO: CRÍTICA E CLÍNICA

111

que existe uma construção, sim, mas não do tipo que ela imaginava. Existe uma construção no sentido de que essa criança consegue se perceber de novas maneiras. Experimentar novas posições diante de si mesma e da vida. Compartilhar com outros seres humanos afetos e vivências, antes guardados. Ou seja, é uma construção que a senhora Klein consegue, mas é por essa razão. Então, a gente pensa de uma forma diferente a respeito daquilo que está funcionando.

Anos atrás, quando eu ainda me iniciava na psiquiatria e na psicanálise, estava em moda um autor chamado Jay Haley, especialista em comunicação. Ele tinha uma teoria de que psicanálise funcionava, porque o psicanalista era um sujeito que não deixava o neurótico triunfar. O neurótico tentava por cima pôr o psicanalista por baixo. Por intermédio de uma técnica extremamente hábil, apoiada num enquadramento completamente leonino, o psicanalista é que punha o paciente por baixo. Quando o paciente achava que não tinha mais o que fazer, que ficaria mesmo, inexoravelmente, por baixo – ele podia ter alta. Essa era a idéia do Jay Haley. Uma outra interpretação, que não é nem da Klein nem do Fabio. É uma outra. Acho que é na explicação da cura que se encontra uma das diferenças fundamentais.

Leda Maria Codeço Barone

Pelo adiantado da hora, só mais uma pessoa, que tinha se ins-crito, Ana Maria Loffredo

Ana Maria Loffredo

Retomo um ponto respondido pelo Luís Claudio, a partir da fala da Liana: a psicanálise não é para principiantes. Como professo-ra universitária, essa questão me toca. Já havia dito que nós estamos aqui num ambiente heterogêneo. Há muitas fatias de experiência psi-canalítica ao lado de alunos de graduação e de pós, recém-formados –

em suma, psicanalistas em variados estágios. Na minha experiência, sinto que a leitura de Freud provoca os alunos de primeiro ano. Esta é questão fundamental: como o texto provoca o indivíduo, independentemente do estágio de sua formação? Se a psicanálise não é para principiantes, quando então ela principia? Não gosto muito deste adjetivo: campista. Aproximo-me da postura metodológica de Fabio Herrmann, e acredito que ser campista é ser anticampista, é construir uma amarra que não é do espírito metodológico da Teoria dos Campos.

Dizia Freud no *Esboço de psicanálise*, de 1938, que só pode falar de psicanálise quem está atravessado pela experiência psicanalítica. Parece-me que ele estava combatendo os filósofos nessa afirmação. Porém, o próprio Freud, em 1917, alertava que não era para se deixar impregnar. Nessa questão do principiante, é importante levarmos em consideração uma afirmação do próprio Fabio: a história da psicanálise é uma história de resistência à psicanálise. Metodologicamente, creio que a Teoria dos Campos traz embutida essa proposta, a partir da qual vou me deixar provocar pelo movimento da história da psicanálise, vou me munir de instrumentos para que possa ter essa desconfiança necessária em relação a autores, ao supervisor, ao professor. E isso é absolutamente útil, justamente por ser um recurso que me ajuda a ter contato com a história da psicanálise de uma maneira desconfiada.

A Teoria dos Campos dá uma resposta, uma vertente de resposta. A gente ensina nesse entrechoque, nesse "entre" que acontece em níveis muito diferentes de produção de conhecimento. Em relação, por exemplo, a um professor e um aluno, ao analista e seu supervisor. Não é uma pergunta, é mais um posicionamento.

Leda Maria Codeço Barone
Estamos atrasados no tempo. Meio minuto para que a Liana finalize.

RUPTURA DE CAMPO: CRÍTICA E CLÍNICA

Liana Pinto Chaves

Quero enfatizar que jamais pensei em principiante no sentido cronológico, mas no espírito da frase original de Tom Jobim, de que o Brasil não é para principiantes – isto é, para começar a entender as coisas, você precisa estar completamente encharcado de brasilidade.

Suzete Capobianco

Apenas um ponto. Nesta mesa, falamos de Klein e Winnicott à luz da Teoria dos Campos. Valeria a pena, talvez, pensar na colocação do conceito de ruptura de campo numa espécie de dialética. E isso Klein e Winnicott nos ajudam a ver com um outro pólo que não o da ruptura, mas o da integração, de uma estabilização, no sentido de que, para Melanie Klein, Richard integra aspectos antes cindidos. Parece-me que, na concepção kleiniana, o funcionamento psíquico tem que se haver com rupturas vindas de dentro e de fora o tempo todo.

Claudio Rossi

A Teoria dos Campos, definitivamente, não é para principiantes. Ela necessita de pré-requisitos. Mas a psicanálise só deve ser exercida e sofrida por principiantes. E a Teoria dos Campos é uma contribuição para que as pessoas que não são principiantes se tornem principiantes.

Leda Maria Codeço Barone

Cumprimento e agradeço os dois conferencistas, bem como a todos os participantes, por esse debate tão proveitoso.

Capítulo 3

MESA 3 – O IMPACTO DA RUPTURA DE CAMPO SOBRE A PSICANÁLISE: INCONSCIENTE, TRANSFERÊNCIA E NOÇÃO DE EU

Apresentadores: Leda Herrmann, Maria da Penha Zabani Lanzoni, Camila Pedral Sampaio

Debatedores: Alan Victor Meyer, Ana Cristina Spindola, Fabrício Santos Neves, Rosemary Bulgarão, Rubia Mara do Nascimento Zecchin

Coordenadora: Luciana Saddi

Luciana Saddi

Esperamos, nesta mesa, ter condição de dar uma idéia da radicalidade da Teoria dos Campos, uma vez que vamos trabalhar com os conceitos básicos da psicanálise: transferência, inconsciente e a noção de eu. Peço que as apresentadoras não ultrapassem o tempo estabelecido para, em seguida, darmos início aos debates. Sei que não é fácil, mas vamos tentar. Leda Herrmann será a primeira apresentadora.

INCONSCIENTE

Leda Herrmann

Nesta mesa debateremos o impacto do conceito de ruptura de campo, isto é, o impacto do desvelamento do método da psicanálise pela Teoria dos Campos, em três das mais importantes questões teóricas da psicanálise – inconsciente, transferência e noção de eu. A mim coube considerar a primeira delas.

Para o conceito de inconsciente, foi sério o impacto provocado pela noção e prática da ruptura de campo. Mostrou ela que *inconsciente* não é uma série de sentidos cuja descoberta deva ser completada, não é um conjunto de afirmações sobre como é o homem, não é um simples lugar ou topos psíquico. Enfim, a noção de ruptura de campo pôs em evidência que o inconsciente pode não ser o que sempre pareceu ser – um aparelho psíquico com conteúdos, definidor do sujeito psíquico. Com a especificação do método psicanalítico como ruptura de campo, o que aparece como inconsciente, ao invés disso, é um *conjunto de regras de produção de sentido*.

Na obra de Fabio, este é praticamente o primeiro ponto considerado. O primeiro capítulo de seu trabalho de 1976, *Andaimes do real: um ensaio de Psicanálise crítica*[1] – que, em minha tese de doutorado,[2] considero o embrião de seu pensamento –, empreende a tarefa de encontrar um sentido crítico que atravessa os vários sentidos que o conceito psicanalítico central de inconsciente tomou ao longo da história psicanalítica, concluindo que: "...inconsciente é o conjunto de regras estruturantes da consciência, logo ocultas" (pág. 10). A análise crítica empreendida dos conceitos de inconsciente vigentes na Psicanálise, concluindo que o que havia de comum em todos eles era a peculiar condição de evidenciar um sentido outro daquele que de pronto se mostrava, teve como resultado o surgimento de um *conceito abrangente* desses todos, o de *inconsciente formal*, ou regras estruturantes da consciência, portanto, um inconsciente dessubstancializado de conteúdos.

Nesse mesmo texto, ele aponta o *caminho das pedras* para a pesquisa sobre o inconsciente que desenvolverá ao longo de sua obra. Empreende uma demonstração do inconsciente como regra. Muda a *flexão de número* do inconsciente do singular para o plural, pois o define como *regras* e não como A Regra, e conclui pela obviedade de só podermos delas saber pela consciência, pelas palavras. É nesse trabalho que inaugura uma discussão, de estilo quase sartreano, sobre a consciência, como *consciência de*, esboçando uma teoria da consciência a ser explorada principalmente no livro *Andaimes do real: o método da Psicanálise*.[3] Na discussão empreendida em 1976, começa a surgir a noção de método como ruptura do campo organizador daquela *consciência de* que faz surgir novas *consciências de*, cujas regras de organização já se encontram em outros campos organizadores. Passa a mostrar que

---

[1] Trabalho apresentado em reunião científica da SBPSP, em março de 1976, não publicado.

[2] Herrmann, L. *Andaimes do real: a construção de um pensamento*. Programa de pós-graduação em Psicologia Clínica, PUCSP, 2004, tese de doutoramento, editada em 2007, com o mesmo título, pela Editora Casa do Psicólogo.

[3] Herrmann, F. *Andaimes do real: o método da Psicanálise*. São Paulo: Casa do Psicólogo, 2001, 3ª edição.

a ação psicanalítica, seu método, é a ação interpretativa que põe à mostra, desnuda esse inconsciente formal em suas regras ou campos. Desenha-se, então, a concepção que formulará posteriormente, a concepção plural e operacional de inconsciente – *os inconscientes relativos*. Relativos a cada campo postos à mostra pelo método psicanalítico na clínica. Ao se efetivar como a ruptura do campo que analista e paciente habitam no momento, o método psicanalítico faz emergir o campo estruturante das relações por ele compreendidas; relações se mostram em representações do par e em auto-representações do paciente. O resultado a que Fabio chega parece-me ser o mais ousado para o tradicional conceito psicanalítico de inconsciente.

É possível delinear na obra posterior de Fabio os caminhos tomados por esse impacto. Parte desse caminho gostaria de salientar.

1º) Constitui-se no mínimo em um caminho peculiar colocar a discussão sobre a consciência como a forma crítica de tomar em consideração o conceito de inconsciente. Na primeira parte do livro sobre o método psicanalítico, Fabio destaca que o que interessa é o problema da consciência *de*, não da consciência *em si*, trazendo para o âmbito da psicanálise uma discussão que estava circunscrita à Filosofia. Para pensar esse problema, usa de uma metáfora de ascendência freudiana, a das propriedades ópticas da consciência. Isto é, concebe a consciência como um sistema visual de lentes justapostas onde a retina e o resto do sistema nervoso detrás das lentes formam apenas um centro virtual despojado de concretude. É para esse centro, ou seja, para a *condição da consciência de* que o analista aponta na escuta e na interpretação, condição, a que Fabio chama *retina da consciência*. É ela, a condição de retina da consciência, o pressuposto que imprime suas propriedades virtuais às consciências que se constituem não mais como um lugar povoado de objetos. Uma das *propriedades ópticas* da consciência é, nesta concepção, ser consciência emocional. É ela que colore de amedrontador um cão que nos aterroriza à noite, e de um belo animal a percepção que dele temos quando o vemos à luz do dia. Enquanto objeto de conhecimento, uma emoção não se reduz a sua experiência, evidentemente, mas ao mundo que origina, à diferença entre duas realidades. Assim, é o medo sofrido para quem o experimenta – no exemplo usado, ele é essa diferença entre o cão no escuro e o cão no claro. Uma emoção em si nunca pode ser percebida ou experimentada. As *propriedades ópticas da consciência* são, portanto, *virtualidade pura*, e não se permitem habitar por objetos, o que torna o campo essencial do assunto da análise apenas uma potência, e o inconsciente só pode ser buscado na sucessão das consciências diversas com que o paciente se representa; elas denunciam o inconsciente como pressupostos invisíveis, o que torna o campo essencial do assunto da análise apenas uma potência. O inconsciente, por sua vez, só pode ser buscado na sucessão das consciências diversas com que o paciente se representa. Ao inconsciente subtrai-se um lugar, dando-lhe apenas uma posição virtual de incidência, como *uma retina da consciência*, em que certas propriedades determinam a extensão e o modo do visível, sem que se possam contar entre seus elementos. Se só sabemos da consciência, só ela é expressa, podemos considerar serem essas operações de consciência aquelas que conformam os inconscientes teóricos da Psicanálise: o freudiano, tomado como uma segunda consciência sem temporalidade, mas servindo de lugar para conteúdos desconhecidos – as representações inconscientes –; o kleiniano, teatro interno de personagens – objetos internos e mesmo gente inteira – performando atuações que se expressam ideativa e emocionalmente; ou mesmo o inconsciente lacaniano quando se mostra como uma segunda consciência, outra cena estruturada como linguagem.

2º) Na quarta parte do livro citado, sobre o método psicanalítico, uma das afirmações fortes é a de que o inconsciente só se deixa conhecer pelo que a interpretação dele revela – no sentido de *criar os inconscientes*. É esta a idéia central para duas importantes considerações:

a) a de que a psicanálise, enquanto método, não é uma criação ocasional, mas um requisito do inconsciente;

b) a de que o método psicanalítico cria o inconsciente num sentido muitíssimo mais radical que o método de uma ciência natural cria seu universo correspondente, e, como correspondência conseqüente, o inconsciente cria o método psicanalítico de uma forma impensável no âmbito das ciências naturais.

É esta forma de pensar o inconsciente que permite a Fabio formular a noção de espessura ontológica do método. Como considero em meu livro, o pensamento crítico de Fabio "...parece apoiar-se num idealismo virado de ponta cabeça, do qual a noção de espessura ontológica constitui o sintoma misterioso: opondo-se ao realismo ingênuo que concede ao inconsciente uma existência paralela à da realidade, um outro reino de causas psíquicas, ataca no mesmo movimento a noção de realidade objetiva, na esfera psicanalítica. Não se trata, pois, de relativização subjetiva da realidade, nem de objetivação realista da psique, mas de uma crise calculada e recíproca das duas opções" (pág. 177).

3º) Advém daí outro impacto para o conceito de inconsciente na Teoria dos Campos na afirmação de que o inconsciente não existe, mas há – ele há como uma regra que opera sentidos. Ao inconsciente é, por isso, atribuída a condição de *estrato insubstancial de possibilidade de operação psicanalítica*, o limite dos possíveis, uma negatividade que circunscreve para o sujeito as possibilidades da experiência concreta da consciência. Nesta concepção, como escrevo á página 181 do livro: "...o inconsciente designa uma crítica e uma lógica da consciência do real, pois ele (o inconsciente) se dá lá onde não vigora a lógica da consciência e onde faltam as categorias da percepção. Resta ao inconsciente a condição de ser o referido pela fantasia e o perfeito contrário da realidade cotidiana consensual, não como segundo reino – realidade psíquica –, mas como crítica do real".

4º) O inconsciente, então, é apenas um *interpretado* (um produto) e sobre ele não é possível nenhuma asserção que ultrapasse a interpretação. Ele é somente a expressão usada para designá-lo e que vale pela eficácia em produzir – fantasias na análise, e coerência na construção teórica. Nesta perspectiva, o inconsciente psicanalítico é puro predicado da interpretação que o desvenda. Consciente é o ser da consciência, o ser do inconsciente é ser consciência possível por operação interpretativa, e só a interpretação exprime o modo de ser do inconsciente, nada mais. Assim, sendo o ser do inconsciente apenas produto da interpretação, só é possível afirmar dele o que se sabe pela interpretação, e ultrapassar esse limite é proferir sentença oca. Afirmar a idéia de *consciência inconsciente* constitui, no pensamento da Teoria dos Campos, o principal dos equívocos da Psicanálise que vai permitir a concepção de percepção inconsciente, de memória inconsciente, de sentir inconsciente, expressões que são contraditórias em seus termos.

Para a Teoria dos Campos, inconsciente não existe material ou psiquicamente, ele *há*, no sentido de condição de determinação inapreensível pela consciência e que opera conjuntos de regras não conhecidas, cujos sentidos a interpretação desvela. Trata-se do real que cerca o sujeito por dentro e por fora produzindo-o em desejo – no pensamento de Fabio o desejo é a operação do real interno, que só se deixa conhecer pelas marcas invertidas de sua ação postas à vista na ruptura de campo.

Em suma, e resumindo a questão do impacto da ruptura de campo no conceito de inconsciente, posso afirmar com Fabio que *o inconsciente é o avesso da consciência*.

Luciana Saddi
Passamos, agora, para a exposição de Maria da Penha.

CAMPO TRANSFERENCIAL[1]

Maria da Penha Zabani Lanzoni

O nosso assunto é o Campo Transferencial, conceito metodológico da Teoria dos Campos, decorrente da interpretação da psicanálise empreendida por Fabio Herrmann em sua recuperação do método psicanalítico. Essa recuperação do método na psicanálise traz, por sua vez, a marca da crítica ao conceito de inconsciente tomado não como o lugar de determinados conteúdos não aceitos pela consciência, mas como o avesso da consciência. Tanto o conceito de transferência quanto o de contratransferência já foram objeto de inúmeros trabalhos, que buscaram explicitá-los e ampliá-los para dar conta das infinitas formas possíveis da clínica psicanalítica. Eles foram sofrendo grandes transformações e têm sido objeto de muitas controvérsias. Espero deixar isto mais claro no decorrer desta exposição.

---

[1] Versão ampliada deste trabalho foi apresentada em reunião científica da SBPSP, em dezembro de 2004. Agradeço à Leda Herrmann pelo trabalho de preparação de texto a partir da transcrição de minha exposição oral nesta mesa.

No entanto, para apresentar o conceito de campo transferencial, deverei percorrer, ainda que sinteticamente, alguns dos desenvolvimentos daqueles conceitos, apenas os que me interessam mais para fins desta apresentação.

O termo transferência, em português, não tem a amplitude do termo usado por Freud em alemão, *Übertragung*. Este termo vem do verbo *übertragen*, composto por *über* (por sobre) e *tragen* (carregar). Segundo Hanns,[2] o verbo *übertragen* – transpor de um contexto para outro um modo de ser, uma estrutura ou um modo de se relacionar – contém a idéia de uma plasticidade e reversibilidade entre o passado e o presente, entre o longe e o perto, ou na relação de uma pessoa a outra. Isto é, o que é levado e depositado pode ser levado para outro lugar e outro tempo, conotações lingüísticas fortemente presentes no texto freudiano.

Assim, será possível a Freud definir transferência no caso Dora, como novas edições de impulsos e fantasias, criados na análise, das quais o paciente se torna consciente, por essa peculiar condição de serem renovados não como pertencentes ao passado, mas dirigidos, no momento presente, à pessoa do analista.[3]

O conceito de transferência remonta a um dos mecanismos inconscientes presentes nos sonhos, o deslocamento. No tratamento, acontece de ser o analista que está presente, e é para ele que os impulsos se dirigem. Ferenczi já havia notado que o paciente tendia a fazer o analista ocupar o lugar de figuras parentais.

E uma compreensão melhor do Complexo de Édipo vai repercutir no conceito de transferência, contribuindo para a compreensão de que a relação que o paciente estabelece com o analista é uma relação ambivalente, fazendo com que Freud passe a discriminar a transferência positiva da negativa, a transferência amorosa (amistosa),

---

[2] Hanns, L. A. *Dicionário comentado do alemão de Freud*. Rio de Janeiro: Imago Editora, 1996.

[3] Freud, S. (1905[1911]) *Fragmento da análise de um caso de histeria*. In: *ESB*. Rio de Janeiro: Imago Editora, 1972, vol. VII, pág. 113.

RUPTURA DE CAMPO: CRÍTICA E CLÍNICA   127

necessária ao tratamento, da transferência amorosa erótica e da transferência hostil, estas últimas a serviço da resistência.

Além disso, Freud aponta para o fato de que o desencadeante
da transferência é a iminência do risco de serem revelados importantes conteúdos recalcados.[4] O fluxo associativo do paciente é então
interrompido e, no intuito de restabelecê-lo, Freud proporá a interpretação da transferência tanto erótica quanto hostil.[5]

A partir da segunda teoria freudiana do aparelho mental, o
tratamento vai levar em consideração tanto os conflitos intra-subje-
tivos como intersubjetivos, e o conceito de transferência ampliar-se-á
mais um pouco. O analista poderá ocupar lugares na organização
mental do paciente, tal como, por exemplo, o de superego.

Mas Freud terá sempre uma atitude parecida em relação ao
fenômeno. Algo que se atualiza na transferência será algo "agido" –
ou atuado, como estamos acostumados a dizer –, ao invés de lembrado como seria desejável, pois a lembrança vai permitir que o analista
interprete o conteúdo das fantasias que se tornaram patogênicas.
Implícito está que há uma realidade material e uma realidade psíquica, e é indiferente que o material patogênico seja proveniente de
uma ou de outra.

É preciso recordar, ainda, que o conceito de transferência nasce da idéia de uma "falsa conexão" ou "falsa ligação", como dizia
Freud no início de suas investigações a respeito das ligações entre
afeto e representação.[6] Isso está assentado no pressuposto de ser o
inconsciente o depositário de impulsos que, sob a forma de fantasias,
não encontraram expressão consciente. O aparelho psíquico concebido por Freud fundamenta-se na teoria da percepção, que nos
informava, no final do século 19, que nossa percepção é cópia do

---

[4] Laplanche, J. & Pontalis, J.B. (1967) *Vocabulário de Psicanálise*. Santos, SP: Editora Martins
Fontes, 1975.

[5] Freud, S. (1912) *A dinâmica da transferência*. In: *ESB, op. cit.* , 1969, vol. XII, pág. 135.

[6] Freud, S. (1893-1895) Estudos sobre a histeria. In: *ESB, op. cit.*

mundo externo. A percepção que não fosse aceitável seria proscrita da consciência: mas, permanecendo no inconsciente, será passível de todo tipo de conexão associativa, podendo sofrer distorções que aparecerão para a consciência como sintomas, por exemplo, ou como sonhos.

Novos desenvolvimentos virão com Melanie Klein. Passamos da interpretação da transferência, tomando por base a teoria do desenvolvimento da libido, em Freud, para a ênfase dada por Melanie Klein à interpretação das relações objetais, parciais ou totais. Também existe em Klein, como em Freud, o pressuposto de que o inconsciente é um *topos*: mas, agora, seus conteúdos são situações totais, que guardam as relações objetais precoces com todas as emoções associadas a elas e que são transferidas para o analista.[7]

Ou, como mostra Elias Rocha Barros, as pulsões, para Melanie Klein, nunca estão dissociadas de um objeto ao qual se dirigem, o que a faz deslocar da pulsão para a experiência emocional o foco de suas preocupações, o centro de suas investigações, passando a atribuir à ansiedade papel preponderante na estruturação da vida psíquica.[8]

Outro avanço, decorrente da concepção de relação objetal, ansiedades e defesas correspondentes, será o conceito de identificação projetiva. A contratransferência, até então vista como uma questão do analista a ser tratada em sua própria análise, passa a ser, juntamente com a transferência, um instrumento privilegiado para a apreensão emocional do paciente.

Para Beth Joseph, a concepção de transferência como situação total inclui tudo o que o paciente traz para a relação e que o analista apreende dirigindo sua atenção para a relação com ele estabelecida pelo paciente. Para ela, a compreensão de como o paciente age sobre o

---

[7] Klein, M. Transferência. *In: Melanie Klein: evoluções*. Barros, E. M. R. (Org.), São Paulo: Ed. Escuta, 1989, pág. 44.

[8] Introdução. *In:* Barros, E. M. R. (Org.), *Melanie Klein: evoluções, op. cit.*, pág. 9-42.

analista é um ponto importante para sua compreensão da transferência, pois é por essa via que o analista pode se dar conta de como o paciente age sobre ele, tentando atraí-lo para dentro de seus sistemas defensivos. Ressalta, assim, a importância da contratransferência para o conhecimento do mundo interno do paciente naqueles aspectos elaborados na vida infantil e adulta.[9]

Podemos ainda lançar um olhar para o conceito de *enactment*. Segundo McLaughlin,[10] *enactment*, num sentido amplo, diz respeito a todo comportamento dos dois envolvidos na relação analítica. Num sentido mais restrito, propõe que se empregue o termo "*enactment* analítico" para nos referirmos a acontecimentos na dupla que ambos experienciam como sendo conseqüência do comportamento do outro.

Maria Beatriz Simões Rouco afirma:

"(...) [a] acepção restrita difere do conceito de identificação projetiva por não aceitar que a conduta do analista ou do receptor seja da responsabilidade do emissor. Pelo contrário, entende que ambos os participantes da situação contribuem e cooperam na produção do *enactment*."[11]

Há no uso do termo "*enactment*" e "*enactment* analítico" uma expansão dos conceitos de transferência e contratransferência que convida a pensar na situação analítica como um processo conjunto de paciente e analista, com contribuições de ambas as partes e que devem ser exploradas.

A crítica ao conceito de inconsciente, realizada por Isaías Melsohn, e a interpretação da psicanálise que tenta recuperar seu método, feita por Fabio Herrmann – hoje conhecida como Teoria dos Campos –, vão ter influência decisiva sobre o tratamento da

---

[9] Joseph, B. (1985) Transferência: a situação total. *In: Melanie Klein hoje.* Rio de Janeiro: Ed. Imago, 1990, pág. 76-88.

[10] McLaughlin, J. (1991) Clinical and theoretical aspects of enactment. *In: J. Amer. Psychoana. Ass.*, 1991, pág. 595-614.

[11] Rouco, M.B.S. Da identificação projetiva ao *enactment*: um itinerário para a reparação da cisão corpo-mente. *Revista Brasileira de Psicanálise*, vol.38(1), 2004, pág. 147-163.

130 TEORIA DOS CAMPOS - IV ENCONTRO

sessão analítica no que diz respeito à apreensão do dizer do paciente em relação ao analista.

Em trabalho recente,[12] mostro, com algum detalhe, como o pensamento de Isaías Melsohn sobre as formas de expressão da emoção deram guarida a uma permanente insatisfação minha com a maneira como alguns psicanalistas vinham tratando a questão do sentido dos fenômenos e atos psíquicos. Reconheço que sua crítica ao conceito de inconsciente, tão bem fundamentada, ofereceu-me a possibilidade de apreensão dos fenômenos psíquicos que se manifestam na sessão psicanalítica, considerando o material da sessão como uma produção original do paciente e não como um sucedâneo de conteúdos supostamente mais verdadeiros, inconscientes. Não vou retomar essa questão integralmente aqui. Ela é extensamente tratada por Isaías Melsohn em seu livro *Psicanálise em nova chave*[13] e no livro *Isaías Melsohn: a Psicanálise e a vida.*[14]

Melsohn reconhece o grande Freud, como "...aquele capaz de apreender, com a atenção flutuante, uma forma de articulação na fala na qual palavras, distantes umas das outras, se ligam verticalmente. Diferente, portanto, da apreensão do significado de uma fala através da organização das palavras na sintaxe discursiva, isto é, na seqüência e ordenação horizontal das frases."[15]

No entanto, aponta para problemas quanto às bases sobre as quais Freud fundamenta sua apreensão do sentido descoberto, como a concepção de percepção, que o obriga a conceber "a representação mental como uma cópia da realidade, decorrente de uma síntese sensorial que é o decalque do objeto exterior."[16] Para Freud, segundo

---

[12] Lanzoni, M. P. Z. *O jogo no divã.* Trabalho apresentado em Reunião Científica da SBPSP, em 27 de maio de 2004, e comentado por Marilsa Taffarel. Não publicado.

[13] Melsohn, I. *Psicanálise em nova chave.* São Paulo: Ed. Perspectiva, 2001.

[14] Sister, B. M. & Taffarel, M. *Isaías Melsohn: a Psicanálise e a vida.* São Paulo: Ed. Escuta, 1996, pág. 173-175.

[15] Sister, B. M. & Taffarel, M, *op. cit.*

[16] Sister, B. M. & Taffarel, M, *op. cit.*

Melsohn, a percepção inaceitável afetivamente é reprimida, permanecendo no inconsciente, no qual serão feitas as conexões associativas que, embora aparentemente ilógicas e irracionais, acedem à consciência como conteúdos sintomáticos. A representação desses conteúdos é, conseqüentemente, considerada como distorção da realidade. [17]

Vem daí a concepção de transferência como projeção sobre o analista de impulsos que, na realidade, dirigem-se não a ele, mas a objetos da infância pertencentes ao inconsciente.

Mesmo que tenhamos tido expansões na compreensão dos fenômenos de transferência e contratransferência com os correspondentes desenvolvimentos dos conceitos a eles atrelados, o conceito de inconsciente, tal como formulado na psicanálise até hoje, impõe que se pense na transferência como repetição de um passado atualizado na sessão psicanalítica e inviabiliza qualquer possibilidade de apreendermos o mesmo fenômeno em sua profunda originalidade. Como já disse anteriormente, o conceito de transferência nasceu como uma "falsa conexão" e praticamente todos os desenvolvimentos posteriores carregam esta marca.

Uma das coisas que aprendemos com Melsohn e sua crítica ao conceito de inconsciente é que não parece haver um mundo dado do qual temos internamente tão-somente uma reprodução. Diz ele: "Os impulsos que se dirigem ao mundo dos objetos, vão, originariamente, criar o mundo imaginário com a forma e com o conteúdo que aparece para a consciência."[18]

Desse modo, um sintoma, por exemplo, é a própria possibilidade de representação dos dinamismos emocionais presentes no paciente a cada momento. Algumas vezes, uma maneira de organização desses dinamismos pode se congelar e aprisionar o paciente. Na presença do analista e por causa dela, dinamismos emocionais

---

[17] Sister, B. M. & Taffarel, M, *op. cit.*

[18] Melsohn, I, *op. cit.*, pág. 77.

aprisionadores do paciente organizam-se de determinada maneira, numa forma de ser que as interpretações psicanalíticas tentarão romper, criando os vários sentidos[19] que não estão *in natura*, como representação de coisa, no inconsciente como propunha Freud.[20]

Não há, portanto, um conteúdo inconsciente a ser revelado, há uma busca de sentido e/ou significação[21] para as várias formas de expressão emocional de um impulso.

Podemos ver que, entendida desta maneira, a transferência não apenas não será uma distorção ou atribuição de um conteúdo inconsciente ao analista, como será a própria possibilidade de constituição de sentido psíquico para atos que, de outra maneira, permaneceriam sem sentido.

E como estes sentidos se vão construindo e a partir de quais manifestações do paciente? Como isto pode ter um efeito de "cura" sobre o paciente?

A interpretação da psicanálise feita por Fabio Herrmann leva em conta a reflexão sobre o inconsciente de Melsohn e busca recuperar o método psicanalítico inventado por Freud que se encontra escondido, principalmente na sua clínica. A recuperação do método da Psicanálise levou à explicitação do proceder psicanalítico independentemente da corrente teórica de preferência dos analistas e chegou a uma série de conceitos metodológicos como campo, interpretação, ruptura de campo, vórtice, expectativa de trânsito, conceitos que explicitam a operação mesma do método psicanalítico, movimentos de analista e paciente na direção da cura.[22]

---

[19] Lanzoni, M. P. Z. Trabalho citado.

[20] Freud, S. (1915) O inconsciente. In: *ESB, op. cit.*, pág. 191-245.

[21] Isaías Melsohn, no livro citado, diz: "Proponho reservar o termo sentido à forma de concepção relativa à expressividade e utilizar o termo significação ou representação para a forma de concepção veiculada pelas estruturas de sintaxe por intermédio das quais se realiza a denotação".

[22] Uso cura no sentido dado ao termo pela Teoria dos Campos, tal como no capítulo *Cura e política da cura*. In: *Clínica psicanalítica: a arte da interpretação*. São Paulo: Ed. Brasiliense, 1991, pág. 193-211.

Não vou tratar aqui senão do conceito de campo, por ser aquele de que necessito para tratar do tema desta exposição, o campo transferencial.

A interpretação – operação por excelência do método psicanalítico – faculta a que sentidos possam aparecer pelo rompimento de um campo.

Na Teoria dos Campos, o conceito de campo deriva da crítica ao conceito de inconsciente.

Em *Andaimes do real: o método da Psicanálise*,[23] há uma definição do que é um campo. Vale a pena reproduzir:

"Em verdade, por campo haveremos de entender o conjunto de determinações inaparentes que dotam de sentido qualquer relação humana, da qual a comunicação verbal é tão-só o paradigma. É aquilo de que não se sabe nem se nota, quando nele se está." (...) "Um campo sustenta significativamente as relações que nele ocorrem". (...) "...cada relação humana dada supõe um campo – na análise, mas também na vida do indivíduo ou da sociedade humana. Assim se cria uma autêntica generalização operacional do conceito de inconsciente; qualquer campo concebível possui a índole de inconsciente relativo para as relações que suporta".

Por inconsciente, na Teoria dos Campos, entenderemos, portanto, o avesso de toda e qualquer manifestação consciente, não fazendo sentido, dessa maneira, que a conceituemos como coisas distintas, mas como as duas faces de uma e mesma coisa, consciente e inconsciente, direito e avesso, relação e campo. Para Herrmann, campo é "...uma zona de produção bem definida...", determinante das regras que organizam as relações que nele ocorrem e constituintes do psiquismo em ação, seja do psiquismo individual ou da psique do social e da cultura. Como é impossível para o sujeito a consciência do campo que ocupa, ele equivale ao

---

[23] Herrmann, F. *Andaimes do real: o método da Psicanálise*. São Paulo: Ed. Brasiliense, 2ª ed., 1991, pág. 28.

inconsciente, com a ressalva de que o inconsciente freudiano, nessa perspectiva, passa a ser considerado "uma série de campos interconectados teoricamente".[24]

Assim, na análise apenas teremos acesso ao campo transferencial, aquele que determina as posições relativas de analista e paciente. É pela atenção ao campo transferencial que o inconsciente relativo, ou campo, das auto-representações presentes do paciente rompe-se pela ação do método interpretativo, permitindo a emergência de suas regras determinantes. Assim, outros sentidos, ou outras auto-representações apresentam-se para o paciente – sentidos que, repito, não estavam ausentes da consciência e presentes no inconsciente, mas que foram criados pela interpretação no seio de uma relação. Não existe um analista seja suporte da transferência, mas existem dois imersos no campo com setas transferenciais, que vão de um lado a outro a guiar o analista com suas interpretações que devem caminhar em direção ao campo, o método psicanalítico.

O conceito de campo transferencial imporá, portanto, os limites do que será possível se dar a conhecer numa análise. Os conceitos de campo, campo psicanalítico e, particularmente, campo transferencial impõem um presente radical[25] à sessão psicanalítica que não permite interpretações deslocadas, nem no tempo nem no espaço. A relação analítica será um presente compartilhado por analista e paciente, relação que suporá sempre um campo que a sustenta e que é gerador de sentidos múltiplos, mas não ilimitados, como procuro mostrar em outro lugar,[26] campo de cujo interior procuraremos trabalhar – mesmo sem conhecê-lo – na direção de seu rompimento para que, a posteriori, revelem-se suas regras.

---

[24] Herrmann, F. Introdução à Teoria dos Campos. São Paulo: Casa do Psicólogo, 2001, pág. 58 e 59.

[25] Em texto recente, não publicado, Da clínica extensa à alta teoria, Quarta meditação, parte V, Os dois eus e seu tempo (Lições da análise escondida), Fabio Herrmann faz uma interessante reflexão sobre o tempo em que se dá a psicanálise clínica, texto que recomendo vivamente.

[26] Lanzoni, M. P. Z. Trabalho citado.

O lugar ocupado por paciente e analista, no jogo disposicional da dupla, se e quando identificado, vai possibilitar que estratégias interpretativas possam ir conduzindo o paciente na direção da ruptura de campo para que suas regras sejam expostas e possam operar mudanças no paciente. Evidentemente, o analista também não sairá incólume deste processo.

Em trabalho anterior, já citado, abordo a questão das representações e como as sucessivas rupturas vão dando lugar a auto-representações alternativas para o paciente, o que vai possibilitar-lhe desfazer os nós representacionais que o aprisionam num sintoma.

Uma vinheta clínica para dar carne às reflexões realizadas até aqui. Uma mulher de 46 anos, uma análise não definida. Vários anos de análise possibilitaram que ela saísse de um estado emocional grave, uma desorganização importante, e uma indiscriminação psique-mundo quase absoluta.

Em determinado momento da análise, houve o diagnóstico de um câncer de mama. À cirurgia e aos tratamentos tradicionais, ela reagiu bravamente, surpreendentemente integrada. Durante o tratamento, fez todos os esforços possíveis para não faltar às sessões, o que acontecia apenas nos momentos mais críticos quando o mal-estar a tomava intensamente.

De repente, começou a faltar. A depressão aparece – não a depressão grave anterior ao câncer, mas ainda assim uma depressão. Começou também a não avisar das faltas. Quando vinha, comentava determinado assunto, uma situação inédita. Mais ou menos três meses do início dessa situação, compareceu a uma sessão, depois de faltar as duas anteriores, dizendo estar muito desanimada: tinha que fazer várias coisas do cotidiano e não conseguia. Conta que teria que fazer ainda uma perícia no INSS, para conseguir mais três meses de licença, apesar de já estar de licença há um bom tempo.

Prossegue contando ter ficado esses dias em casa, sem sair, sem fazer nada, a não ser jogar buraco com os amigos internautas – o que não mais lhe satisfazia –, para em seguida falar de um amigo da internet cujo *nick* (apelido, no jargão dos freqüentadores de *chats* da internet) é Jaguadarte.[27] Perguntara para esse amigo do *chat* se o apelido tinha a ver com *Alice no país das maravilhas* e ele se surpreendera. Já usava esse *nick* havia um ano e só agora alguém lhe fazia essa pergunta. Silencia um instante e, em seguida, me diz: "Eu me sinto um pouco como *Blade Runner* no fim do filme. Sabe, ele também vai morrer, e se pergunta o que vai fazer com o que ele sabe ou aprendeu até aí. Eu também não sei o que fazer com o que sei".

Não se esqueçam que é uma longa análise. Nesse tempo, ela leu, aprendeu. Agora faz um comentário de que tudo isso parecia servir apenas para uma paquerinha pela internet. Disse-lhe, então: "Ele também vai morrer? Quem mais vai morrer? Você?"

Surpreendida me respondeu: "Eu não acredito que eu disse isso. Eu disse isso? Eu não queria dizer isso." Ao que retruco: "Você não queria dizer isso, ou não queria dizer isso para mim?" Novo silêncio, interrompido por ela com: "Vamos deixar isso para outro dia?" E na sessão seguinte não apareceu.

Ao que tudo indica a paciente está com dificuldade de viver a vida com seus corriqueiros problemas cotidianos. Enquanto tinha que lutar com um câncer para sobreviver, enquanto estava sendo cuidada por todo tipo de profissional, enquanto era alvo de preocupações de familiares e amigos, tudo parecia caminhar sem problemas. Acabado o tratamento, pelo menos o tratamento mais rigoroso, a paciente se vê novamente sozinha para cuidar da própria vida. E tenta adiar tal tarefa.

Esta é uma hipótese, como é hipótese a explicação que encontrei para o diálogo desse trecho de sessão. A paciente sente-se com uma enorme dívida comigo, afinal, quando ela veio para análise, não havia nada, senão um fiapo de gente pendurada por um fio à vida. Como dizer-me que não quer viver a vida, ou que quer morrer, ou ainda que vai morrer.

---

[27] Jaguadarte corresponde, em português, na versão de Augusto de Campos, ao personagem *Jabberwockky*, do poema de mesmo nome, em *Alice do outro lado do espelho*. "Jaguadarte, o que não morre."

Uma outra questão que vai me ficando evidente. Depois do câncer, a paciente dá-se conta da mortalidade. Foi um grande golpe para ela renunciar a uma imaginária imortalidade. Como o criador de *Blade Runner*, que o cria com duração definida, eu seria um criador impiedoso, que a cria para morrer, mesmo sem determinar o tempo de sua morte. Há algum tempo, não muito, a paciente me dissera que, não fora pela análise, ela estaria morta há muito tempo. Da sua história, já faziam parte planejadas tentativas de suicídio. E, subitamente, aparece Jaguadarte, o que não morre.

Podemos pensar que, na relação analítica, o que impera é a imortalidade denunciada pelo *"ele também vai morrer"* da paciente. Penso esse *também* como um ato falho, como se tivesse escapado pela boca da paciente, pois não deveria ter sido pronunciado. Para as sessões em que ela não comparece – e às quais não se refere –, encontro o sentido que se forma para a paciente de uma relação analítica da qual não quer participar dada a imposição de deparar-se ali com sua mortalidade. O campo transferencial está pondo em evidência o campo que vem habitando nas sessões, o campo dessa ambivalente mortalidade/imortalidade. Na sua vida fora da análise ele se representa nesse não fazer nada, dormir o dia inteiro, não cuidar de sua transferência de departamento na empresa em que trabalha, enfim, desperdiçar um tempo – o tempo de vida –, que no campo da mortalidade/imortalidade não existe. Emerge Jaguadarte, a paciente revolta-se e se deprime. É ao mesmo tempo grata a mim, que no campo transferencial represento o criador que lhe deu a vida, mas, experimenta raiva diante dessa perspectiva de não ter tempo para desfrutar do que sabe, se vai morrer. Anos de trabalho para isso? O diagnóstico do campo transferencial permite-me perceber essa representação da paciente – está viva, mas com tempo finito para viver, tentando, entretanto, mergulhar no campo da imortalidade. *Blade Runner* e Jaguadarte: qual dos dois prevalecerá? Não sei. Penso que Jaguadarte e *Blade Runner* insurgem-se como um esboço, ainda uma fresta, não um rompimento de campo. Mesmo diagnosticando o campo transferencial, experimento a sensação de não saber onde eu estou, e, no entanto, tenho que trabalhar assim mesmo.

Como, numa sessão analítica, fazemos para saber onde estamos? Segundo Fabio Herrmann, não percebemos o outro com o inconsciente, que este nada percebe, mas com os sentimentos. Só podemos dizer o quanto é nosso e o quanto é do outro depois de rompido o campo estabelecido por ação do processo interpretativo. E é por esse motivo que prefere chamar de campo transferencial aos efeitos afetivos que surgem no processo analítico e que envolvem tanto o que tradicionalmente se consideram transferências de paciente e analista, mas "indiferenciadas, um campo magnético fluindo, ainda sem discriminação de sujeitos individuais". Adverte, ainda, que é na transferência que experimentamos emocionalmente o paciente, pois é do analista o lugar da intersecção de inúmeras outras figuras.[28]

Para encerrar, reproduzo mais uma citação de Fabio Herrmann: "Nosso assunto não é a emoção, mas a lógica emocional".[29]

Resumindo: em primeiro lugar, transferência e contratransferência são fenômenos cujos conceitos pertencem a todo sistema teórico que tenha o inconsciente freudiano como pressuposto básico; em segundo, campo transferencial é um operador cujo conceito pertence a um sistema de pensamento que tem como pressuposto a crítica e a generalização do conceito de inconsciente.

Por fim, para a Teoria dos Campos, o trabalho analítico pressupõe o trabalho interpretativo em direção ao campo, buscando a sua ruptura que, quando ocorre, opera mudanças no paciente. Como, porém, de uma maneira ou de outra, as análises têm um efeito terapêutico, operando mudanças no paciente, é de se supor que,

---

[28] Herrmann, F. A travessia da incerteza. In: Jornal de Psicanálise: São Paulo, 36(66/67), dez. 2003, pág. 167-194.

[29] Herrmann, F. A supervisão vista de baixo. In: Jornal de Psicanálise: São Paulo, 34(62/63), dez. 2001, pág. 111-138.

mesmo aqueles que não têm ou não usam o conceito de campo transferencial, trabalhem nele. A Teoria dos Campos nomeia, esclarece e desenvolve conceitualmente um operador que é empregado por todo analista, saiba ele disto ou não.

Luciana Saddi
É a vez de Camila tratar do terceiro conceito em questão.

O Impacto da Ruptura de Campo Sobre a Psicanálise: O Eu: Um ser Atônito[1]

Camila Pedral Sampaio

> Com pedaços de mim eu monto um ser atônito.
> Prefiro as linhas tortas, como Deus.
> (...) Se eu tivesse uma perna mais curta, todo mundo
> haveria de olhar para mim: lá vai o menino torto
> subindo a ladeira do beco toc ploc toc ploc.
> Eu seria um destaque. A própria sagração do Eu.
> **Manoel de Barros – *Livro sobre nada***

O eu como idéia psicanalítica

Com a noção do eu decorrente da descoberta psicanalítica ocorre, desde o início, algo interessante. Por um lado, ela produz um verdadeiro bombardeio dirigido àquele que foi instituído pela filosofia

---

[1] Texto originalmente publicado na revista *Percurso*, vol. 38, 2007. Agradecemos a autorização para reprodução neste livro.

cartesiana como um *eu* necessário, soberano em seu domínio, capaz de atingir a verdade através de uma lógica do discurso. Este *eu* pensador, dominador, fonte de auto-observação e controle, atravessado, sim, pela dúvida, mas por uma dúvida 'metódica', o que lhe restitui a dignidade, este *eu* é que será fundamentalmente desmontado pelas idéias correlativas à invenção psicanalítica.

É ele, podemos sugerir, o alvo da revolução psicanalítica que destronou a soberania da consciência e da racionalidade, constituindo, segundo Freud, o terceiro dos golpes desferidos pelo pensamento ocidental sobre o nosso amor-próprio. Golpe psicológico, precedido pelos igualmente dolorosos golpes cosmológico e biológico, aplicados sobre as concepções de si do homem, respectivamente, por Copérnico – que 'retirou' a terra do centro do universo-, e por Darwin – que pôs fim à presunção humana de representar um ser superior, dotado de uma posição privilegiada na Criação.[2] Presume-se, diz Freud, que o golpe psicológico foi o mais violento. Deduzido das duas descobertas essenciais da psicanálise – a de que nossa vida pulsional não pode ser inteiramente dominada e a de que os processos mentais são em si mesmos inconscientes e só chegam ao *eu* de modo indicial e muito incompleto –, equivale "à afirmação de que *o eu não é senhor da sua própria casa*",[3] nem mesmo em sua própria casa, melhor dizendo.

Apressa-se Freud em esclarecer que não é a psicanálise a primeira a propor tal idéia, cabendo-lhe, no entanto, a incumbência de apresentar, a partir de sua clínica, os argumentos 'empíricos' capazes de sustentá-la. Na ocasião, ele se refere explicitamente a Schopenhauer, dividindo com o filósofo a responsabilidade pela noção de inconsciente, que assemelha o nosso eu a uma função de desconhecimento, contrariamente ao *eu* soberano da filosofia cartesiana. Em outra ocasião,

---

[2] Cf. Freud, a 'Conferência XVIII', das Introdutórias (1916-17), 'Uma dificuldade no caminho da psicanálise' (1917), e 'As resistências à psicanálise' (1925).

[3] S. Freud (1917). Conferências Introdutórias à Psicanálise, XVII, "Uma dificuldade no caminho da psicanálise". *ESB*. Rio de Janeiro; Imago, vol. XIX, p. 178.

RUPTURA DE CAMPO: CRÍTICA E CLÍNICA   143

Freud (1923) cita Groddeck, "o qual nunca se cansa de insistir que
aquilo que chamamos de o nosso *eu* [ego] comporta-se essencialmente
de modo passivo na vida e que, como ele o expressa, nós somos 'vividos'
por forças desconhecidas e incontroláveis".[4]

No entanto, e aqui o interesse da coisa, a idéia de eu, bombardeada, diminuída em seu poder, destronada mesmo, sobrevive e, a bem
dizer, não chega a perder de todo sua dignidade. O resultante disso é
um *eu* dividido, angustiado, afetado em sua capacidade de representação de si e do mundo, noção que foi elaborada ao longo de toda a obra
freudiana. O *eu* da dúvida sem método, da dívida para com os outros,
que representam os parceiros necessários em sua constituição.

De todo modo, poderíamos dizer que os poetas e, em sentido
amplo, os escritores, sempre tiveram notícia desse eu que, antes de
ser agente da própria vida, é atravessado por forças que o determinam e que ele desconhece fundamentalmente. Por isso, aliás,
iniciamos este texto com aquela pequena referência ao poeta Manoel
de Barros, em que ele retrata poeticamente os paradoxos do eu, mon-
tado de pedaços desconexos, buscando grandeza no defeito,
atravessado pelo desejo narcísico de reconhecimento e destaque.

Aqui, nos tristes trópicos brasileiros, não conseguimos nos re-
ferir a essa teoria do *eu* sem que nos seja lembrada uma outra teoria,
essa de origem literária, a que foi enunciada por Machado de Assis
como 'uma nova teoria da alma humana', no conto intitulado *O Espelho*. Ali, como podemos lembrar, Jacobina, homem taciturno e de
pouca disposição à discussão estéril, expõe sua teoria, baseada em
um acontecimento que lhe ocorreu na mocidade. Atônitos, acompa-
nham-no os seus interlocutores à medida que ele enuncia sua idéia
de uma alma dupla, dividida em duas porções interdependentes, uma
'externa' e outra 'interna', pedaços de ser, montados num ser
dessacralizado, mas igualmente atônito. (Haveriam de se passar cem
anos, pouco mais, até que Manoel de Barros o quisesse *eu*, grandioso

---

[4] S. Freud (1923). O ego e o id. *ESB. Op. cit.*, XIX, p. 37.

em sua 'torteza' toc ploc...) Se nos for permitido interferir assim em Machado, substituindo sua idéia de alma pela de *eu*, teremos, pronta e acabada, uma teoria do *eu* bastante semelhante à proveniente das descobertas freudianas. Ainda havemos de nos apoiar a seguir nesta teoria machadiana, bastando por ora esta resumida referência, de modo a dar lugar a uma primeira tarefa que o assunto nos impõe, a de constelar brevemente os elementos pelo qual se constitui o *eu* em Freud.

Obviamente, não é meu propósito aqui, nem cabe, fazer uma exegese da noção de eu na obra de Freud. Outros o fizeram, e melhor do que eu poderia fazer.[5] Queria, no entanto, passear por algumas das passagens que constituem esta noção, no intuito de demonstrar que a idéia resultante é, no mínimo, complexa e intrincada e, desde o início, cheia de nuances.

Comecemos pela indagação: quais as suas origens? São vários os modelos de que Freud lança mão para estabelecer a origem do eu. O primeiro deles refere-se à idéia da especialização de uma superfície, a partir do contato com a realidade, como um pão que levado ao forno, diferencia do miolo homogêneo uma casca. É assim que, no *Esboço de psicanálise* Freud apresenta o eu: "Sob a influência do mundo externo que nos cerca, uma porção do *Id* sofreu um desenvolvimento especial. Do que era originalmente uma camada cortical, equipada com órgãos para receber estímulos e com disposições para agir como um escudo protetor contra estímulos, surgiu uma organização especial que, desde então, atua como intermediária entre o *id* e o mundo externo. A esta região demos o nome de *ego*".[6] Observe-se que a mesma idéia, com uma formulação muito semelhante, aparece em O *ego e o id* (*op.cit.*, p.39) e na *Conferência XXXI: A dissecção da personalidade psíquica.*[7]

---

[5] Gosto, especialmente, do texto de Liana Albernaz de Melo Bastos: *Eu-corpando – o ego e o corpo em Freud*. São Paulo: Editora Escuta, 1998.

[6] Freud, S. (1939). Esboço de Psicanálise. *ESB, op. cit.*, vol. XXIII, p. 170.

[7] _____. (1932). Conferência XXXI. *ESB, op. cit.*, vol. XXII, p. 80.

Mas a idéia de superfície, que até aqui relacionada à exterioridade e à dimensão de casca protetora do *eu*, figura também em outra das metáforas criadas para pensar sua origem: o *eu* não seria apenas uma entidade de superfície; sendo, primeiro e acima de tudo um ego corporal, "é ele próprio a *projeção* de uma superfície"[8], exatamente da superfície corporal, na medida em que o corpo e especialmente sua superfície, a pele, constitui um lugar que origina sensações internas tanto quanto externas e se oferece como um primeiro protótipo para a representação e a projeção desta entidade, justamente incumbida de distinguir e relacionar, através de trocas, o dentro e o fora: o *eu*.

Tomando agora a perspectiva do ponto de vista dinâmico, sobretudo em sua relação com as instâncias ideais, o *eu* é composto de um precipitado de identificações e de catexias objetais abandonadas (1932:81; 1923:45/64). Processo esse que é, por assim dizer, produto do longo período de dependência por que passam as crianças em sua infância, o que deixa como legado uma diferenciação no interior do eu, o supereu e os ideais, representantes e herdeiros da instância parental. Nas palavras de Freud: "O amplo resultado geral da fase sexual dominada pelo complexo de Édipo pode, portanto ser tomado como sendo a formação de um precipitado no ego, consistente dessas duas identificações [a paterna e a materna] unidas uma com a outra de alguma maneira. Esta modificação no ego retém a sua posição especial; ela se confronta com os outros conteúdos do ego como um ideal do ego ou superego". (1923:49) Graças a essa divisão em seu interior é que o eu pode tomar a si como objeto, observar-se, criticar-se, tratar-se como trata outros objetos, sabe-se lá quantas coisas mais pode fazer consigo mesmo! "Assim, o ego pode ser dividido: divide-se durante numerosas funções suas – pelo menos temporariamente. Depois, suas partes podem juntar-se novamente", diz Freud (1932:64), numa idéia que antecipa a formulação final da cisão do eu nos processos de defesa.

---

[8] _____. (1923). O ego e o id. *Op. cit.*, pp. 39/41.

Em relação com o narcisismo, tomando a questão ainda de um outro ponto de vista, o *eu* seria fruto de uma *nova ação psíquica*, que pensamos ser da ordem da identificação primária, ação responsável por apresentá-lo como um primeiro objeto unificado. Assim sendo, e já a partir do modelo corporal, o eu é fruto e agente de um permanente esforço de síntese e unificação. É ele mesmo este esforço de síntese, pelo qual, a despeito da diversidade de identificações e de elementos que o constituem, percebe-se a si próprio como sendo quase sempre o mesmo, e pode até propor-se como veículo e suporte de uma identidade singular. A esse aspecto Fabio Herrmann veio a chamar de presença no *eu* de um *sentido de imanência*, na ausência do qual o sujeito corre o risco de séria perda identitária (o que veio a acontecer justamente com o nosso conhecido Jacobina, no episódio a que mais adiante nos referiremos).

Estabelecida, a partir dessas variadas vias, a origem do *eu*, caberia indagar sobre suas funções. Distingue-o, particularmente, essa já mencionada tendência à síntese de seu conteúdo, à combinação e unificação em seus processos mentais. Razão, bom senso, controle, esses são seus méritos, um conjunto de funções positivas: observar o mundo externo, testar a realidade, oferecer um escudo protetor contra estímulos excessivos (1932:80/81). Mas, seguindo Freud, não nos deixemos impressionar por tais méritos e capacidades do *eu*. "A relação do ego para com o id poderia ser comparada com a de um cavaleiro com seu cavalo. O cavalo provê a energia de locomoção, enquanto o cavaleiro tem o privilégio de decidir o objetivo e de guiar o movimento do poderoso animal. Mas muito freqüentemente surge, entre o ego e o id, a situação, não propriamente ideal, de o cavaleiro só poder guiar o cavalo por onde este quer ir" (1932:81/82). Assim, recorrendo à conhecida formulação de Freud, a condição positiva de condutor vê-se comprometida pelo fato de que o "pobre ego" (...) "serve a três severos senhores [o mundo externo, o superego e o id] e faz o que pode para harmonizar entre si seus reclamos e exigências" (1932:82), sempre divergentes e freqüentemente incompatíveis.

RUPTURA DE CAMPO: CRÍTICA E CLÍNICA   147

Cercado por três lados, ameaçado por três tipos de perigos, vê-se
como presa da ansiedade – a bem dizer, de três diferentes formas de
ansiedade – e falha freqüentemente em sua tarefa de mediação, racio-
nalizando e ocultando seus conflitos e divergências interiores.

Dominado, dividido e subserviente, o *eu* resulta enfraquecido
e oscilante em seu valor próprio, sua grandeza sendo inteiramente
dependente dos investimentos amorosos que o tomam como objeto,
vindo de outros ou de si próprio. Assim, no auge da inflação de si
mesmo, o sujeito pode acreditar-se o próprio Napoleão, enquanto
uma dor de dente o fará recolher-se ao tamanho do dente molar. "A
alma inteira encontra-se recolhida na estreita cavidade do molar, diz
W. Busch sobre o poeta que sofre de dor de dente", comenta Freud.[9]
O fato é que o valor do *eu*, ou sua grandeza, empresta-se a partes de
si, às representações mais ou menos poderosas, mais ou menos conscientes, pelas quais o *eu* se faz apresentar.

Vê-se já aqui o quanto nos interessa a teoria do Jacobina que,
ao enunciar a chamada alma exterior, diz: "*A alma exterior pode ser
um espírito, um fluido, um homem, muitos homens, um objeto, uma operação. Há casos, por exemplo, em que um simples botão de uma camisa é
a alma exterior de uma pessoa; – e assim também a polka, o voltarete, um
livro, uma máquina, um par de botas, uma cavatina, um tambor, etc. (...)
As duas [almas] completam o homem, que é, metafisicamente falando,
uma laranja; quando perde uma das metades, perde naturalmente metade
da existência; e casos há, não raros, em que a perda da alma exterior
implica a da existência inteira*".[10] Assim, ele antecipa a narrativa do
momento de sua vida em que o sustento de toda sua alma e sanidade
ficou reduzido ao reconhecimento de sua posição de alferes, a alma
se abrigando inteira naquela farda. Se os interlocutores de Jacobina
ficaram estupefatos com essa possibilidade, não menos ficamos nós,

---

[9] Freud, S. (1914). Sobre o narcisismo: uma introdução. *ESB, op. cit.*, vol. XIV, p. 103.

[10] Machado de Assis (1882/1937). O espelho. In *Papéis avulsos*. Rio de Janeiro/São Paulo,
Porto Alegre: W.M.Jackson, p. 263/4.

ao reconhecermos naquele homem que busca sua inteireza e conforma o seu desespero despersonalizante na imagem fardada que lhe vem do espelho, ao reconhecermos ali, eu dizia, uma belíssima figuração da dependência do *eu* dos suportes e emblemas narcísicos a que se empresta.

A *visão do* eu *na Teoria dos Campos*

Esse 'esparramar-se' do *eu* sobre os objetos do mundo compartilhado cai bem para seguirmos em nosso propósito e atingirmos o tema deste trabalho. Até aqui, ficamos com Freud, pretendendo sugerir que a noção de eu que é resultante da proposta teórica freudiana é já uma noção complexa e bastante questionadora em relação ao *status* do eu em seu aspecto racional, controlador ou capaz de auto-determinação. Freud nos mostra um *eu* fragilizado, despotencializado e siderado por determinações que em muito o ultrapassam. Mas ao mesmo tempo um eu que se ajusta à obra da cultura, à psicanálise, e que ainda há de advir ali onde está o id.[11] Essa complexidade talvez seja fruto do fato de que a idéia de *eu* foi em parte herdada pela teoria psicanalítica das teorias psicológicas que a antecederam, não produzida a partir de seus próprios pressupostos. Bombardeada e 'sobrevivida', ela se mantém assim, meio manca, meio perfurada e ainda inteira, naquela inteireza arlequinal – feita de losangos de diversidade – de que fala Mario de Andrade para caracterizar a cidade de São Paulo. Até aqui Machado nos ajudou, mais por gosto do que por necessidade, propondo uma teoria própria da alma humana; talvez ele nos inspire ainda no tema que prossegue. O que interessa agora, para seguir adiante, é saber: qual o impacto da Teoria dos Campos sobre essa noção, já tão abalada, do *eu*? É grande, adianto. Então, sigamos em frente.

---

[11] Freud, S. (1932). Conferência XXXI. *Op. cit.*, p. 84.

RUPTURA DE CAMPO: CRÍTICA E CLÍNICA   149

"Do ponto de vista teórico, a Teoria dos Campos parte de uma visão muito peculiar do eu. Para ser claro e direto, não acreditamos que a noção de eu seja legitimamente psicanalítica. Todos os conceitos mais valiosos da psicanálise, da repressão à cisão, do conflito aos mecanismos de defesa, do trauma à elaboração onírica e à neurose de transferência, apontam sempre para a negatividade, precariedade e fragmentação do sujeito, enquanto a noção de eu se lhes opõe, como defensor da unidade e coerência".[12] Como "Pilatos no Credo", sua função seria a de permanecer como contraponto, a serviço de permitir que se notem os demais conceitos.

Reconhecendo, então, que a noção de eu é anterior à idéia psicanalítica e que mal-e-mal se ajusta a ela, o que propõe a Teoria dos Campos é, radicalizando a crítica freudiana à unidade do eu e a qualquer idéia de uma unidade subjetiva que se relacionasse com o mundo, criticar a sobrevivência, na psicanálise, da idéia de um 'eu total'. A relativização crítica desse conceito de *eu* é o ponto de partida de uma nova teoria do *eu*. É no livro *A Psique e o eu*,[13] que Fabio Herrmannn discute duas das teorias que se aventuram nessa posição crítica, e essa discussão é sinteticamente retomada no capítulo 12 da *Introdução à Teoria dos Campos* (*op. cit.*). Já veremos como ela se encaminha.

O começo de toda a apresentação é a distinção necessária, presente já em Freud, como se viu, entre o eu como um conjunto de funções psíquicas – motricidade, pensamento, percepção, memória, juízo, etc –, um *eu-função*, e o eu como um conjunto de representações que o sujeito apresenta de si pela vida afora, *eu-representação*. Do primeiro, pouco ou nada teremos a falar que se acrescente às formulações pré-existentes. A distinção cuidadosa entre eu-função e eu-representação, no entanto, é já um primeiro passo da teorização

---

[12] Herrmann, F. O eu. In *Introdução á Teoria dos Campos*. São Paulo: Casa do Psicólogo, 2001, p. 144.

[13] Herrmann, F. (1999). O eu no fígado da pedra. In *A psique e o eu*. *Op. cit.*

que se segue no primeiro ensaio em que examina a questão, intitulado: *O eu no fígado da pedra*. "Não se trata", diz Fabio, "de duas coisas completamente distintas, como nalgumas versões da psicanálise pode estar sugerido pelo emprego dos termos *ego* e *self*, nem de uma só entidade permanente, o Eu, sujeito da consciência, e sua identidade."[14] De fato, quando o eu-representação sente-se atingido por ataques, quer lhe venham da realidade ou do superego, por exemplo, ele pode ter sua capacidade funcional paralisada. A analogia invocada aqui é interessante: "o eu-funcional é como uma cabina de comando que pode ser ocupada por diferentes pilotos, por diferentes eus-representação".[15] Nas ocasiões de conflito grave, o comando se paralisa.

Ora, afinal, do ponto de vista da psicanálise, é o conflito mesmo o que nos caracteriza humanos. Aquilo que acima apontamos, em Freud, como uma divisão do eu em suas funções, divisão que se faz sentir como crítica, como auto-observação, como um tratar a si como a qualquer objeto, é a mostra do conflito no qual porções do eu enfrentam-se com outras. No caso mais conhecido, temos o confronto eu/supereu, que, segundo Fabio, é um só dos casos de confronto entre 'aspectos do eu'. Um só dos casos, o primeiro que nos vem à mente, por ser abordado diretamente por Freud, e que nos apresenta à idéia de *duplicação do eu nos processos psíquicos*, nome encontrado por Herrmann para falar dessa situação de estarmos sempre, em cada ação psíquica, diante de pelo menos dois eus em contraponto. "Quando ocorre uma ação intrapsíquica, como a do superego sobre o eu, estamos de fato diante de dois eus, de dois sujeitos psíquicos em diálogo: eu e superego. O superego tem propósitos, estoque de memória, identidade, é um eu agente".[16] O superego é então uma duplicação do eu, e isso não parece longe do que o que o próprio Freud enunciou,

---

[14] _____. (2001). O Eu. *Op. cit.*, p. 142.

[15] *Op. cit.*, p. 142.

[16] *Op. cit.*, p. 142.

RUPTURA DE CAMPO: CRÍTICA E CLÍNICA   151

na medida em que ele se refere ao superego como uma divisão no interior do eu que complexifica bastante a sua estrutura.

No entanto, diz Fabio, para sermos inteiramente fiéis à hipótese freudiana de inconsciente e à redefinição do lugar da consciência nela implicada, aquilo que nos é confirmado pela experiência analítica é que, mesmo na vida normal, inúmeras formações psíquicas estão em jogo. Em suas palavras, "é preciso, antes, considerarmos que, a cada ato psíquico, a posição de sujeito desdobra-se de maneira mais complexa; o sujeito está em diferentes posições simultaneamente, eus se formam e se desfazem como estrelas na poeira galáctica, cada qual comportando dimensões inconscientes e campos gravitacionais próprios".[17]

A fidelidade proposta à hipótese freudiana, no entanto, a modifica bastante. Vejamos. É que, ao invés de pensarmos em um só eu que, sob pressão intensa e insuportável, se rompe, como o cristal que se parte em elementos previamente configurados, segundo a hipótese freudiana,[18] pensamos agora numa espécie de circulação de eus que se revezam na ocupação do lugar de sujeito psíquico e o disputam, nisso consistindo o conflito psíquico.

Duas conseqüências se colocam a partir daí. A primeira diz respeito à tendência à síntese e à unificação que caracterizam o eu freudiano. Onde, nesse quadro, fica essa tendência, realizada como identidade? Teríamos que supor aqui que a faculdade sintética do eu, a tendência à unificação de vários sujeitos e suas representações é nada mais que exatamente isso: uma tendência, ou, se quisermos ser mais precisos, uma ilusão – ou uma obsessão contemporânea/ocidental, como sugere Fabio. A circulação de representações diferentes do eu – que equivale à circulação de identidades – é, antes, uma meta que um problema. Caberia justamente ao processo analítico

---

[17] Herrmann, F. (1999). O eu no fígado da pedra. *Op. cit.*, p. 49.

[18] Freud, S. (1932). Conferência XXXI, *op. cit.*

dar voz aos diversos eus, além de remeter-se interpretativamente de formas diferentes a cada um.

A outra possibilidade de unificação, aquela que nosso caro Jacobina experimentou temerariamente, que é o predomínio prolongado do domínio psíquico de um só eu, equivale à instalação de uma 'ditadura psíquica'.[19] Soube-o bem o personagem machadiano: bajulado interminavelmente como 'senhor alferes', acabou por acostumar-se de tal forma a essa identidade excelente que, um dia, tendo ficado sozinho e sem mais ninguém que o visse e nele reconhecesse a mesma importância, ali, no roçado deserto, tornou-se um defunto, um boneco mecânico, sem eira nem beira. Ao olhar-se no espelho, não viu mais do que uma sombra desesperadora, de feições inacabadas e incertas. Imagem que só se corrigiu no momento em que, num ímpeto, ele decidiu vestir a farda que tão fundamentalmente o passara a representar. Só então pôde novamente recuperar sua inteireza. Explica Machado: "*O alferes eliminou o homem. (...) a alma exterior, que dantes era o sol, o ar, o campo, os olhos das moças, mudou de natureza, e passou a ser a cortesia e os rapapés da casa, tudo o que me falava do posto, nada do que me falava do homem*".[20] O alferes eliminou o homem; uma das emanações do eu, num ímpeto de mesmidade e coincidência consigo próprio, tomou o lugar do eu total; melhor dizendo, impediu a continuidade da circulação dos outros eus. A angústia frente à diversidade consigo mesmo foi resolvida à custa do sentimento de realidade e evocou, justamente, a perda do *sentido de imanência*, aquele que nos mantém certos de sermos os mesmos, em que pese a circulação de posições que vamos assumindo sucessivamente. Nada má, de fato, a teoria de Machado. Ela só não dá o *nome aos bois*: o inconsciente.

Justamente aí incide a segunda conseqüência dessa teoria do eu proposta pela Teoria dos Campos, em sua 'pequena' – diz Fabio –

---

[19] Herrmann, F. (2001). O eu. *Op. cit.*, p. 144.

[20] Machado de Assis. *Op. cit.*, p. 268.

RUPTURA DE CAMPO: CRÍTICA E CLÍNICA   153

torção da teoria clássica. É que, a partir dessa concepção da duplicação sub-reptícia do eu nos processos anímicos, estabelecida como
fundamento psicanalítico do sujeito, também o inconsciente não pode
mais ser pensado como unidade, "já que cada sistema de ação e representação, cada eu, comporta sua própria dimensão inconsciente e
é afetado por complexos inconscientes não necessariamente idênti-
cos".[21] Cada núcleo de sentido corresponderia a uma síntese particular
do eu, que procederia por sínteses diferentes e sucessivas. Não haveria unidade, então, nem no eu, o que Freud já percebera, nem no
inconsciente, o que nos põe face a uma nova revolução do pensamento. Aqui, temos de dar conta, não apenas de que a Terra não é o
centro do universo, como também de que não há um único universo,
mas inúmeros. Provavelmente aquele em que nos situamos mais
freqüentemente não é o melhor. O psiquismo nos aparece então como
"conjuntos organizados de representações, que podem atuar como
sujeitos ou *eus*, formados ao longo da existência, contendo um acervo próprio de memórias"[22] e de mecanismos defensivos, ou por outra,
na terminologia proposta, contendo seu correspondente *inconsciente
relativo*.[23] O campo resultante da interação entre os vários inconscientes relativos será compreendido então como um espaço psíquico
necessariamente não homogêneo nem inteiro, mas como um campo
de diversidades e de possíveis.

Freud disse, ao propor sua primeira teoria acerca da psicose,
na análise do caso de Schreber,[24] que caberia ao futuro decidir se
havia mais delírio em sua teoria ou mais verdade no delírio do que se
queria de início supor. Creio que aqui se apresenta uma oportunidade semelhante, de legar ao futuro uma avaliação da reformulação
aqui enunciada. O fato, entretanto, é que a presente teoria parece

---

[21] Herrmann, F. (1999). O eu no fígado da pedra. *Op. cit.*, p. 103.

[22] Herrmann, F. (1999). A paixão do disfarce. *In* A Psique e o Eu. Op. cit., p. 209.

[23] _____. *Op. cit.*, p.211.

[24] Freud, S. (1911). Notas psicanalíticas sobre um relato autobiográfico de um caso de paranóia.
    ESB, op. cit., vol. XII.

capaz, como poucas, de dar conta daquilo que se pode caracterizar como a fragmentação do sujeito no mundo contemporâneo. Fragmentação do nosso tempo, recorte dos nossos horizontes, partição das respostas a que somos exigidos, como seres maquínicos que nos apresentamos. Também é de interesse o fato de que uma outra característica componente de nosso mundo, a virtualidade, presente hoje nos nossos mais cotidianos contatos, estará na base do outro modelo proposto para o eu, o do disfarce.

O segundo modelo do eu, discutido no outro ensaio de *A psique e o eu,* intitulado: *A paixão do disfarce,* pode ser entendido como decorrente dessa idéia de duplicação do eu nos processos psíquicos. Estendendo até o limite a noção de disfarce, num movimento que nos aproxima do prazer de nos apresentarmos como 'outros', a partir das brechas criadas pela nossa condição linguageira, Fabio Herrmann discute ali o aspecto *virtual,* poderíamos dizer, ou imaterial e recriável dessa apresentação de nós próprios a que chamamos *eu.* Disfarçar-se aparece como a essência mesma de toda narrativa humana, de toda história, sendo sua condição a passagem de nossa existência concreta para uma existência na linguagem ou no campo relacional. A que estaria relacionado o prazer do disfarce, pode-se perguntar?

Herrmann o faz remontar ao advento da subjetividade, concebido como o momento teórico no qual o bebê se liberta do *cerco das coisas,* reino da pura necessidade. A subjetividade se inauguraria, a partir desta versão das origens do eu, por uma experiência de descolamento em relação ao circuito fisiológico, que se dá por uma espécie de *mentira original.* Consiste no seguinte: a mãe, ao cuidar de seu bebê, erra, necessariamente. Dá colo a quem grita por fome, embala o que está cheio de xixi, dá o peito quando o pequeno chora por coceiras. Na sintonia desses erros, no contato pré-intencional com a mãe, desponta no pequeno a possibilidade de também 'errar' em seus choros, de modo a 'apresentar' à mãe um choro de fome, sem no entanto ter fome, e com isso ver satisfeita a necessidade de colo e aconchego. O que vemos aí é a emergência de um sujeito que se 'cria' nas apresentações de si mesmo, por cima do campo material das necessidades.

A hipótese aqui é que a paixão do disfarce, ao nos levar a disfarçar-nos do que somos e do que não somos, reedita esse momento inaugural de autocriação do sujeito, pressuposto do eu e da identidade. Assim, o ato de disfarçar-se revive a experiência inaugural de criação da identidade. O disfarce revela do eu o essencial, citando o autor: "que meu eu é uma criação de mentira, é uma máscara inventada, cuja invenção seja quem sabe a obra principal de minha vida, pelo menos aquela a que dedico maior esforço".[25] A novidade, como já poderíamos ter previsto pela discussão do modelo precedente, no entanto, é que atrás do disfarce não há um eu pleno e verdadeiro a ser ocultado. A noção de um eu verdadeiro e pleno não figura aqui como contraponto do eu do disfarce. O eu dominante, o mais freqüente, a identidade cotidiana, que se costuma achar que é mais verdadeira, ocupa aqui "o lugar nada glorioso" de ser tão somente um disfarce a mais. O ponto de maior aproximação à verdade está no ato de disfarçar-se, não no resultado do disfarce, digamos. "Fazendo-me outro, faço-me de novo e o fazer conta mais que a forma, verdadeira ou mentirosa, daquilo que me tenho feito durante a vida".[26]

O disfarce, longe de ser então um vício que nos oculta em certo ofício de travestismo, aparece aqui como o próprio modo de ser do homem. Modo de ser às vezes criativo e apaixonante, às vezes defensivo e repetitivo, em qualquer caso um modo de ser que atravessa toda a nossa vida social. A patologia do disfarce, já no-la mostrou o Jacobina, é a redução tamanha do sujeito a um disfarce único e uniforme, uma exageração do imperativo de ser um. Justamente o uniforme é que tomou a alma do personagem, como sabemos, quando

---

[25] Herrmann, F. (1999). A paixão do disfarce. *Op. cit.*, p. 162.

[26] Herrmann, F. (1999). A paixão do disfarce. *Op. cit.*, p. 162.

o alferes sobrepujou o homem, quando seu valor foi todo reduzido ao posto que ocupava: levantado o disfarce, ele nada encontrou de si que o sustentasse um, vivendo aquela espécie de experiência de despersonalização descrita um pouco acima. Sua antiga alma *dispersou-se no ar e no* passado. Nenhuma outra chance lhe restou, senão a de repetir-se cotidianamente o exercício da patente, que o tornava de novo 'um com o uniforme': *"Lembrou-me vestir a farda de alferes. Vesti-a, aprontei-me de todo; e, como estava defronte do espelho, levantei os olhos, e... não lhes digo nada; o vidro reproduziu então a figura integral; nenhuma linha de menos, nenhum contorno diverso; era eu mesmo, o alferes, que achava, enfim, a alma exterior"*.[27] Não lhe restou outra possibilidade que a cada dia, a partir de então, vestir-se de alferes e sentar-se diante do espelho por algumas horas, com o objetivo de ser novamente a si próprio. O que se passou aí é que, levantado o disfarce, surgiu um eu escangalhado e esfarrapado, não mais nem menos verdadeiro que o do disfarce fardado, mas apenas intolerável. Condenou-se nosso amigo a repetir-se interminavelmente o mesmo disfarce.

Por isso disse que a ficção machadiana nos pôs no campo da patologia. Na vida corrente, o eu é justamente aquilo que surge, não menos atônito, do levantamento do disfarce, como um efeito ilusório desse levantamento. Aquele que acorda de um pesadelo, aquele que chega em casa pronto para retirar o sapato apertado da festa, aquele que, aliviado, vê-se curado de uma doença prolongada: 'voltei a ser eu mesmo, dizemos nessas ocasiões'. O eu é, assim, este efeito ilusório de que há um tesouro escondido atrás de cada disfarce, é ele mesmo este efeito ilusório de revelação.

O modelo tomado nos coloca, então, face à possibilidade de ser o eu uma espécie no gênero do disfarce, sem deixar de ser "em igual medida aquilo que o disfarce oculta".[28] Essa é uma importante

---

[27] Machado de Assis (1882). O espelho. *Op. cit.*, p.275.

[28] Herrmann, F. (1999). A paixão do disfarce. *Op. cit.*, p. 178.

RUPTURA DE CAMPO: CRÍTICA E CLÍNICA   157

contribuição da Teoria dos Campos à noção do descentramento fundamental da psique, corolário da tese do inconsciente. Além de denunciar a fraqueza do ego frente ao serviço a três senhores, o que Freud fez com maestria, o que, inclusive, já se popularizou como teoria, o que se põe em pauta aqui é a ilusão de mesmidade do eu, como fundamento da nossa identidade. A partir daí "nossa vida espiritual pode muito bem ser encarada como uma luta entre formas de coerência discrepantes, ou, se preferir, entre disfarces que competem e se relacionam de muitas maneiras distintas: um baile de máscaras em cada cabeça, ou, ainda melhor, uma guerra entre exércitos psíquicos uniformizados".[29]

Diríamos a nosso caro Jacobina: não duas almas, mas muitas, sendo o uniforme do alferes apenas uma revelação mais óbvia da disciplina militar a que se aferra o desejo no intuito de produzir identidade. A ficção, como arte e pedagogia do disfarce, mostrou-se aqui o campo fértil de elaboração das idéias e de reconhecimento de nossos movimentos de apresentação do eu. Neste quesito, com certeza, seguimos o movimento inaugurado por Freud e explorado tão magnificamente por Fabio Herrmann.

DEBATE

Luciana Saddi

Vamos às perguntas. Primeiro as damas. *Ladies first*.

Rosemary Bulgarão

Estou chegando à Teoria dos Campos, não tenho um trajeto ainda. Minhas perguntas, então, são muito mais arroz com feijão – mas de arroz com feijão também se vive. Leda, você expressa a idéia

---

[29] Herrmann, F. (1999). A paixão do disfarce. *Op. cit.*, p. 185.

de um Fabio que é revolucionário e também subversivo. Essa definição de inconsciente, que deixa de ser aquela idéia antiga de um porão, por exemplo, onde a gente guardava aquilo que era reprimido. Depois, a idéia de filme fotográfico: tudo estava lá, registrado, e se revelava na medida em que se ultrapassava a censura. Não é mais assim. A Teoria dos Campos postula aqui uma dessubstancialização. Dessubstancialização, conjunto de regras que organizam o campo; consciência que faz emergir novas consciências. Não é mais singular. Rompido, é plural e operacionalizado. Surgem inconscientes relativos. Por fim, o inconsciente avesso da consciência. O inconsciente não existe, ele há. Impacto ou vórtice? Porque aqui rodopiam as teorias e rodopiamos nós, não porque vamos deixar de ser psicanalistas nem as teorias vão perder sua validade, mas porque essas teorias nessa visão saem do palco e passam a ocupar os bastidores. Não vão perder sua importância. Isso também vai trazer para a gente uma responsabilidade a mais: vamos ter que aprender a teorizar nossa clínica. Ou então correr o risco daquilo que Fabio chama de cair no oco, na interpretação canônica. Se perdermos o *script*, nós ganhamos a liberdade de pensar, de criticar, de criar. No entanto, paradoxalmente, aumentamos nossa responsabilidade, pois não se ganha a liberdade impunemente.

Diante disso, Leda, a redefinição de inconsciente pela Teoria dos Campos causou impacto e, mais do que isso e além disso, nos causou também vórtice, já que nos desabituamos a um conceito. Como diz Fabio, quando a gente tem que se desabituar de algo, isso é uma violência para o espírito. Vórtice ou impacto?

Leda Herrmann

É vórtice e impacto dentro dessas teorias psicanalíticas bem-estabelecidas que prescrevem: "o Édipo é assim ou é assado", etc. O que este pensamento faz e que, acho, é sua contribuição mais importante, é que ele é um pensamento crítico, que não está in-

RUPTURA DE CAMPO: CRÍTICA E CLÍNICA   159

ventando um inconsciente novo. É um pensamento crítico que toma essas teorias bem-estabelecidas – estudos e produção freudiana, em especial – e questiona: é assim mesmo? Ou não é bem assim? Consideramos isso como um conhecimento acabado ou não?

Na época em que a Teoria dos Campos começou a ser construída, a produção psicanalítica aqui em São Paulo era muito estéril e repetitiva. Então, ela chega com essa contribuição. Vale a pena caminhar por este caminho crítico? Será que a gente não vai encontrar uma coisa que já foi produzida e esquecida?

Mesmo esse desvelamento do método não é a invenção do método, é um desvelamento em si. O método quem inventou não foi Fabio, foi Freud – um Freud que estava esquecido na clínica. O desvelamento, que pode ser feito a partir de pensamento crítico, resulta nas conseqüências mostradas pela Maria da Penha. Vai desenvolver uma série de conceitos, vai trabalhar de outro jeito, vai trabalhar operacionalmente. Não vai mais construir conceitos e teorias considerados acabados.

Rosemary Bulgarão

Você não acha que o impacto pode ser amortecido, ao passo que o vórtice causa uma crise que nos obriga pensar? Por isso perguntei: impacto ou vórtice? A vivência que tive e venho tendo nesse contato com a Teoria dos Campos, além do impacto, é o vórtice necessariamente. Creio que, principalmente na idéia do inconsciente, não é só impacto, é mais, é um vórtice: quem entra em contato vai entrar também, espera-se, em crise produtiva.

Leda Herrmann

Exatamente, porque é o conceito central da psicanálise que está sendo revisto, a forma como o conceito foi construído. Após sua construção, ela foi dada como acabada e não se continuou a pensar criticamente. A contribuição da Teoria dos Campos é esta: pensar critica-mente. Claro que é impactante, e pode ser alguma coisa da ordem do *vórtice*. Mas é bom, porque aí a gente pode seguir esse caminho críti-co, que é a forma – e não tem outra – de pensar em Psicanálise.

Rubia Mara do Nascimento Zecchin

Os três textos são excelentes, o que nos coloca numa posição privilegiada: do ponto de vista teórico, quase não restam dúvidas. Pensei, assim, numa questão que parte daqui, de onde estou, neste ambiente do IV Encontro, e neste contato praticamente familiar com a obra de Fabio. Uma obra extensa, que já rendeu muitos trabalhos e sobre a qual tem muita gente trabalhando.

Como começar a pensar e discutir o impacto na clínica, no fazer analítico, quando nosso contato com a Teoria dos Campos já é suficiente para absorver o efeito do seu impacto. Mas nós estamos em meio a uma crise, porque volta e meia não dá certo. Mais não dá do que dá. Ao enfrentar o dia-a-dia da clínica você tem que consti-tuir uma escuta, uma outra forma de escutar a interpretação. O impacto atinge não só o espaço do analista, mas o dos próprios paci-entes, que começam a estranhar, achar que você está esquisita, que você mudou.

Geralmente a gente traz as coisas que dão certo, mas quero falar dos tropeços. Não deixa de ser interessante, é um modo de pro-dução clínica também. A formação freudiana exige quantos anos? Entra aqui a experiência de cada um, uma coisa bem mais intimista e menos teórica. Freud a gente já estudava que nem louco – a Teoria dos Campos pede agora um pouco mais. Daí minha intenção de dis-cutir os impasses da clínica, de como a gente escorrega. Essa é a questão que, efetivamente, me inquieta no todo, e que os textos apre-sentados oferecem recursos de sobra para a gente pensar.

Maria da Penha Zabani Lanzoni

Cada vez que leio um texto de Fabio Herrmann é como se lesse um texto novo, de novo, mesmo porque não é fácil acompanhar o ritmo dele. Já conversamos sobre isso: quando se começa entender uma coisa, ele já está em outra. Como estamos sempre chegando, a gente sempre estuda, sempre pergunta e discute, e faz grupo disso e faz grupo daquilo – e não chega nunca.

Nunca me senti confortável com esse tal de inconsciente conteudístico; dar de repente de cara com o Fabio na minha vida, mais do que qualquer outra coisa, foi um alívio. Eu achava que não servia para ser psicanalista. Como adivinhar o que o outro tem lá dentro? Era a formação tradicional, a que nos oferecia esses editoriais clínicos fantásticos, em que os analistas das supervisões davam as coordenadas de tudo o que acontecia com o paciente, cabendo a você entender e interpretar aquilo. Isso sempre me foi muito desconfortável, eu achava que não ia dar certo.

Nesse sentido, meu impacto foi saber que existia alguém que podia falar alguma outra coisa. Um impacto inicial, como disse, aliviante. Depois é que foram elas, pois você encontra uma forma de pensar que, ao mesmo tempo que lhe acolhe, puxa o seu tapete. É assim que Fabio trabalha: primeiro seduz, depois mostra as dificuldades.

Rosemary tem razão, é uma responsabilidade muito maior. Por quê? Porque não temos absolutamente nada para nos orientar: somente o método psicanalítico. Quando alguém nos pergunta o que é, a gente engasga e responde muito parcialmente. É complicado e impõe toda essa responsabilidade. O impacto no fazer cotidiano da clínica, que acho muito grande, se há, é este; um vórtice, se há, é esse de a gente estar sempre querendo saber alguma coisa e nunca saber absolutamente nada. Só *a posteriori* saberemos quando alguma coisa se configura. Sempre vivendo o conflito de saber que não sabe, sendo de repente obrigado a saber, e continuando não sabendo.

Diz Fabio, no *Jornal de Psicanálise*, no artigo *Supervisão vista de baixo*: "Os pais apenas parecem saber o que é um ser humano.

Os supervisores o que é analisar. Ambos se reproduzem, não obstante, mal ou bem. É que eu acreditando no que você sabe o que faz, ponho-me a imitá-lo, isto é, vou fazendo. E penso que é do seu jeito, quando na verdade imito a mim mesmo. Crendo que você sabe vou analisando meus pacientes como posso. Quando descubro que você nunca soube já me acostumei. Já tenho uma clínica de que dependo economicamente, mais ou menos, já me viciei em psicanálise, e daí por diante é mais sensato continuar sendo analista mesmo sem saber muito bem como se faz".

Acreditam vocês quando foi? Em 2001. É isso. Eu concordo, infelizmente. Preferiria até não concordar com ele, seria bem mais cômodo.

Camila Pedral Sampaio

Penso comigo que não saberia responder, mesmo porque não sei o que é a clínica. Nunca soube. A clínica é uma situação absolutamente desconfortável em qualquer teoria. Não existe nada que a melhore, no meu ponto de vista. Não posso dizer que a Teoria dos Campos mudou minha forma de conceber a clínica. O que devo é um agradecimento profundo ao Fabio, porque entendo que a Teoria dos Campos me permitiu fazer uma clínica. Hoje de manhã se disse de sua importância como o elemento crítico que nos faz desconfiar.

Nesse sentido, permaneço extremamente curiosa. Estudo psicanálise, Melanie Klein, Freud. Ainda não aprendi Freud. Meu pai diz que sou burra, porque estou sempre estudando Freud, mas sempre com uma desconfiança cada vez mais aprimorada. E isso para mim é um alimento da clínica, porque, de fato, na clínica, a situação de despojamento de um saber é o que se coloca para mim como importante: depois vou pensar. Mas ali, no face a face, nessa situação esquisita que Freud inventou, acho muito benéfica a possibilidade trazida pela Teoria dos Campos de pensar em interpretação como algo que se constitui de pequenos toques, que vai se produzindo a

RUPTURA DE CAMPO: CRÍTICA E CLÍNICA   163

partir de dentro de um movimento interno. Isso é uma coisa, até porque entendo quando o Fabio diz que não se trata de abandonar os conteúdos da psicanálise, trata-se de submetê-los a uma crítica, de não dogmatizá-los. Considero algumas doutrinas psicanalíticas casos da realidade perfeitamente apreensíveis, sejam freudianos, sejam kleinianos, se usamos a perspectiva de um olho crítico, proposta pela Teoria dos Campos.

Luciana Saddi
Alan, pode fazer a sua pergunta.

Alan Victor Meyer
Desisti de fazer a minha pergunta. Chega de fazer pergunta. A essa altura estou completamente confuso, nem sei onde estou e nem sei qual "eu" meu deve chegar aqui. Me ocorreu que um filósofo deveria vir aqui para pôr ordem na bagunça. Mas não: esta é uma reunião de psicanalistas. São campistas. E tudo está uma verdadeira confusão. Onde eu fico nessa história? Qual é o meu disfarce possível agora, não é, Camila, você que trata dos disfarces? Talvez fosse melhor ser um palhaço nessas horas. O palhaço das eternas ilusões, porque nós todos estamos imbuídos de enormes ilusões com a psicanálise, com a terapia psicanalítica, até onde isso nos leva – ou nós estamos sobrepondo, ou tudo já era, ou não era. Espera aí! Tudo parece um paradoxo, como disse Luís Claudio.

Acho séria essa história do palhaço, porque o psicanalista tem muito a ver com o palhaço. Se a gente pode circular entre os diversos "eus", o palhaço é aquele que também tem essa possibilidade. A possibilidade de brincar, de colocar as coisas em jogo, é uma possibilidade do palhaço. E isso aparece na literatura psicanalítica com certa constância. Em relação ao Fabio, por quem eu tenho uma admiração tremenda, ele tem uma capacidade criativa extraordinária e escreve cada dia melhor. Ao mesmo tempo, quando ouço certas coisas, me vejo em completa discordância. Não posso fazer como a Marilsa, que levantou a bandeira: "Eu sou campista". Isso me deixa angustiado porque, de repente, vão transformar a Teoria dos Campos numa nova doutrina, e se a psicanálise vira doutrina ela está morta, e existe esse perigo de tornar a Teoria dos Campos numa nova doutrina. Lembrava, por isso, de como o Fabio terminou ontem: o sujeito que admirava tanto o templo de Kioto, teve a coragem de queimar o templo de Kioto, aquilo que era tão belo e tão fantástico, para se libertar daquela fascinação.

É preciso libertar-se da fascinação do olho para encontrar outra vez a verdade na palavra, e a palavra precisa retomar a sua possibilidade de ser: é o único caminho talvez para acabar com essa fascinação em que todos nós corremos o perigo de cair. Considerando o modo como o inconsciente foi aqui apresentado (o que está em Fabio, de fato: um conjunto de regras, dessubstancialização, etc.), chegou uma hora que pensei: olha que estranho! Fabio ontem falou de Kioto, falou do templo, e começo a me lembrar do mestre zen. A abertura para o ser. E eu sou heideggeriano, acho que é uma questão extremamente interessante, e um enigma que ele colocou no fim e que me coloca o problema de como interpreto a própria obra do Fabio. Fabio não é só método. Ele vai muito mais longe quando usa suas pequenas histórias. Quando fala da Rani de Chittor, dos moais na Ilha da Páscoa, ele aponta outras coisas. Fabio ultrapassa a si mesmo e a gente não pode perder esse movimento do Fabio que se ultrapassa.

Mas tem o Fabio que não é o templo de Kioto. É aquilo que lembrou Luis Carlos Menezes. Ele faz o discurso do método, e Menezes lembrou de Descartes, *O discurso do método*. O outro são as meditações cartesianas, que agora têm a nova série: as meditações herrmannianas. Meditações que, infelizmente, não as li todas, só algumas. E quando comecei ler outras coisas, fiquei entusiasmado: temos um outro Fabio. Fabio não está mais nos *Andaimes do real*. Esteve lá

RUPTURA DE CAMPO: CRÍTICA E CLÍNICA   165

com um propósito, uma direção, à medida em que percorreu esse caminho, deparou-se com um novo sentido de direção. Isso é fundamental, porque tem que ser incorporado à própria leitura do nosso amigo Fabio. E essa leitura vai adquirindo cada vez mais um sentido estético, um sentido de criação absolutamente fantástico.

Levada ao pé da letra essa questão, o conjunto de regras, a noção de inconsciente em Fabio não é o inconsciente do século 21, acho que é do século 18, 19, porque ele está retomando o inconsciente do romantismo, que é um correlato sempre da consciência. Se existe consciência inconsciente como correlato do consciente – e Freud diz: "O consciente é outra coisa" – então há uma dimensão ontológica. O que significa ter o método de Fabio, a concepção de Fabio sobre o método psicanalítico uma espessura ontológica. O inconsciente cria o método, o método cria o inconsciente, e nós estamos aí num círculo vicioso que apela para alguma coisa de natureza, digamos, ontológica.

A ontologia, no entanto, está referida ao ser – e que ser é este? Volto ao templo de Kioto. Parece que Fabio está falando outra coisa além do que ele está falando. Lamentavelmente, minha leitura do Fabio não é essa da tese de doutoramento da Leda, que toma ao pé da letra o discurso do Fabio. Apesar de correta, também não é isso, porque ela aponta para outra dimensão. E ao apontar para essa noção do ser, está apontando também para uma noção de negatividade. Essa negatividade funda também uma crítica. Essa crítica tem que estar presente, sim, e é uma grande contribuição do Fabio à psicanálise, uma vez que não se pode mais aceitar as coisas como se apresentam de imediato, é preciso submetê-las à crítica. Tarefa que cada um tem que fazer por conta própria, ou através das leituras. É muito complicado.

Só para não perder os ganchos, acho que isso coloca um problema quanto à questão da transferência/contratransferência. Não é possível também imaginar o inconsciente como um saco cheio de bichos e outros elementos nocivos, é preciso pensar outra coisa. Como falar da transferência, sem pensar em perlaboração e elaboração? Não consigo pensar sem pensar o recalque, a repressão. É fundamental. Como pensar isso numa nova maneira de pensar? A questão é complexa. No início de sua fala, Maria da Penha conta que desde sempre se acostumou a pensar na transferência e na contratransferência como dois bichos que andam sempre juntos. O que são esses dois bichos ela não revela, porque sua colocação é feita em forma de pergunta. Finalizando, ela vai implicar, citando Fabio, transferência e contratransferência ao inconsciente.

Num dado momento, numa citação que ela faz, Fabio lembra que a contratransferência é uma outra coisa da transferência, e tem a ver com as emoções próprias do analista. Concordo com isso, que para mim é fundamental. Isso rompe a idéia da contratransferência como uma resposta, uma demanda implícita na transferência. Não há uma simetrização entre transferência e contratransferência. Portanto, há uma necessidade de pensar o contra da contratransferência para se pensar a própria transferência. O contra da contratransferência é aquilo que revela a transferência. Uma dimensão metatransferencial, que indica a possibilidade de encontrar aquilo que nós resistimos pelo insuportável da transferência. Acho que esse elemento era a pergunta básica na qual eu ia me centrar.

Camila, você levanta de Fabio Herrmann, a questão de imanência do eu. Alguma coisa do eu que ultrapassa esses vários "eus". Essa ciranda dos "eus". A minha pergunta para você seria: qual a diferença entre eu e sujeito? Fabio usa às vezes um e outro, e acho complicado. Fabio fala também em eu e *self*. E aí pergunto qual é a questão colocada? Na leitura que faz Lacan desta frase de Freud: *Wo es war, soll ich werden* – ou seja, *Onde estava o isso o eu deve advir* (que é a forma como Lacan traduz a frase freudiana) –, ele retoma o sentido grego do sujeito, *subjetctum*, que é a idéia do *assujeitamento*, ou seja, o animal que é colocado dentro do mundo da cultura, que é a instauração da linguagem, sem a qual não há cultura. A questão da linguagem é fundamental para repensar tudo

RUPTURA DE CAMPO: CRÍTICA E CLÍNICA   167

isso, e também repensar: como é que a linguagem entra na Teoria dos Campos? As palavras que são presenças constantes no discurso do Fabio? Em Lacan, há uma diferença óbvia entre sujeito e eu. Entre o eu do cotidiano e o eu que é o eu do inconsciente. O eu do inconsciente é outra coisa. Existem aí diferenciações necessárias que, falando de maneira muito ampla em termos de Teoria dos Campos, tornam-se impossíveis pensar. Fabio, entretanto, quando pensa e escreve, de fato ele chega a detalhes. Quando você fala da questão da identidade, lembro o texto dele, nas *Meditações Clínicas*, sobre Joyce, que é um dos mais belos que já li. É um supremo gozo ler aquele texto do Fabio. Um gozo literário, como disse minha amiga escritora Luciana Saddi.

Leda Herrmann

O Alan é muito inflamado, um amigo de longa data, é um amigo da Teoria dos Campos, de vez em quando parece que está lutando contra, mas não está, não. Um pequeno esclarecimento sobre o problema da consciência. Ao longo do tempo, houve uma deturpação, que é o que o Fabio aponta: consciência passou a ser o equivalente à razão. O trabalho do Fabio é ampliar essa noção de consciência. Consciência não é só razão. Podemos falar que o avesso da consciência é o inconsciente.

Só mais uma coisa: a obra do Fabio é extensa mesmo, ela está aí. Quem quiser se debruçar sobre ela, entender, transmitir, interpretar, está liberado. Fiz minha interpretação na minha tese. Cada um pode fazer a sua. A proibição é torná-la doutrina, nisso eu concordo com o Alan. Se transformada em doutrina, pode ser jogada no lixo, porque não dá. Não pode. Ela tem que ser um instrumento crítico, de pensamento crítico. Uma outra observação, Alan. O Fabio está sim nos *Andaimes do Real*, e só por ainda estar fiel ao seu desvelamento do método da Psicanálise é que pôde alçar vôos mais ficcionais e produzir as outras *Meditações*, que tanto lhe agradam, as *Meditações*

Clínicas. E é também por sua fidelidade ao pensamento metodológico, e, claro, por ser um pensador da Psicanálise, que conseguiu escrever esses outros textos por você referidos. Não esqueçamos ser *A rani de Chittor* uma reflexão sobre a sessão analítica, e *O porquê e o tempo na terra de Hotu Mattu'a*, que conta a história dos moais da Ilha de Páscoa, sobre o processo psicanalítico.

Marilsa Taffarel

Queria falar aqui para me liberar da impressão de que pretendo redoutrinar a Teoria dos Campos. Sempre fui totalmente contra doutrinação, embora na minha militância esquerdista tenha sofrido muita doutrinação, da qual me libertei. Afirmei ser campista porque pediram para que eu me identificasse. Achei importante informar que estou alinhada com esse pensamento. Isto é, assumo essa idéia fecunda e fundamental para o analista que é pensar por ruptura. É impossível virar aquilo que os discípulos de Lacan viraram, homens de gravatinhas, discutindo de pé, como executivos de fundos de investimentos. O lacanismo agora está se libertando um pouco disso. O Alan deu aula. O Alan é o Alan. Ele não pegou nenhum outro disfarce – ou talvez tenha usado o disfarce mais apropriado para a ocasião.

Alan Victor Meyer

Eu nem te conto...

Maria da Penha Lanzoni

Não dá para responder ao Alan. O que expus aqui, pretendo, algum dia, desenvolver em uma tese de doutorado, e aí fica difícil, porque só esbocei o trabalho. O que fiz foi passar um trailer desse caminho que tenho percorrido para tentar esclarecer uma noção básica da clínica, que é o que fundamentalmente me interessa: a questão do campo transferencial. Evidentemente que isso tem raízes em todos os outros conceitos metodológicos e em outras teorias da Teoria dos Campos como, por exemplo, a teoria do eu. Esclareço uma outra coisa que Leda falou. Fabio não inventou o método psicanalítico, quem inventou foi Freud, e a crítica ao conceito de inconsciente também não foi do Fabio: Fabio desdobrou, pensou sobre, deu uma volta por cima de um conceito a partir de uma crítica feita por Isaías Melsohn, que agora está no livro *Psicanálise em Nova Chave*. Além dessa, o pensamento dele tem, naturalmente, outras origens, e é preciso se debruçar não apenas sobre sua já extensa obra, arduamente construída, pensada por rupturas, como diz Marilsa, que em sua tese rastreia todas as origens e tece todos os paralelos que possibilitaram o surgimento da Teoria dos Campos dentro da teoria do conhecimento. É fundamental, por isso, a leitura da tese da Leda e, quando publicada, da tese da Marilsa. Elementos valiosos serão acrescentados para a gente pensar e para nos orientar a estudar, inclusive a Teoria dos Campos.

Camila Pedral Sampaio

Interessante o Alan ter lembrado do sentido de imanência, porque de fato essa dança de máscaras apresentadas como eu, como vários "eus", nas experiências, supõe a ausência de uma hierarquia, no sentido de que um é mais fundamental do que outro. Acho que Fabio propõe aí, através, se não me engano, do dispositivo da *rotina*, do cotidiano, de certa maneira, o desenvolvimento na pessoa de um sentido de imanência e de uma hierarquia de possíveis, que lhe dá a condição de habitar o mundo de uma forma relativamente a mesma, de uma situação para outra. A perda do sentido de imanência e da hierarquia dos possíveis, a psicose, é o que caracteriza o *umbral do delírio*.

Fabrício Santos Neves

Camila, vou inverter. Você já está tocando no assunto do problema da psicopatologia e do eu. Você acha que a gente pode pensar a partir dessa noção de circulação dos "eus" na psicopatologia da Teoria dos Campos como um problema de fixação do eu? Podemos reduzir a psicopatologia na Teoria dos Campos como isto? Leda nos incomodou bastante por causa de alguns temas tocados e defendidos – como o dos conceitos, sobre o qual Penha e Marilsa também falaram –, tal como a Liana, que nos contou de procurar nos textos onde estão, onde ocorrem as *rupturas de campo*. Dá para passar a vida procurando, porque não entendo que isso possa ser localizado.

Não é o que a gente aprendeu com Fabio. O inconsciente, que se desvela pela interpretação, se desvela como regras; os efeitos *da ruptura de campos* nós podemos sentir pelo *vórtice*. A localização de onde isso se deu e como isso se deu não identifica a ruptura de campo, como aquele velho conceito de interpretação, como a palavra do analista, o que foi dito pelo analista? Gostaria que você desenvolvesse isso.

Camila Pedral Sampaio

Acho que não dá para limitar a psicopatologia à idéia de fixação do eu. Essa fixação, essa ditadura de uma identidade sobre outra, até onde entendi, é uma das características da forma psicopatológica assumida no delírio, na psicose, que é aquela fixação a uma identidade extremamente restritiva, que faz com que tudo que está na borda entre, e, quando possível, respingue, e a situação confusional se instale na medida em que aquela identidade restritiva explode por assim dizer (ela é tão restritiva que acaba explodindo).

É um pouco como penso, com minhas palavras, essa questão. Em *O que é Psicanálise*, aquele texto que há tempos a Editora Brasiliense publicou, Fabio descreve como ele pensa a neurose obsessiva, a histeria, a psicopatologia clássica abordada pela psicanálise;

acho que teríamos que pensar novamente como é, então, que se coloca o eu obsessivo, como o eu fundamentalmente enganado ao querer algo.

Fabio utiliza uma metáfora ótima: um sujeito que pega a avenida Paulista na contramão sem se dar conta disso. Ele passa a ver os marcos, as placas, e começa a desconfiar que botaram outra avenida ali, quando na verdade seu foco da desconfiança teria que ser pensado como o outro. Quer dizer, alguém que está profundamente enganado e duvida de algumas coisas que são a superfície de uma outra dúvida, que não pode ser colocada. Uma das formas de pensar isso – e que apareceu no Jacobina – é a fixação, é a ditadura de uma identidade, de um eu, a perda de circulação dos "eus". É interessante porque acho que ela corresponde a um aspecto abordado por Freud na *Interpretação dos sonhos*, quando ele afirma que a oferta de representações do pré-consciente para os investimentos de carga afetiva do inconsciente é a condição da sanidade. Ele fala também em movimento de circulação de representações, isto é, a possibilidade do sujeito circular em inúmeras representações, que são representações oferecidas pelo pré-consciente. Freud diz que a perda dessa oferta, dessa circulação, é a psicose.

Leda Herrmann

Brevemente, porque a gente já ultrapassou o tempo. Respondendo a você, Fabrício. Na descrição que Fabio faz desse desvelamento do método você pode encontrar o momento lógico da ruptura de campo, mas não é um momento fenomênico, é um momento lógico só. A ruptura de campo como você comentou, realmente não dá para apanhar. É um processo. Como é um processo a interpretação. A interpretação na Teoria dos Campos não está reduzida à sentença interpretativa que o analista profere no momento, mas é um processo em que participam o paciente e o analista. Eles vão construindo a interpretação, definida pelo Fabio, como um *ato falho a dois*. Nessa perspectiva como um processo, você pode fazer uma abstração lógica para o momento da *ruptura de campo*, mas encontrar esse momento não é possível.

Alan Victor Meyer

Esclareço, me referi como sendo cartesiana não a sua tese de doutoramento, mas esse trabalho que você apresentou para a mesa.

Leda Herrmann

Alan tem razão, minha exposição foi cartesiana. Foi um sumário, para não perder tempo.

Luciana Saddi

Vamos encerrar esta mesa. Daqui a pouco a gente volta.

Capítulo 4

MESA 4 – A RUPTURA DE CAMPO NA INTIMIDADE DA CLÍNICA

Apresentadores: Sandra Moreira de Souza Freitas e Magda Guimarães Khouri
Debatedores: Alice Paes de Barros Arruda, Gislainne Magalhães de Sá, Maria Cecília Pereira da Silva, Raquel Spaziani da Silva, Silvia Salles Godoy de Souza Soares, Vânia Ghirello Garcia
Coordenadora: Ana Cristina Cintra Camargo

Ana Cristina Cintra Camargo

Damos início à mesa sobre a intimidade da clínica. Depois de muitos conceitos teóricos, vamos ouvir Sandra Moreira de Souza Freitas e Magda Guimarães Khouri.

Sandra vai apresentar a análise de um caso de criança, e três debatedores farão as perguntas relativas ao caso da Sandra. Em seguida, Magda apresenta o caso dela e os outros três debatedores farão suas perguntas.

Um Troninho para Ricardo

Sandra Moreira de Souza Freitas

Um menino de quase três anos. Assim Ricardo foi me apresentado, num telefonema, pela mãe. Era *pra ontem* a consulta. A mãe não havia me ligado antes porque o pai dela (avô do menino), internado num hospital, havia sido operado. A mãe não sabia o que ia acontecer; melhor, então, era conversar comigo. Estava muito preocupada com o filho, que não fazia cocô na privada, só na cueca. Também a psicóloga da escola queria conversar com os pais sobre ele, mas não arranjava uma hora. A mãe não queria que o pai fosse sozinho, porque queria ver o que essa psicóloga iria falar de seu filho.

Desse modo essa mãe se apresentou. Ansiosa, tentava tirar o pai da forca, não sabendo quem era pai e quem era filho. Confundia morte com cocô. Muito assustada, com medo de ser acusada de qualquer coisa. Marquei uma entrevista com os pais, na qual apenas a mãe compareceu.

Conta que começara a tirar as fraldas de Ricardo no começo do ano. Parecia que tudo ia bem, até que ele, parecendo não se importar com a situação, continuou fazendo na cueca, sem ligar nem avisar. Às vezes até avisava, mas não queria ir ao banheiro de forma alguma. "Faz na escola, faz na rua, faz em casa. Ricardo demorou para falar e andar, ele é muito diferente de Alice."

"Alice?"

"Minha filha mais velha. Muito esperta, linda, nem parece que tem seis anos."

Começa falar muito sobre Alice.

"E o Ricardo?"

"Ah, ele é um bebezão, um fofo, é lindo, superforte. É o maior da classe, nasceu com quase quatro quilos, a senhora vai conhecê-lo. Depois que perdi minha filhinha, acho que ele continua sendo meu bebezão."

"Filhinha?"

Confusamente, sem nenhuma organização temporal, explica que engravidou pela terceira vez, por acaso – e, quando já estava curtindo muito, aos seis meses de gravidez, abortou.

"Foi muita tristeza, só agora estou melhor. Fiquei muito deprimida e tive até que voltar para minha análise. A minha filha Alice chora e me pede sua irmãzinha."

Ela refere-se à filha mais velha como se a uma amiga e companheira e ao abortado feto como se a um filho crescido e perdido.

Tomo o quadro em consideração, sem ainda compreender os fatos e sua organização temporal, e retomo:

"E o Ricardo?"

"Ele sempre foi uma criança boazinha. Eu queria tanto um bebê, que ele continuou sendo um bebê para mim. Às vezes eu agradecia a Deus por ter um Ricardo bebezão para me consolar. E hoje vejo o mal que eu posso ter feito e quero ajudar o meu filho a crescer."

Além de sua confusão e da falta de sintonia afetiva, percebo também que ela é muito desinformada sobre o filho. Não se lembra datas; fala de acontecimentos que lhe contaram (a babá, a empregada, o marido).

Diz que é uma pessoa muito ocupada, uma pesquisadora, acabou de fazer um doutorado, trabalha muito. Conta de muitas viagens, e congressos. Viagens que demoraram 20, 40 dias.

Acabo, enfim, sabendo que quando Ricardo tinha um ano e meio ela engravidou, e, quando ele completou dois anos, ela abortou e entrou em depressão. Atualmente, Ricardo tem dois anos e dez meses e sua irmã mais velha, Alice, tem seis.

A mãe quer de mim um laudo. Quer saber se o Ricardo tem um problema neurológico, psiquiátrico, se é reversível ou não.

Pergunto-me que luto é esse, que aborto tão sofrido faz essa mulher não ver esse filho vivo e ficar presa à imagem do morto, da criança perdida?

No final da entrevista, conta que aos vinte anos descobrira que tinha lupo eritematoso sistêmico – o que acarretou riscos para sua gravidez.

Quer me trazer logo o Ricardo, quer aproveitar enquanto o pai dela: "...ele está numa UTI e não se sabe o que vai acontecer".

A entrevista com o pai de Ricardo acontece alguns dias depois. É uma pessoa mais atenta e sensível do que a mãe. Conta que se preocupa com o filho há algum tempo. Acha que Ricardo tem medo de deixar de ser bebê e não quer correr riscos. Ele tem medo de sentar na privada, tem medo de escorregador, de balanço, nunca tentou pular do berço, nunca tentou pular a grade do berço. Agora, mesmo sem grade do berço, fica sentado e não sai do berço. Observa, ainda, que Ricardo é uma criança muito concentrada nos seus filmes e nos seus brinquedos. Quando os pais viajaram pela última vez, ele ficou muito bem, não chorou, não sentiu falta, o que fez o pai se perguntar se o filho havia notado a ausência deles.

Ricardo não requisita, não pede, não disputa os pais com a irmã. É, estranhamente, muito bom. Tanto que, na escola ou em casa, em relação ao barulho das crianças ou a música do carro, quando berra "Silêncio!" todo mundo fica muito impressionado com sua reação.

Assim também em outras situações, como com o cocô: quando tudo parece que vai bem, ele emperra. Só faz se quiser. Não veste a roupa, não senta na privada, grita e não sai do lugar. Foi dessa forma que encontrei Ricardo pela primeira vez. Aos berros, no saguão do elevador, sem querer entrar no consultório. Ameaçando fugir pelas escadas.

A mãe, meio apatetada, ao tempo que corria atrás dele, me contava que Ricardo vinha vindo muito bem – até que ela resolvera dizer, já no elevador, que a doutora Sandra era amiga do doutor Otávio, seu pediatra. O menino começou a gritar, desesperado. Sem parar. Não deixava que eu falasse com ele. A mãe, sem saber o que fazer, acabou por deixá-lo para trás e entrou.

Mudei no ato meu sistema de portas. Abri outra, da sala de consulta de criança, que dava diretamente para o saguão do elevador e fiquei esperando que Ricardo se acalmasse. Qual uma aproximação entre antropólogos e índios, com muita calma e cautela, vendo o que ia acontecer: deixando que surgisse.

"(...) o método nos acontece, ele nos escolhe quando praticamos psicanálise, não o escolhemos. Técnica nós escolhemos" – diz Fabio.[1]

Quando ele dava uma trégua no choro, eu dizia claramente: "Vem, Ricardo. Entra". (Qualquer gesto injusto poria tudo a perder.) "Vamos nos conhecer."

A mãe, que estava dentro da sala, mostrava para ele uns brinquedinhos e, assim, Ricardo foi se chegando e entrou. Não me olhava muito (acho que não olhava nada). Não parecia nem assustado nem curioso com a Sandra do doutor Otávio. Era uma criança se acalmando. Aos poucos, foi pedindo alguma coisa, com uma fala muito chorosa, de bebezão, difícil de compreender.

Desse jeito, fomos conseguindo brincar. Essa é a hora mágica de uma análise, especialmente da análise de uma criança. Um gesto

---

[1] Herrmann, F. *Quarta meditação. A clínica psicanalítica. Da clínica extensa à alta teoria.*

justo, mais que uma palavra justa (*le mot juste*), garante o movimento seguinte e define a intimidade da clínica com crianças. Brincamos de dar banho em cavalinhos sujos. Uma comovente brincadeira inaugural. Houve já uma ruptura de campo, agora ele me deu esse lugar esperançoso: alguém que pode banhar junto com ele e banhá-lo. Uma fantasia de sua doença e de sua cura? Penso que sim. Uma síntese de seu próprio diagnóstico transferencial (sujeira, o abandono, o não-amado, analidade) e sua possibilidade de ser curado (alguém que recebe o sujinho, fedidinho e, ao banhá-lo, o erotize, deixando a marca de sua humanidade).

Ricardo quis cortar com a tesoura uma folha de papel – para isso precisei ajudá-lo. Com muita dificuldade, conseguiu dar uns picos.

Já pelo final da hora, passou a se dirigir a mim, pedindo coisas diretamente. Antes, eu não sabia com quem ele falava. Não era comigo, não era com a mãe.

Ricardo trouxera de casa uma máquina fotográfica de brinquedo, que fez questão de deixar com os outros brinquedos, quando soube que voltaria.

Na sessão seguinte, veio animado para continuar as brincadeiras. Pediu água para dar banho nos cavalos, lavava e enxugava.

Ainda nessa sessão, mantive a porta diretamente aberta para o elevador. Achei importante manter o sistema, não mudar nada.

Ele queria ver os brinquedos. Experimentava um e outro e logo largava, desinteressando-se. Até que pediu uma folha de papel e começou a me pedir desenhos.

"Desenha um castelo do Aladim. Ricardo faz o vento."

Fazendo um barulho meio zunido, ele desenhava: riscos e rabiscos que cobriam o desenho. (Na verdade, só depois do segundo ou terceiro castelo entendi que era o vento o que ele estava desenhando.)

Ricardo parecia fascinado com os desenhos, se agitava, contente, ria e dizia repetidamente:

"Castelo do Aladim, Sandra, de novo". Pedia também – pelo menos pelo que pude entender – que eu desenhasse a lâmpada, o gênio, o Aladim no tapete voador, a caverna dos tesouros.

Ficou muito feliz quando parei de desenhar um castelo medieval (Ricardo Coração de Leão) e passei para um castelo oriental sem bandeiras. Não queria bandeiras: isso ele deixava bem claro. "Bandeira, não!"

Eu conversava com ele, perguntava do desenho, arriscava alguns comentários. Uns eram respondidos, pareciam que colavam. Outros, ele parecia não ouvir e alguns ele rejeitava veementemente.

Quando ele desenhava o vento, explicou que iria pôr o pum. Perguntei: "E o cocô?" Sua reação foi imediata: "Cocô, não!"

Tentei explorar as histórias da lâmpada. "E os desejos? O que será que o Ricardo quer?" Não falou nada. Ensaiei acrescentar mais alguma coisa nos desenhos, por exemplo, a geladeira. (Consigo entender que Ricardo me pede que eu desenhe uma geladeira.) "Ponho o que dentro dela? Uns sorvetes?" "Sim!" Ri, alegre. "E umas mamadeiras?" "Sim!" Concorda animado. Faço uma porta que abre e fecha. "Pra não perder nada, pro Ricardo pegar quando ele tiver fome."

Ele fica muito atento, quer uma forma de fechar. Colocamos uma massinha que fecha a porta. Faz questão de levar para casa a geladeira cheia de alimentos.

Aqui, novamente, um momento importante da sessão, um momento interpretativo, de ruptura de campo? Uma brecha em que sentidos são produzidos. Quem começou o quê? Foi o paciente quem disse, ou foi o analista que entendeu como quis?

Fica sempre difícil responder com exatidão: um ato falho a dois, diria Fabio.

A outra questão diz respeito à formulação dos conteúdos. Eu, então, deveria interpretar sua oralidade ou suas carências orais – e a certeza de que a geladeira cheia lhe traria um peito bom, sempre presente?

Ou, talvez, tenha faltado à analista falar, como se costuma dizer, de um ambiente que o garantisse em suas satisfações e não o expusesse a ausências e privações, demais para sua pessoinha. Ou já estaríamos favorecendo, ao brincar, que essas possibilidades se presentificassem?

(No silêncio do analista, lembra Fabio, também se dão interpretações nunca faladas.)

Outro momento importante da sessão: nos desenhos do castelo, quando o nó se desmancha.

Ricardo me pede uma chave para a porta e, inspirada no desenho da geladeira, além de desenhar a chave, recorto a porta do castelo – que agora pode abrir e fechar.

Ricardo olha a porta, decepcionado com o buraco. Olha atrás do papel e diz:

"Sandra, sumiu? Cadê o Aladim? E todo mundo sumiu..."

Dou toque: "Será que eles foram viajar?"

"Desenha todo mundo" – pede Ricardo.

Levo em consideração este momento. Enquanto desenho, vou perguntando, arriscando: "Papai?" "Mamãe?" "Ricardo?" "A irmã?" "O nenê na barriga da mamãe?"

"Sim" – ele vai me respondendo. "Sim".

"O cocô? – dou uma de gaiata.

"Não!" – ele grita. "O cocô, não!"

Mais ou menos assim terminamos o semestre e tiramos férias.

Ao nos vermos pela última vez, tínhamos estabelecido um repertório comum, um pequeno estoque de provisões até a volta das férias e uma promessa de muita coisa a se fazer.

Ricardo retornou depois de 15 dias de férias.

Lá está ele, gritando no *hall* do elevador: "Aqui é o Ricardo, Sandra do doutor Otávio!"

É uma entrada triunfante. Vem de mala e cuia. Traz uma mochila, que me mostra, ainda na porta. Entra como um velho freqüentador – um *habitué*.

Abre a mochila e, em seu jeito desafinado (referindo-se à máquina fotográfica que já trouxera outras vezes): "Trouxe a foto".

Corre para o armário. Vou junto e o ajudo a tirar sua caixa de brinquedos. Agitado, Ricardo pega alguns brinquedos. Os carrinhos, os cavalinhos. Me mostra o cavalinho azul que no outro dia tinha sido da sua mamãe e o cavalinho que tinha sido do papai.

Vou acompanhando, falando coisas do tipo: é mesmo, esse era o cavalinho da mamãe; a máquina que você já trouxe outra vez...

Dou provas de que o reconheço, lembro-me dele e atendo seu pedido de não ser esquecido. Conto-lhe dessa forma que, apesar da separação, podemos nos lembrar de muitas coisas.

Logo em seguida, senta-se na cadeira – e vamos aos desenhos.

"Desenha, Sandra, desenha o Castelo do Aladim, desenha o castelo do Aladim. Bandeira, não."

Desenho.

"Agora, Ricardo faz o vento."

Faz o vento, suspirando, agitado – e tudo some.

Pede outro castelo. Quando começo a desenhar, vou me dando conta e falo, quase pensando alto: "Sabe, Ricardo, eu me lembrei que na história do Aladim foi o vento que levou o castelo embora, para muito longe, e quando Aladim voltou não tinha mais castelo, não tinha mais princesa, não tinha mais ninguém, todo mundo sumiu. Ainda bem que hoje o Ricardo encontrou a Sandra do doutor Otavio. O vento não levou ninguém embora aqui".

Alívio geral. Ricardo me olha: "Sim. Esse castelo não tem vento". E o vento se foi.

Continua a me pedir: "Desenha o sol. Corta a porta".

Enquanto vou desenhando e ajudando a cortar e abrir a porta, vou conversando com ele desse horror que ele sentia de não encontrar ninguém, de sumir. Falo da mamãe, do vovô que morreu (num daqueles dias das férias, e eu sabia disso), do nenê na barriga que sumiu.

Pede que eu desenhe o Aladim, e o tapete.

Pede, também, tomado por uma agitação, uma lâmpada mágica. Enquanto desenho, me diz, com gestos, que não quer que se coloque a mão em cima da lâmpada.

Segura a folha com o maior cuidado, bem na pontinha. Olha enternecido e silencioso, vira a folha e olha atrás, como se quisesse ver a dimensionalidade.

"E se esfregar?" – pergunto. "Não, não pode."

Fico quieta, é um momento importante. (De permanência?) Nada deve ser tocado para não sair do lugar. Separa aquela folha pra levar para casa.

"Desenhe um castelo do Aladim. Bandeira, não."

Começa a dizer, pela primeira fez, alguma coisa como: "o Ricardo quer fazer" e, então: "deixa que eu faço".

"Não faz o vento" – me pede.

Pede também para que eu abra a porta do castelo com a tesoura. Pelo buraco, olha o outro lado da folha e pergunta: "Ué, cadê todo mundo?" E já comanda: "Desenha, Sandra, desenha o sol, as nuvens. A chuva" (que ajuda a fazer). "As árvores. O carro. A neve" (de novo ajuda).

Em seguida, ele quer que eu desenhe (no reverso da folha) o interior do castelo.

"Desenha Ricardo. Outro Ricardo. Papai, desenha uma mamãe. Sandra do doutor Otavio, outra mãe."

Arrisco: "Uma alegre e outra triste?"

"Sim. Põe lágrima nela."

Eu desenho e ele: "Agora, põe o cocô".

Pergunto: "Onde?" E já por conta ponho perto do corpo do menino.

Ele ri, animado, e diz que vai colocar o xixi. Pede um banheiro, um chuveiro, uma privada: "Põe Ricardo na privada".

Faz uma mochila e me pede para fechar a porta do castelo com o nosso sistema de massinha.

Nesse pouco tempo, Ricardo reviveu sua história traumática em companhia. Vivemos juntos como dois companheiros. Nos versos de Pessoa: *Mas vivemos juntos e dois/ com um acordo íntimo/ da mão direita e da mão esquerda.*

Esse brincar juntos (e dois) – em que não dá para saber de quem foi a idéia inicial – é a própria relação objetal ou então o ato falho a dois.

Um dia, eu contava a sessão de uma criança e Fabio brincou: mas era análise ou poesia?

Se a arte, conforme afirma Isaías Melsohn, é *a expressão da forma do sentir humano*, então – por que não? – é poesia.

DEBATE

Ana Cristina Cintra Camargo
Vamos às perguntas para a Sandra. Raquel, você quer começar?

Raquel Spaziani da Silva
Recebi esse caso antes, e dá para entender, pelo jeito que você passa, que houve uma interrupção no processo do Ricardo, quando ele perde de certa forma o olhar da mãe. Ela sofre um aborto, perde um bebê, e ele perde o olhar da mãe. Dá-se uma paralisação em seu processo maturacional. Não apenas a mãe fica paralisada, mas também ele. O bebezão fedidinho, abandonado, em que Ricardo se transforma talvez seja o bebê que a mãe tanto queria e chorava por ter perdido. Por estar numa condição de congelamento, Ricardo parece estar à espera de que alguém descongele sua situação. Quando a Sandra analista o aceita como ele é – um bebezão fedidinho, que faz cocô na calça –, juntos, eles podem viver uma experiência completa. Quando os cavalinhos são banhados, ao mesmo tempo em que Ricardo, parece que alguma coisa muda: nasce nele a confiança e a esperança.

Você diz que houve aqui uma ruptura de campo. Gostaria que você falasse desse momento e o fato de ter entendido essa brincadeira inaugural como uma ruptura de campo.

Sandra Moreira de Souza Freitas

Achei interessante o que você falou. Ricardo veio mesmo destituído de alguma coisa: o que eu chamaria de campo do destituído. Ele era muito amigo desse pediatra. Quando a mãe explicou para ele: "A Sandra do doutor Otávio", imaginei que dele fora tirado alguma coisa. Acho que a criança psicanalítica nasce pronta, a gente não pode atrapalhar. Como não devo ter feito isso, quer dizer, não atrapalhei, um outro campo aconteceu. Ele conseguiu entrar, brincar, banhou os cavalinhos. A ruptura se deu quando o campo do destituído tomou o lugar do campo daquele que tem.

Na volta das férias, quando garanti para ele que o castelo não sumira e que eu não sumira, uma nova ruptura já aconteceu, pois ela é um processo. Pensei isso mais para mim mesmo, mas naquele momento achei importante dizer para ele: seria uma ilustração de sentença interpretativa.

Maria Cecília Pereira da Silva

Esse material é um exemplo muito feliz do que Fabio chama eficácia terapêutica da ruptura de campo. A Sandra trabalha com muita liberdade e competência. Vai acolhendo essa família – e a psicanálise da criança exige que o analista atenda o infantil dos pais. Ela acolhe o infantil dessa mãe, que chega muito atrapalhada, confusa, desamparada. Quem é Alice? Quem é Ricardo? Quem morreu? Quando morreu? Quando o bebê vai nascer? O pai vai morrer? O relato dessa confusão exige uma segunda leitura para se organizar dentro da história contada. Penso que essa confusão que a mãe traz, contendo a queixa de que Ricardo não quer crescer, que tem medo de sentar na privada, vai contando um pouco do medo e da falta de lugar para Ricardo na família.

Gosto muito de trabalhar com a idéia dos fenômenos transgeracionais e intergeracionais.[2] Por aí vou construir meu pensamento.

---

[2] Da história psíquica, de considerar a historicidade do sujeito para constituir o psiquismo.

Na hora em que a mãe avisa: "Nós vamos na Sandra do doutor Otavio" – ela já propõe para Ricardo: você é de quem? E ele chega angustiado, chorando, berrando. Eu sou quem? Eu sou de quem? Sandra consegue, então, resgatar esse menininho e ir construindo esse lugar de pertinência para ele naquela família. Ricardo era um lugar de projeção dessa mãe, dessa angústia de luto não bem elaborado pelo avô materno que acabara de morrer.

Ricardo veio buscando um castelo, um trono seguro, um lugar em que ele pudesse reinar e ser sua majestade, o bebê. Um lugar onde ele pudesse ficar, ser acolhido e tornar-se, assim, o Ricardo da Sandra. Isso foi sendo construído, especialmente na sessão depois das férias. Ao se ver mantido na mente da analista, e juntos relembrarem as coisas que faziam, ele pode se sentir existindo numa história com ela – incluindo aí a máquina fotográfica.

Para mim, Sandra, a primeira vez que a ruptura de campo aparece é quando você faz o primeiro castelo. Acho que você constitui, então, um lugar para ele, que buscava a existência e a expressão do palácio do rei. A porta da geladeira[3] é um outro momento em que aparece a necessidade do alimento analítico; por fim, a porta do castelo, que permite a você povoar esse castelo com personagens, tornando-o um castelo emocional já não mais abandonado. Ele é habitado.

Quando ele pede para você fazer a lâmpada mágica, acho que aí ele pode falar ou mostrar um nascimento de um sujeito do desejo, que magnificamente ilustra isso que eu falava para você da eficácia terapêutica da ruptura de campo, quando, de fato, Ricardo conquista seu trono. Queria que você comentasse um pouco esse momento em que o Ricardo chega desesperado – que podemos associar com a idéia de vórtice de Fabio – e angustiado com o "Eu sou o Ricardo de quem?" Com isso, ele já provoca uma certa ruptura, uma desorganização que

---

[3] Refere-se ao que é transmitido de uma geração, fenômenos inter e transgeracionais presentes na constituição do psiquismo. In M.C.P.Silva, *A herança psíquica na clínica psicanalítica*.

RUPTURA DE CAMPO: CRÍTICA E CLÍNICA   187

leva a analista abrir outras portas, a ter que se virar de um lado para outro e se rever em seu lugar de analista, porque você se vira muito bem, você acolhe, sugere, aguarda.

Sandra Moreira de Souza Freitas

Se esse caso fosse uma ficção, esse nome que você sugeriu – um trono para Ricardo, ou troninho, como usei – podia ser nome de um conto. Um bom título, que aponta para uma coisa que é muito própria da Teoria dos Campos: a construção de uma prototeoria para aquele menino.

No primeiro momento, quando ele chega, e acho que chega em vórtice, concordo com você. Quanto às rupturas de campos apontadas, não concordo com todas. Entendo que ruptura de campo é um processo que analista e paciente vão construindo na interpretação. Por pequenos toques, que eu chamei de gestos justos.

Alice Paes de Barros Arruda

O material apresentado por Sandra requer um tratamento condizente com sua riqueza, constituindo um estímulo ao pensamento clínico. A analista é procurada por uma mãe atrapalhada, assustada, que não sabe o que fazer diante do que a vida lhe coloca de mais grave pela frente: a morte. Morte que, como sabemos, por mais que se anuncie é sempre inesperada, tal como o cocô daquele filho. Em qualquer lugar, Ricardo faz cocô – na cueca, na escola, na rua, em casa –, enredando-se a mãe em uma confusão de espaços, acompanhada de uma confusão temporal dela própria ao relatar esses fatos. A analista, como nós, acaba por se confundir com os dados, com a cronologia. Sabemos que a morte, um corte, um limite, instaura – como Freud apontou em *Sobre o narcisismo, uma introdução*, em 1914 – tempo e espaço na vida, provocando imensa ferida.

O pai de Ricardo observa que o garoto é estranhamente quieto, muito bom. Parece nem sentir falta dos pais quando eles viajam. Surpreendente, assim, que Ricardo chegue aos berros, no maior pampeiro, para o encontro com a analista. Seria um protesto desesperado? Em todo caso, é assim que Ricardo se apresenta.

Acontece, então, algo interessante. Diz Sandra: "Mudei no ato meu sistema de portas". Pensemos: ser de saída assaltada por um estardalhaço na entrada da própria sala, no *hall* de um prédio eminentemente de analistas: aquilo devia, naturalmente, ecoar nos outros andares. Essa analista, embora em princípio se atarante ante o inusitado da situação – a criança berrando; a fala da mãe, perdida –, rapidamente se reorganiza e muda seu sistema de portas. Abre a porta que dá diretamente para a sala de ludo e ali fica, quietinha, aguardando sensatamente a criança se acalmar. Nada mais que isso – e tudo isso.

Quem trabalha com criança conhece o impacto de uma situação delicada como essa. A analista vive, aqui, na situação transferencial, essa confusão toda. Difícil não se impressionar com o barulho e não querer livrar-se do incômodo causado pelo *meu cliente* aos colegas que também estão trabalhando. Difícil não sair pondo panos quentes – e nada mais oposto ao trabalho analítico. Não fazer nada é muito. É o analítico que a situação demanda. Agüentar tudo, mantendo-se firme, é permanecer no lugar de analista, que não se mistura.

Numa percepção impecável – ao abrir a porta que não costuma abrir, e fechando a porta que costuma abrir –, Sandra favorece uma aproximação e compreende o pequeno Ricardo: ele é diferente dos outros, ele é singular. Ali já começa a história da dupla, única. A atitude da analista de mudar o sistema de portas facilita o encontro. Trata-se de um outro jeito, outra técnica para receber Ricardo, que favorece o estabelecimento de um campo transferencial e permite colocar em movimento um método: o deixar que surja para tomar em consideração. A técnica muda, a atitude de recepção do analista muda, mas o método não. A analista é levada por ele, instaurando o

RUPTURA DE CAMPO: CRÍTICA E CLÍNICA 189

surgimento do Homem Psicanalítico, objeto do nosso fazer analítico, com o qual temos encontro marcado. Este é o nosso compromisso. Assistimos, assim, ao desenrolar da história da dupla: Ricardo desfila seus possíveis, ou, como nota Sandra, seu *desmanche de nós.* Os nós do desejo, que é retomado ao se liquifazer o sintoma, obra do psíquico.

Ricardo é o Ricardo-vento. Vazio, quietinho, sem marcas humanas de falhas e incompletudes. Mas é também um Ricardo-vento-zunindo, um estardalhaço de vendaval, de barulho ensurdecedor. Mas também é o Ricardo-pum, vento fedido. E ainda é o Ricardo-inflável, o vento que o faz voar, como um tapete voador e ganhar os céus. Entre o Ricardo que chega desesperado, fazendo cocô nas cuecas, em qualquer lugar, e o Ricardo que na sessão pede para que a analista o desenhe na privada, estende-se todo um caminho percorrido pela dupla, no qual Ricardo vive seus possíveis e amplia as representações de si nas infinitas duplicações dos seus "euzinhos".

Isso é o que possibilita o método psicanalítico. Ele não muda por se tratar de análise de criança. Ele é terapêutico, sim, porque Ricardo-vento acaba por ir embora, dando lugar para o Ricardo-sol, cujo desenho ele pede no final. Sandra, então, adota a estratégia do psicanalista, como propõe a Teoria dos Campos, de fazer dialogar os seus diversos eus, promovendo a ruptura de campo.

Uma questão que me chamou a atenção e que achei muito interessante é a que você chamou de *um gesto justo,* que mais do que uma palavra justa, garante o movimento seguinte e define a intimidade da clínica de criança. Ricardo chegou dando um banho em todo mundo, como vimos, mas foi banhado por sua analista que, com capacidade de contenção, sensibilidade clínica e agilidade técnica foi respondendo às suas inquietações.

Com criança, tudo acontece muito rapidamente, analista que não é ágil dança mesmo. A rapidez de comunicação necessária para tanto, também concordo, requer o imediatismo da linguagem utilizada: a linguagem gestual. Tal como a visual, a gestual é direta, dispensa a mediação da palavra. Não há tempo de espera. A eficácia da linguagem gestual também estaria ligada ao brincar que, como Sandra enfatiza, é mágico, é associação livre. Ao brincar, a criança já está vivendo e atualizando seus conflitos.

Daí, minha pergunta: podemos dizer que o gesto de um analista com uma criança equivale a uma interpretação nos moldes clássicos? Você diria que a precisão de um gesto é, nesse caso, a precisão de uma intervenção interpretativa?

Sandra Moreira de Souza Freitas

Pensei em gesto depois de quebrar muito a cabeça com o que acontece dentro de uma análise com criança. Gesto pode conter a palavra, uma frase. Pensei também pelo oposto: um gesto errado. Eu me aproximaria mais uma ruptura de campo. De uma interpretação, como é entendida pelo Fabio, mas não de uma sentença interpretativa.

Lembrei-me que Fabio cita, na *Introdução à Teoria dos Campos*, um paciente de Leda Barone, um paciente de psicopedagogia, com muita dificuldade de ler, de juntar ordenadamente as palavras, era uma criança que se espalhava e espalhava os brinquedos pela sala. Num desesperado gesto "justo", Leda um dia escreve o nome do menino na lousa e, em volta, faz um círculo. Depois disso, tudo mudou para aquela criança, o mundo da leitura e da escrita foi possível. Este é o único exemplo de ruptura de campo em análise de criança que sei do Fabio ter dado. O gesto pode conter uma brincadeira, pode ser um desenho, uma cantiga e uma palavra, com certeza. E é mais próximo de uma criança, até para contrapor a essa idéia de falar para uma criança a interpretação (uma sentença interpretativa) explicativa e racional.

Ana Cristina Cintra Camargo

Vamos passar, agora, para o caso da Magda. Depois, abrimos para perguntas.

FLITKRAFT E A TAMPA DA VIDA

Magda Khouri

O que posso trazer é minha experiência, naquilo que passa pela Teoria dos Campos e, provavelmente, daquilo que não passa. Abro com uma transcrição, que se integra no caso que a seguir apresento.

"Ele se referia ao episódio de Flitkraft, no sétimo capítulo de *O falcão maltês*, a curiosa parábola que Sam Spade conta para Brigid O'Shaugnessy, sobre o homem que abandona a própria vida e desaparece. Flitkraft é um sujeito absolutamente comum – marido, pai e empresário bem-sucedido, uma pessoa sem nada do que reclamar. Uma tarde, quando está indo almoçar, uma viga despenca do décimo andar de um edifício em construção e quase aterrisa em sua cabeça. Cinco centímetros a mais, Flitkraft teria sido esmagado, mas a viga não o atinge e, a não ser por uma pequena lasca de calçada, que salta e o atinge no rosto, ele segue adiante, são e salvo. Mesmo assim, o fato de escapar por um triz o abala, e ele não consegue tirar o incidente da cabeça. Como diz Hammett: "Ele sentiu que alguém levantou a tampa da vida, permitindo que visse como funcionava".

Flitkraft entende que o mundo não era um lugar sadio e organizado que imaginava, que entendeu tudo errado, desde o começo e que nunca percebeu nada de nada. O mundo é guiado pelo acaso. A contingência nos persegue todos os dias de nossas vidas, e essas vidas podem ser tiradas de nós a qualquer momento – sem nenhuma razão. Quando Flitkraft termina seu almoço, conclui que não tem escolha senão submeter-se a esse poder destruidor, e pôr abaixo sua vida por meio de algum ato sem sentido, inteiramente arbitrário de autonegação. Vai combater fogo por fogo, por assim dizer, e sem se dar o trabalho de voltar para casa, nem se despedir da família, sem se dar ao trabalho nem de tirar o dinheiro do banco, levanta-se da mesa, vai para outra cidade e começa a vida toda de novo." [1]

O paciente cumpre uma espécie de ritual: inicia a sessão com um balanço de sua evolução, geralmente acentuando como não tem visto resultados.

Nesse período, ele estava sofrendo uma perda de confiança no seu trabalho: destituído de um cargo superior, fora deslocado para realizar uma tarefa importante, porém marginal. Parecia viver num castigo, não era demitido, não conseguia definir sua saída dessa instituição, sofria brutalmente pela falta de reconhecimento, principalmente de seu chefe.

Não era possível demiti-lo, imaginava eu: formação altamente diferenciada, homem honesto, inteligente. Apesar de não ser segredo os resultados negativos que ele tivera em alguns projetos sob sua responsabilidade, algo mais subterrâneo se passava. Algo que nem seu chefe, nem o diretor de RH e o presidente da empresa, nem eu nem o paciente conseguíamos tornar visível. A atitude masoquista,

---

[1] Auster, P. *Noite do oráculo*, tradução de José Rubens Siqueira. São Paulo: Companhia das Letras, 2004.

atada a um sofrimento contínuo, por mim detectados, já faziam parte da sua dinâmica.

Voltemos à sessão desse dia: no início, o balanço. Em seguida, a conversa intensa, também habitual – durante as sessões transitamos, em geral, por muitos campos. Dado momento, digo algo assim: que o filho prodígio, o menino perfeito não tinha a menor chance de acertar as fragilidades, não tinha um lugarzinho para reconhecer um deslize; ficava preso, sofrendo muito, mas sem perder a pompa. O paciente acata a idéia, dizendo (como sempre) fazer sentido.

Ao final da sessão, também como de costume, senta-se e diz: "Magda, está difícil. precisamos ver um jeito de me tirar desse sofrimento". Para indicar o lugar que o oprime, às vezes, coloca a mão no peito; outras, na barriga. "Precisamos ver na prática como eu posso mudar." E eu, frustrada, pensando: tanto empenho para nada.

Poucos minutos passados, ele me telefona da garagem. "Queria te dizer que ao sair daí comecei ter uma sensação muito esquisita, não estou me sentindo bem, meio tonto. Olhei meu carro, parecia estranho, não era meu carro. Estou sentindo tudo muito estranho, senti um grande vazio, não estou me sentindo direito, tem uma distância de tudo." Digo-lhe que a sessão está continuando lá na garagem.

Segue descrevendo sua estranheza – tocada pela angústia denotada pelo seu tom de voz, começo a acolhê-lo, na dúvida se o convidaria a voltar para o consultório.

"Só queria poder falar agora" – continuou –, "para que você soubesse o que estou sentindo." Parecia ter rompido o campo da rotina, o que era muito estranho.

Esse momento, que é exemplar, que combina muito com o que estamos discutindo hoje, se chama ruptura de campo e constitui, de acordo com Fabio Herrmann, o eixo do método interpretativo inventado por Freud. A rotina serve justamente para criar a ilusão de que há só um mundo, só um eu, e de que nele somos todos semelhantes. A escuta do analista, por sua vez, se faz num campo diferente do campo da comunicação do paciente. Esse choque evidencia uma série de absurdos e disparates em relação às crenças que sustentam nosso pensamento comum.

No momento da ausência de representação – porque nesse momento há ausência de representação –, o paciente na garagem parece experimentar uma espécie de fragmentação momentânea. Sente a perda do sentido banal das coisas. Não se reconhece como unidade. A cuidadosa distinção entre razão e emoção, ao ser desfeita, pois aparecem juntas, provoca um olhar assustado.

Seu fechamento de sessão falhara. Na brecha, fora invadido pelo medo, efeito de algo tocado em nossa conversa. Não necessariamente um efeito nascido daquela única sessão, mas de um processo no qual tinha se dado conta das suas fragilidades e limitações.

No momento em que escrevia, lembrei que várias vezes ele sentira tontura ao sair do divã, o que atribuí ao cansaço, falta de uma noite bem dormida. Eu estava mais ligada ao seu bem-estar do que buscando um sentido em relação ao que fora trabalhado. A dificuldade de um paciente obsessivo diante de uma perda, que poderia remetê-lo à angústia de castração. Permaneci, pelo visto, no campo da rotina.

Na ausência momentânea de representação – a da ruptura de campo –, se conjugam extrema intensidade afetiva e a mínima possibilidade de representá-la. Herrmann considera que a expectativa de trânsito é a matriz da angústia. A angústia, nessa perspectiva teórica, é o reflexo dessa vaga apreensão de irrepresentabilidade. O paciente a comunicar sua angústia, talvez na tentativa de situá-la dentro do campo analítico, cabendo a mim sustentar a sua ainda inespecífica dor.

Durante mais de um ano dessa análise fiquei tentando tocar diretamente nesse eu do paciente, que precisava manter as coisas no seu lugar, e que pedia com freqüência para que o ensinasse a se exercitar e treinar para sair de sua angústia. Rendida à sua pressão, um dia aconselhei: "Tente fazer uma coisa de cada vez, sem pensar na próxima atividade". Adorou, quase me apresentou parabéns. Claro, que a coisa não deu muito resultado.

Quando descobri minha insistência em desmanchar uma defesa, que acreditava ser a solução de cura, incorporei no processo que uma parte do paciente precisava manter-se naquela prisão. Era o que nos ligava. A outra parte acontecia quase sem podermos reconhecer explicitamente. Estava se desenvolvendo, crescendo rapidamente no seu trabalho, começara a falar mais dos familiares, de sua casa – um jeito mais informal começava a ser construído entre nós. Em outras palavras, um despertar de várias possibilidades e de ser em outros campos. Utilizando uma expressão de Máximo Canevacci,[2] trata-se de *um corpo cheio de mentes*, que vai se desvelando no processo analítico.

Evidenciava-se a dificuldade do paciente em reconhecer o prazer, e de que seu ritual significava uma forma de evitar qualquer movimento que provocasse um efeito desorganizador – um afeto, uma emoção, uma despedida. Apesar dessa compreensão, cada início e fechamento das sessões ainda me desanimaram, por um longo tempo. Valorizar sem saber, de alguma maneira, esse sofrimento do paciente por um período pode ter criado condições do analisando permanecer ligado em mim. Por outro lado, deixar que todas suas atuais conquistas e desenvolvimentos não fiquem muito em evidência na nossa conversa, também parece estar desenvolvendo a continuidade do trabalho. Quando o paciente puder incorporar suas conquistas – que chamo de seu desenvolvimento –, torná-las mais visíveis, e reconhecer o alargamento das suas auto-representações, talvez esta análise chegue ao fim. Significativo número de relatos clínicos dão conta do reconhecimento pelo analista de um campo por ele ainda não sabido. Não no sentido

---

[2] Sociólogo e antropólogo italiano; entrevista à *Revista Brasileira de Psicanálise de São Paulo*, agosto de 2003.

teórico, mas na sua essência operativa, como diz Fabio.[3] Parece haver uma "cegueira provisória", necessária do analista para eficácia do tratamento.

Fabio Herrmann anota que é uma espécie de análise escondida: "Não me refiro aos setores da personalidade que não conseguimos analisar nem aos temas da lógica emocional não trabalhadas, ou seja, à simples e inevitável incompletude de qualquer análise, porém, a uma dimensão posicionalmente oculta do processo, o qual funciona, mas não pode ser acompanhado em sua totalidade".[4]

Essas parecem ser as condições que estão sendo semeadas para que as interpretações analíticas surtam algum efeito. Um certo desconhecimento provisório da analista parece ter sido muito eficaz nesse trabalho analítico que estou trazendo. Se, por um lado, a lucidez do analista conduz à terapia, por outro, só onde falha a significação pode nascer o sentido. Por meio do ato falho, tanto como o exemplo da Sandra, um ato falho a dois, tanto do paciente quanto do analista, das brechas, das fissuras, é que se pode ir construindo o autoconhecimento no campo analítico.

Quanto a Flitkraft, na primeira entrevista, ao escutar o paciente, imaginei que o efeito daquela possível análise seria quase caricatural: tudo seria virado do avesso de uma só vez. Iria ele recomeçar sua vida de forma radical. Vejo agora que minhas associações diziam respeito ao avesso da história: referiam-se à imensa rigidez trabalhada de forma miúda, como é possível no processo analítico.

---

[3] Herrmann, F., Da clinica à alta teoria. Meditações clínicas. Quarta meditação.

[4] Herrmann F., Da clinica extensa à alta teoria. Meditações clinicas. Quarta meditação.

DEBATE

Gislainne Magalhães de Sá

Sinto-me privilegiada pelo convite e um pouquinho apreensiva com a responsabilidade de comentar os casos apresentados. Lendo os textos, pensei: que jeito gostoso de escrever. Aos poucos, fui percebendo que, além da forma escrita, havia também o jeito de conduzir o atendimento. Acho que é uma das propriedades do método interpretativo por ruptura de campo, como propõe Fabio: ao fazer, se põe a nu as regras estruturantes do sentido humano. Regras que se mostram nos vãos do *nonsense*. Fica mesmo muito parecido com poesia. Aliás, a gente encontra tantos analistas no meio de poetas, de escritores.

Me encantou uma frase de Proust: "Temos lacunas e saliências que se tornam conhecidas pelos avanços do outro, dando-nos uma prova negativa e ao avesso de nós mesmos." Tem-se aqui um pouco do analista que, com todo tato, vai acompanhando o paciente nos descaminhos das experiências, por brechas e saliências, ou diríamos, pelos campos, para daí surgir algum conhecimento. Tal qual o poeta busca nexo onde não parece haver. O sentido que não se encontra na palavra literal. "A alma humana", disse Fernando Pessoa, "é um abismo obscuro e viscoso, um poço que se não usa na superfície do mundo". Uma coisa aqui, como intui analiticamente o poeta, que se encontra além daqui. Por esse caminho, achei muito interessante os dois trabalhos, mas me apaixonei mesmo pelas analistas. Vou comentar a sessão que Magda trouxe. Nos seus muitos aspectos, atenho-me a dois.

O primeiro momento é quando essa escuta poética se dá. O sofrido analisando, sentindo-se depreciado em vários aspectos da sua vida, demanda resultados – a analista Magda, então, toca e faz aflorar o menino que não tem chance de aceitar suas fragilidades. É um momento de vórtice, ele literalmente perde o chão: "Estou tonto". O que aconteceu?

A fala da analista, acho, movida pela escuta torta, chacoalha a crença do analisando. Crença, na Teoria dos Campos, é uma função que sustenta as representações de um sujeito. Suas representações, assim, entram em crise, ficam ameaçadas.

No segundo momento, ao se dar conta que estava ligada ao analisando por uma espécie de prisão – que era o campo da busca de soluções, da competência, da perfeição, da criança prodígio –, você até cede, dando-lhe uma idéia do que fazer diante de um dia atribulado. Penso se essa possibilidade sua de ficar junto do paciente, de até responder à questão que ele fez, sem o fanatismo da interpretação ou do desespero – que os limites do nosso saber por vezes nos toma, impondo a necessidade de traduzir –, se não foi exatamente isso, ou isso também que ajudou muito, favoreceu o analisando a tomar a analista como uma fonte, um recurso confiável, abrindo caminho para que a interioridade dele fosse se revelando. Não me parece que sua resposta tenha sido eficaz ou ineficaz: acho que não teve muita importância. O que você acha?

Magda Khouri

Acho que jamais deveria ter feito isso. Entendi que cedi à pressão dele. Eu não queria entrar no jogo, mas ele estava tão aflito que resolvi: "Então hoje a gente vai fazer assim, a gente vai fazer desse jeito". Um pouco para diminuir sua angústia, responder o que ele estava me pedindo. Então eu fiz, e ao fazer, cometi um pecado psicanalítico, pois seu efeito, penso, não era o caminho para os dois, porque eu estava me sentindo pressionada. Mas a idéia que quis transmitir é a de que, mesmo se damos um tropeção, não há problema. Num tropeção, a relação pode ser revitalizada.

Gislainne Magalhães de Sá

Não considerei um tropeção. Achei que uma coisa muito legal aconteceu.

RUPTURA DE CAMPO: CRÍTICA E CLÍNICA   199

Magda Khouri

Geralmente, a primeira coisa que a gente aprende é que não se deve fazer isso. Mas às vezes, justamente ali, nesse encontro, é que você vive com a alma, com a vida do paciente. Nesse sentido, como regra psicanalítica, não se deve fazer. Dentro desse corpo-a-corpo e desse sentido, acho que pode se transformar nisso que você fala. A de permitir um trânsito melhor, a liberdade de se conversar, podendo o paciente ter isso como referência.

Vânia Ghirello Garcia

Tomo o início da escrita da Magda, na citação que ela faz de *O falcão maltês*. Quando li, fiquei um pouco confusa. Seria o paciente que dizia aquilo? Ou teria sido opção da analista? Continuando e relendo, pensei: a analista escolheu.

Em algum momento da leitura, resolvi saber o que queria dizer Flitkraft, se era alguma palavra existente, significativa. Descobri que pode ser composta. Flit é algo que pode passar rapidamente, voar, perpassar. Significa também: mudar de residência, mudar-se, movimento leve. Kraft, mais conhecida, pode ser embarcação, artesanato, ofício. Como verbo, pode significar fabricar artesanalmente.

A expectativa inicial de Magda em relação ao paciente, como ela menciona, tinha um pouco a ver com o nome Flitkraft. Quer dizer, ela esperava alguma coisa, uma rápida navegação. Uma mudança bem rápida. Mas não ser artesanal seria difícil. O texto todo e os comentários que ela faz – contando da navegação dos dois ao sabor de águas nem sempre rápidas, no caso, até bem lentas – mostram que foi mesmo uma coisa construída bem artesanalmente.

Questões que dirijo para Magda: ao falar da análise escondida – e você não usa exatamente esse nome, que é alguma coisa que Fabio tem trabalhado em suas meditações –, você atribuiria essa condição ao fato de ser este um paciente obsessivo, ou você acha que isso tende a ocorrer mais genericamente? Ou existe alguma outra razão para que isso ocorra?

Por outro lado, você fala do desconhecimento provisório do analista, um efeito mais do que suficientemente bom de Winnicott. Para mim, pelo menos, como analista, nem precisava ser ótimo, bom já bastava para a idéia desse desconhecimento provisório, que pode fazer bem à análise. O que você diria disso?

Magda Khouri

Você fez uma pesquisa muito maior que a minha quanto ao nome. Brinquei com Fabio, depois que mandei o texto para que ele lesse, que a ruptura de campo dali em diante iria se chamar Flitkraft. É um nome mais simpático. Aí ele falou para que eu fizesse isso e depois o avisasse, porque senão ele teria que tomar umas providências.

Tinha mesmo essa idéia de artesanato e de rapidez. E é nesse sentido que falo: nosso trabalho é processo muito miúdo. Ele vai na contramão da demanda de nossa clinica, que requer muita rapidez e urgência. Então, a questão da análise escondida e dessa cegueira provisória inspiradas no Fabio. Outra grande qualidade do Fabio é essa de ir dando nome a todo processo do método.

Sandra Lorenzon Schaffa falou ontem: rigoroso é o que deixa o acaso acontecer. É meio paradoxal: como ser rigoroso deixar o acaso acontecer? Às vezes, uma cegueira provisória, como chamou Fabio, pode ser um elemento facilitador da análise. Para Isaías Melshon, o encontro de duas pessoas resulta numa série de emoções, de afetos, às vezes irrepresentáveis tanto para o analista quanto para o paciente.

Juntei a ruptura de campo com essas duas idéias do Fabio – cegueira provisória e analise escondida –, que, acho, são elementos que também promovem a possibilidade de ruptura de campo ou de um conhecimento da ampliação do conhecimento dentro da análise.

Análise escondida foi uma idéia do Fabio, ao contar de uma analisanda que propôs uma análise assim. Não quero fazer análise, não quero falar que estamos fazendo análise – alegava ela. Eu quero fazer uma análise escondida.

Fabio potencializou aqui o que ele mesmo fala, em outros momentos: quando estamos fazendo análise, o mais importante é que nem paciente nem analista percebam que estão fazendo análise. De um jeito bem simples, é quase como explicar piada. Acaba a graça.

Sylvia Salles Godoy de Souza Soares

Agradeço à comissão e a paciência de vocês. Vou tentar ser rápida. Todo o preâmbulo da sessão, Magda, por meio de uma alegoria, envia sinais de ruptura de campo entre uma concepção de mundo, ordenada e por regras, e a percepção de que uma ação insuspeitada do acaso, e que o precipita, pode alterar o rumo das coisas e de toda a história. Conforme a citação:

> "O mundo é guiado pelo acaso. A contingência nos persegue todos os dias de nossas vidas, e essas vidas podem ser tiradas de nós a qualquer momento sem nenhuma razão."

Essa apreensão se assemelha à perplexidade das experiências vividas ao longo da vida, descritas por Norberto Bobbio em *O tempo da memória*:[5]

> "A sensação que experimento de estar vivo é, sobretudo, de assombro, quase incredulidade. Não sei explicar porque ventura, protegido, sustentado, amparado, pelas mãos de quem, consegui superar todos os obstáculos e perigos até mortais, doenças, acidentes, desastres naturais, as infinitas desgraças pelas quais a vida humana é assolada desde a hora em que nasce".

---

[5] Bobbio, N. *O tempo da memória: De senectude e outros escritos autobiográficos*, tradução de Daniela Beccaccia Versiani. Rio de Janeiro: Editora Campus, 1997.

"Nasci num período em que a expectativa de vida não alcançava cinqüenta anos, e os octogenários eram uma espécie rara. Eram chamados de anciãos. Se hoje alguém me chamasse de ancião, por pouco não me ofenderia. Mas também naquela época, e mais ainda hoje em dia, ter oitenta anos não é um mérito. É sorte. Costuma-se dizer que é preciso merecer a sorte. Não, a sorte é cega. Sempre estive por demais convencido dessa cegueira, de sua irreflexão, de sua insensata arbitrariedade, para tentar atraí-la com boas maneiras, ou pior, com boas obras. Não posso negar que sou um homem de sorte. Mas sempre me comportei de modo mesquinho, como se não o fosse, quase esperando não o ser para poder desabafar contra a má sorte. A sorte sempre me inspirou suspeita. A característica da sorte é além da cegueira a inconstância. O vento pode mudar de um dia para o outro. E pega-nos de surpresa quando menos esperamos".

Mais adiante:

"Compadeço-me dos desafortunados. Sobretudo daqueles que morreram adolescentes ou ainda jovens. A morte é a coisa mais mal distribuída desse mundo. Não posso entender qual seja o critério com que a distribuição se dá. Mas há um critério? A sorte joga dados e o resultado, chamamos destino".

Numa palavra, se o acaso é obra do destino e, portanto, inelutável, a primeira questão que se apresenta é em relação ao método: como, na análise, fazer face, a esse *veredictum*?

Alguns fragmentos no texto citado por Magda são contundentes. A exemplo daquele instante em Flikraft "sentiu que alguém levantou a tampa da vida e deixou que visse como funcionava".

Ao romper-se o campo da rotina que, como você mencionou, emerge do absurdo, ele vislumbra a existência de um poder destruidor, de ordem desconhecida, e que tanto pode ser ele mesmo, como vir de outras esferas. Passada a impressão impactante do real, que

RUPTURA DE CAMPO: CRÍTICA E CLÍNICA   203

mais parece um pesadelo, o paciente despenca de sua aeronave fantasmagórica e aterrissa na sessão.

É interessante que ele está destituído, deslocado, marginal, ou seja, ele estava ciente de que era um cara legal, que cumpria todos os quesitos da faixa de normalidade, talvez visando alguns méritos. Mas nessa sessão ele se encontra como um sem-terra e se surpreende ao admitir que não tem controle de sua vida. A cena do imaginário começa se desenrolar a partir do telefonema da garagem, quando ele comunica: "Queria te dizer que ao sair daí, comecei a ter uma sensação muito esquisita, não estou me sentindo bem, meio tonto. Olhei meu carro, parecia estranho, senti um grande vazio, não estou me sentindo direito, tem uma distância de tudo".

Aqui, Magda, você fala da sensação de estranheza. Os sinais daquele que está fora de um campo. Que campo? É ele o elemento estranho? Ou um estranho o habita? Ele vive um paradoxo: em um só tempo tem a percepção de que algo está fora do lugar, mas que está escapando de seu domínio. Ou seja, ele vive um desmundo. Parece ter, como afirma Magda, rompido o campo da rotina. Enfim, "a rotina serve justamente para criar a ilusão de que há só um mundo, só um eu, e de que nele somos todos semelhantes". Na brecha, no entanto, aquele medo o invadiu.

Ou seja, rompido o campo da rotina – escudo que evita o contágio das emoções, como a gente vê, no escudo de Aquiles,[6] o encontro com o outro –, o que aparece é o estranho ou o mundo às avessas. Minha segunda questão: como seria voltar para o lado direito sem normatizar, numa sociedade de consumo que nos intima a vestir, ou melhor, sermos uniformes?

A questão técnica exemplar é mostrada pela Magda, tentando, por um lado, sustentar a dor ainda inespecífica do paciente e, por outro, buscando como comunicar a ele aquela sua angústia, talvez

---

[6] Texto de Fabio Herrmann, Escudo de Aquiles. Psicanálise da crença.

na tentativa de situá-la dentro do campo analítico, favorecendo o alargamento das suas auto-representações.

Magda Khouri

Sobre a questão do método que evoca o acaso. Não sei se é isso. Sei da má notícia trazida por essa questão que é o enfraquecimento da crença na razão. Pensamos o tempo todo em aprisionar e controlar o pensamento, mas o movimento do método psicanalítico nos empurra para sua fragmentação. Acho o problema diz respeito à formulação do conhecimento para as ciências humanas em geral. Há uma mudança cada vez mais forte no homem que trágico.

Ao fazer este trabalho, foi muito bom se deter, *escrever com o paciente*, pois assim fui entrando em camadas, em aproximações sucessivas do conhecimento. O exercício de escrita representou para mim um trabalho analítico, porque fiquei muito mais tranqüila com o ritual obsessivo do paciente. Quando dei esse sentido, que não é nada mágico, parece impressionante, mas de um tempinho para cá, depois que escrevi esse trabalho, os rituais têm se dissolvido. Outro dia, ele estava tão à vontade que até cantou uma musiquinha. Algo está acontecendo e o ritual está entrando e mergulhando direto nessa ação. Posso responder dizendo que não sei ainda o que é. Tanto nesse sentido que dei quanto nas defesas que eu tentava atacar. Quando desloquei e comecei ir para outro lado, alguma coisa se dissolveu ali também. Ele pode, então, estar ligado comigo de outras formas.

Sylvia Salles Godoy de Souza Soares

Talvez quando você se propôs você fazer face ao acaso. Talvez.

Camilla Salles Gonçalves

Será não voltamos à mesma confusão denunciada de certa forma hoje de manhã? Discutindo com Luís Claudio, disse para ele:

RUPTURA DE CAMPO: CRÍTICA E CLÍNICA

campo é o interpretante. Agora nessa magnífica mesa aparece de novo essa discussão sobre o lugar para o analisando. Acho que não chegamos a um acordo a respeito do sentido de campo na Teoria dos Campos. Então, me pergunto: não é melhor a gente continuar se perguntando? Só isso. Ninguém precisa responder agora.

Ana Cristina Cintra Camargo
Vamos abrir agora para outras pessoas. Quem se habilita?

Leda Herrmann
Quero retomar a referência que Magda fez sobre a matriz da angústia, referência ao que está escrito no livro *Andaimes do real: o método da Psicanálise*. Mas por que está escrito? Porque esse momento de vazio representacional empurra para uma angústia que, fenomenicamente, se apresenta no vórtice de representações da periferia da superfície representacional. No seu paciente, tudo é certinho. É ele, a mulher, a casa, o trabalho. Mas, de repente, o carro não é dele, na garagem ele não sabe onde está. Estamos, então, diante de um exemplo do que Fabio descreveu como *expectativa de trânsito*, considerada a matriz da angústia. Cabe aqui um esclarecimento, ou melhor, uma distinção. *Expectativa de trânsito* diz respeito a um momento lógico da operação metodológica de ruptura de campo. A esse momento lógico, corresponde o fenômeno de vórtice representacional. Tal distinção é importante para o pensamento metodológico da Teoria dos Campos, mas nem sempre de fácil apreensão.

Ana Cristina Cintra Camargo
Nossos trabalhos, por hoje, estão concluídos.

Capítulo 5

MESA 5 – A ARTE DA INTERPRETAÇÃO

Apresentadores: Fabio Herrmann e Marilsa Taffarel
Coordenador: João Frayze-Pereira
Debatedores: Camila Salles Gonçalves, Maria Lucia Castilho Romera, Mônica G. Teixeira do Amaral, Osmar Luvison Pinto, Sonia Soicher Terepins, Suzete Capobianco

João Frayze-Pereira

Vamos iniciar esta mesa-redonda que tem por tema *A arte da interpretação*. É para mim um prazer realizar esta atividade, uma vez que a arte da interpretação é, do meu ponto de vista, o mais significativo conceito da Teoria dos Campos. É o conceito que trata do processo de interpretação como arte – a arte de ruptura de campo – , acarretando sérias implicações para a Psicanálise, como poderemos discutir hoje. A coordenação desta mesa constitui igualmente uma honra, pois contamos com a fundamental presença de Fabio Herrmann, cuja obra instaurou uma nova perspectiva na Psicanálise contemporânea. A ele, assim, passo a palavra.

A Interpretação e suas Teias

Fabio Herrmann

Comecemos pelo torneio americano aberto de tênis, o *US Open*. Creio que alguém aqui gosta de tênis. Entre todos os jogadores, o talentoso alemão Kieffer sentia-se obrigado a pousar delicadamente a ponta da raquete na diagonal imaginária da linha lateral com a linha de base do seu lado. Se ali estaria recebendo as bolas, ali teria o cuidado de colocar a raquete. E pronto e preparado estava assim para jogar às vezes quatro horas a fio. Não ousamos sequer imaginar o que poderia significar tal gesto. Claro que algum sentido tinha. Um atestado talvez da espécie de intensa concentração que nós clínicos aprendemos associar às artes cênicas e aos atos que representam plasticamente formas de pensar. A exemplo de alisar o queixo em meditação explícita ou da manifestação declarada de sadismo obsessivo que compelia Kieffer.

Obra de arte indigesta até para nós, imaginemos para seus adversários. Obra de arte indigesta, mas inegável. O toque delicado da raquete no chão funciona porque o adversário fica quase louco: ele sabe que ele vai fazer aquilo. Sabe o que o outro vai fazer e sabe que não pode reclamar, porque não tem lei nenhuma que proíba. E o outro sabe que faz. Não só ameaça, ele faz. E funcionou, ele jogou muito bem. Só não ganhou a última que jogou no torneio porque seu adversário foi Federer que, como um suíço de precisão, tem a bola-relógio-de-cuco. A bola vai à toda velocidade e, quando chega perto da linha, faz assim: cuco! Bate na linha e sai voando. Uma jogada conhecida como o elixir antiobsessivo nº 17, do Prof. Federer. Igualmente uma obra de arte. Aqui vira piada – lá é menos piada.

Esse é o mundo em que nós vivemos. Nós analistas vivemos nisso, nesse mundo esquisito, improvável, mas artístico. Abrindo nossa questão completamente, como forma literária, a Psicanálise é um caso de intimidade extrema com os atos e conceitos que perfazem a análise. Intimidade não apenas com a pessoa do paciente, mas com a trama fina dos atos que compõem o trabalho analítico. Uma certa forma de escutar, de se posicionar, de estar pensando no paciente. É até preciosa a intimidade com o paciente, é lógico, mas é ainda mais preciosa nos instrumentos da análise para poder ser um analista. A posição do analista, de tão íntima à carne do processo, de tão encarnada no processo, quase não aparece. Não por neutralidade – numa acepção mais ou menos cirúrgica –, mas por se confundirem analista e método.

O método escolhe o analista, e não ao contrário: não é o analista que escolhe o método. O analista pode, quando muito, escolher algumas técnicas, conforme o caso. Procurar as melhores estratégias de ação clínica, as melhores formas de comunicação. O método já se escolheu e os dados já foram lançados. O estilo geral da arte, no que diz respeito à interpretação, pode ser caracterizado sem maiores problemas – todos vocês sabem – pelo modelo do sonho.

O sonho é uma coisa muito estranha, e é o melhor retrato desse mundo psicopatológico do qual eu falava. O esforço exagerado por exprimir certos sentidos científicos força, ao mesmo tempo, a flexibilidade do meio de expressão, por imagem, e a flexibilidade do meio de expressão linguística, por palavras – o que resulta num mundo

RUPTURA DE CAMPO: CRÍTICA E CLÍNICA   211

de ambiência estranha, pois, como na poesia, palavra e coisa desencontram-se, desentendem-se, até se encontrarem de novo, num lugar imprevisível e bizarro. A palavra é tão pressurosa, faz tanta força para servir à imagem, que diz demais. E a imagem quer simplificar tanto, quer se modificar para caber na palavra, que também demais se transforma. Ao cabo, acabam se encontrando, mas de uma forma amalucada, numa ambiência estranha, bizarra.

Em suma, no sonho mudam-se as palavras das coisas e das experiências, as quais também foram se modificando. Coisas e palavras se encontram literalmente fora de lugar, prova do que não se trata de mero efeito superestrutural ou de desvio da fala. Em geral, tais desencontros revelam a arte da interpretação em sentidos originais de pensamentos que, não raramente, são olvidados ou perdidos. No fim, não é que a gente desemboca numa banalidade. Às vezes, ao fim da interpretação do próprio sonho, a gente desemboca em coisas realmente assustadoras.

Sobre sonhos, acontece uma coisa que nunca entendi. Todo mundo fala de sonho, todo analista fala de sonho – só que todo mundo fala dos sonhos de Freud. Ninguém fala dos sonhos que teve. Já perguntei para mais ou menos metade dos analistas que conheço: por que você não conta os seus sonhos, em vez de contar os sonhos de Freud? Os sonhos de Freud são conhecidos. Para que continuar contando o que Freud sonhou se a gente também sonha? A menos que ninguém tenha sonhos. Certo que Freud era um pouco amalucado, mas sabemos que não é isso.

Dou um bom exemplo. Um exemplo curioso da arte da interpretação em estilo de sonho, que precedeu uma recente viagem ao Oriente, em que eu deveria seguir a rota das antigas caravanas, aquelas que ligavam a China à Europa até o século 11 ou 12, por aí. Caravana de Marco Pólo. As famosas histórias de Marco Pólo. No sonho, eu não conseguia ler os nomes que o mapa me oferecia. Eu tentava ler, mas não conseguia, porque os nomes eram todos parecidos. Depois, quando cheguei na China, descobri que eram mesmo.

Teria sido, digamos, apenas um sonho premonitório? Mas o que eu fazia no sonho? Como é que sei que aquilo era um sonho? É que eu tentava abrir ainda mais a parte de cima do mapa, afastando os meridianos daquelas linhas retas, para ter um melhor campo de visão. Mas exagerava, a ponto de acabar por distinguir as próprias caravanas passando majestosamente pelo mapa do sonho. Eu via os camelos andando no mapa: aí era mesmo exagero. Abrira demais o mapa.

Vinha-me um nome à mente que deveria explicar tudo. Parecia. Embora eu mesmo não alcançasse o sentido naquele momento. O nome era Mercator. O sonho é meio freudiano, porque ele era meio em latim. Sonho é muito psicanalítico ou, pelo menos, é como uma coisa muito psicanalítica. Pois bem: Mercator. Só que eu não sabia o que queria dizer. Na manhã seguinte, não conseguia me desembaraçar do sonho. Eu tinha certeza que Mercator queria dizer alguma coisa, só não me lembrava o quê. Associava, apenas, sem qualquer criatividade especial, aquela palavra com mercador. Algo mais ou menos evidente. Mercator. Mercador. Caravana da seda e mercador mantinham uma certa lógica.

Isso até o final do dia quando, em desespero, consultei um dicionário e, para meu espanto, descobri que não só o nome existia, como também existe uma tal de projeção de Mercator – conhecimento que aparentemente eu não tinha nem desconfiava ter –, e que tal projeção refere-se a um processo de fazer, de elaborar mapas. Tirando certos exageros imagéticos e verbais, como ver o camelo passar –, aproximadamente o mesmo acontecia em meu sonho, que consistia em abrir o mapa por cima, de modo que os meridianos que assim se cortam passem a figurar como uma grade na vertical.

Tudo se passou como se o esforço por compreender – representado em ver uma coisa –, forçando com tanta perfeição e tão simetricamente os meios de expressão, além de provocar uma distorção figurativa verbal, tivesse desembocado no reencontro de alguma lembrança há muito perdida.

RUPTURA DE CAMPO: CRÍTICA E CLÍNICA   213

Não sou tão místico a ponto de acreditar em mera coincidência, e que aquele nome me tenha vindo de repente, por um ato mágico. Claro que eu tinha lido em algum lugar ou ouvido falar, mas não lembrava. Quem é que vai ficar lembrando de projeção, de construção de mapas, de cartografia do século 17 ou 16, sei lá? Só eu. Mas ficar pensando nisso daí, nem eu. Tenho uma certa curiosidade, mas ficar pensando nisso é grave.

O nosso movimento da Teoria dos Campos levou ao paroxismo, ao exagero o gênero poético da interpretação num experimento que ficou conhecido como corrente alternada. É um segmento feito dentro da Teoria dos Campos. O material de um analista servia de cânon ou interpretante do analista seguinte, formando uma teia de arte dentro da interpretação. Em geral, nós acabamos mesmo é por interpretar o material alheio a partir do nosso, quando escutamos o outro.

Sempre se pensa assim: eu tive um caso. Aquela clássica história das mães e seus alfinetes. Três mulheres conversam e uma delas diz: "Imagine, que horror, quando eu estava trocando meu filho ele engoliu o alfinete!" Outra contra-ataca: "Comigo foi pior. Eu engoli o alfinete quando estava trocando meu filho." "E qual a diferença?" "O meu era esse alfinete de fechar, de gancho!" E vai a terceira: "O meu foi pior ainda. Quando estava trocando meu filho, eu engoli o alfinete!" "Mas de que tipo que era?" "De gancho." "Igualzinho aconteceu comigo." "É, só que o seu não estava aberto."

Mais ou menos assim a gente escuta o paciente do nosso colega: já pensando naquela coisa ainda pior que aconteceu com o nosso. Em geral, só os que não são totalmente sem-vergonha ficam com vergonha de fazer isso. E razoavelmente acabam por se penitenciar, por pedir desculpas internamente. Depois com o tempo esquecem, achando que na verdade não apenas há comunicação de inconsciente para inconsciente, como também de inconsciente de paciente para inconsciente de outro paciente, e tanto faz.

Nosso experimento, porém, consistiu em renunciar à luta contra a resistência e contra a tendência a afastar a projeção do próprio paciente, aceitando-a de bom grado. Diante de um texto redigido com o máximo de liberdade – cuja origem o analista evidentemente desconhecia, pois havia uma sorte de central de distribuição de mesa operadora, que distribuía os textos por *e-mail* e se incumbia de tirar nomes e referências –, a ordem era essa: comente do jeito mais pessoal que você quiser. O trato era que cada um respondesse com material de sua clínica, construindo sem qualquer vergonha uma espécie de guirlanda interpretativa.

Desse modo, ao receber um material, cada um retribuía com outro, em que interpretava ou discutia um caso de um paciente seu ou que tinha a ver com o outro paciente. Tanto fazia. O resultado foi muito divertido e interessante, e trouxe aos participantes um enriquecimento da vida clínica que de longe compensou a perda de objetividade.

A propósito, vários dos 'correntistas' estando aqui presentes – porque a corrente alternada rodou durante um certo tempo-, talvez algum se recorde de como em geral era atribuída a autoria dos comentários: à única pessoa posicionalmente impedida de os redigir, isto é, eu mesmo. Não tenho responsabilidade pelo escrito que resultou disso, a não ser pelas duas palavrinhas do título: *Corrente alternada*. Corrente alternada cuja posição duplamente exclui o conjunto. Por ser título geral, o primeiro fragmento que apareceu tinha como subtítulo *O ladrão de si mesmo*. Um paciente que era ladrão de si mesmo, a si se roubara. Corrente alternada não fez parte do conjunto dos textos, em primeiro lugar, por ser um texto geral; em segundo, por ser uma metáfora da operação que estávamos realizando.

Até certo ponto, cumpriu isso uma justiça poética. A arte da interpretação é forçosa, não raramente uma eclipse do autor, para que a autêntica autoria da obra aceite se mostrar. Na psicopatologia e na arte da interpretação, portanto, nós encontramos a autoria quando perdemos de vista o autor. O autor no sentido comum dos termos. Lembram-se do pavilhão dourado? O louco quem era? O monge que põe fogo, ou o próprio pavilhão?

Chegando ao fim, uma palavra sobre o delírio. Falamos sobre o lado obsessivo, sobre o lado histérico e o maníaco; do lado onírico, do onírico fantasmagórico. Vamos acrescentar uma palavra sobre o delirante. Porque dentro das obras de arte, que a arte da interpretação contém, o delírio é uma das grandes obras de arte. O delírio é a grande obra de arte da explicação. É aquele que tem que explicar tudo. Nada nos impede de imaginar que um delírio perfeito, ou seja, a transformação mais radical e completa da atividade psíquica em delírio, exigiria que cada representação viesse acompanhada da explicação integral da sua origem.

Nesse sentido, ao representar o mundo inteiro e a origem da própria representação manifesta no delírio, a vocação secreta da superfície representacional é levada às últimas conseqüências, ou seja, a de ter toda interpretação, por meta ideal, o delírio. Quer dizer, em toda representação, toda vez que eu começo a me explicar – não se explique se quiser se proteger da própria loucura –, faço algo impossível: estou querendo mostrar não só a representação do mundo, mas a origem da representação que representou o mundo. O que apenas leva a expor o grau de loucura da operação representacional.

Levada então às últimas e absurdas conseqüências, a representação tem por meta ideal o delírio. Só quando é perfeita a representação pode funcionar com tempo. Poderíamos definir muito bem o delírio, como conseqüência da representação, como a representação da própria origem da representação. Isso está nesse texto que foi distribuído a vocês. Logo, o ato clínico, que pretende curar a representação e seu destino delirante, deve ampliar sua imperfeição, suas sombras e, sobretudo, aquilo que se entremostra nas sombras e nas crises da representação. Seu potencial gerador de diferenças consigo próprio está na ampliação dessa brecha em que a representação pode progredir criativamente, deixando margens de sombras, criando figuras que mostram mais do que a gente é capaz de mostrar.

À ampliação dessa brecha, portanto, em que a ampliação pode progredir criativamente, chamamos ruptura de campo. Se recusamos a ruptura de campo, recusamos seu potencial da diferença consigo própria, voltamos do método à doutrina. E a réplica do pavilhão dourado é folheada de ouro, ficando para sempre igual a si mesma. O grande sedutor.

João Frayze-Pereira
Marilsa faz, agora, sua exposição.

Variações Sobre a Hermenêutica

Marilsa Taffarel

A arte da interpretação, ou hermenêutica, inicia-se com os esforços feitos na Grécia antiga para compreender de forma correta seus poetas e assim preservar seu legado. A palavra latina *ars* (τεχγη, em grego) diz respeito a uma habilidade presente, por exemplo, na expressão "arte de viver". Na ambigüidade de que é portadora, esta palavra também se refere à capacidade de criar que tem o artista. Onde situar a arte da interpretação? Do lado da habilidade, do saber fazer ou da criação? Além disso, se a interpretação é metódica, isto é, se seguimos um determinado caminho, se adotamos um procedimento determinado para construir a interpretação, parece-nos que é seu aspecto criativo que fica mais ameaçado. Podemos afirmar que a interpretação, ao mesmo tempo, obedece a um método e é uma arte? Que ela é um fazer segundo um cânon e é uma criação?

Suzanne Langer, a filósofa preferida de Isaías Melsohn, afirma: "Existe uma razão definida para dizer que um artesão produz mercadorias, mas cria uma coisa bela; que um construtor erige uma casa, mas cria um edifício se o prédio for uma verdadeira obra arquitetônica, embora modesta. Um artefato enquanto tal é simplesmente uma combinação de partes materiais [...]. Não é uma criação, mas um arranjo de fatores dados. Uma obra de arte, por outro lado, é mais que um 'arranjo' de coisas dadas – mesmo de coisas qualitativas. Emerge, do arranjo de tons e cores, algo que não estava ali antes, e isso, mais do que o material arranjado, é o símbolo da senciência.[1] A feitura dessa forma expressiva é o processo criativo que alista a suprema habilidade técnica do homem no serviço de seu supremo poder conceitual, a imaginação".[2]

Para Langer, a originalidade não é o signo do criativo, mas a elaboração "de qualquer obra simbólica de sentimento, ainda que no contexto e no modo mais canônico [...]". Acrescenta ela: "Um vaso grego era quase sempre uma criação, embora sua forma fosse tradicional e sua decoração pouco se desviasse da de seus inúmeros predecessores. O principio criativo, não obstante, estava provavelmente ativo nele desde a primeira torneada da argila".[3] Seguir um método, seguir uma regra geral que deriva regras particulares não é agir mecanicamente, não exclui a criação da forma significante do sentimento, segundo Langer.

Para Friedrich Schleiermacher, criador da hermenêutica moderna, a interpretação é uma arte e deve ser metódica. A interpretação de textos clássicos, a interpretação da extensão de aplicação de leis, a interpretação das escrituras sagradas, desde o inicio do século 19, com Friedrich Schleiermacher, quis ser vista como tendo a dignidade de coisa filosófica, de coisa científica, o que quer dizer ter uma canônica.

---

[1] Refere-se ela ao símbolo daquilo que é sentido de maneira vital, do que é sensível.

[2] Langer, S. *Sentimento e Forma*. São Paulo: Ed. Perspectiva, p. 43

[3] Langer, S. *op. cit.*, p. 43.

Schleiermacher, citado por Freud em *A interpretação do sonhos*, desejava sistematizar e fundamentar a hermenêutica. O que existia até então eram algumas regras isoladas feitas por este ou aquele professor, como ele observa. Seu projeto visou dar uma fundamentação dos princípios gerais dessa disciplina, ou seja, princípios que valessem quer para a exegese de textos sagrados, quer para o âmbito jurídico – a interpretação de leis –, quer para a filologia, ou seja, a interpretação dos discursos da antiguidade clássica.

Acreditava ele que a interpretação deve se dar não mecanicamente e nem se apoiar na experiência, por mais rica que seja. A interpretação – por ele entendida como toda compreensão do discurso estranho – deve se fazer segundo regras próprias, princípios gerais, pois, sem isso, ao lado de brilhantes interpretações apoiadas em observações instrutivas, surge "o mais selvagem arbítrio" e assim se perde "o mais belo" e o mais complexo de um discurso. Schleiermacher tinha como alvo compreender a originalidade do escritor através das expressões lingüísticas, para ele "a interpretação é uma arte por causa deste duplo compreender: compreender na linguagem e compreender no falante. Nenhum deles se completa por si."[4]

A atividade do intérprete ou hermeneuta é convocada sempre que houver falha na compreensão de um texto ou de um discurso. A hermenêutica se volta para a falha do sentido com o fito de preenchê-la em qualquer discurso, para a emergência de operações intrigantes do falante, segundo seu principio básico de que o todo é apreendido através do particular e o particular a partir do todo. A parte, que pode ser uma palavra, é compreendida a partir de seus significados dicionarizados, mas o significado que cabe naquela determinada frase é escolhido e outros são excluídos de acordo com as outras partes da mesma frase, portanto é compreendida como um elemento de um conjunto. Para a hermenêutica a compreensão é histórica, visa o individual e é discursiva.

---

[4] Schleiermacher, F. *Fragmentos de Aulas e Conferências*, p. 68.

Durante o século 20, ganha força uma controvérsia sobre a validade da interpretação na qual as ciências humanas pretendiam se fundar. O debate entre filósofos e cientistas sociais *versus* cientistas empiristas e positivistas ou debate entre explicação fundada em leis universais e compreensão.

O método hermenêutico foi adotado por certos psicanalistas americanos como o método da psicanálise. Roy Schafer, da Sociedade de Psicanálise de Nova York, demonstra ter sólido conhecimento do método que usa: o hermenêutico-narrativista. Sua posição conquistou um lugar de destaque no debate sobre a cientificidade ou não da psicanálise nas últimas décadas, debate que reproduz a controvérsia filosófica.

Schafer concebe o processo analítico como construção de narrativas. Para ele, a interpretação consiste em uma resimbolização, reconceituação ou renarrativa de uma elocução do paciente. Esta nova conceituação se dá a partir do contexto amplo de uma análise formado, por exemplo, pela queixa ou demanda inicial, e de um contexto restrito, que diz respeito ao diálogo que se deu nas últimas sessões. A perspectiva a partir da qual é interpretada uma manifestação do paciente é formada também pela teoria que o analista adota e ela é dependente da resposta do paciente, resposta que poderá alterar a interpretação. A renarração se faz no movimento circular, o círculo virtuoso e não vicioso. Constrói-se sempre um conhecimento que tem caráter provisório, aberto, em fluxo.

"No contexto da teoria da narratividade pretende-se enfatizar que ações (humanas) são sempre contadas por alguém e que cada relato apresenta uma possível versão da ação em questão", diz Schafer. O importante, para o autor, é que descrições alternativas de acontecimentos, ações ou cenas são inevitáveis.

Narrar é apresentar uma versão, dar um relato, desenvolver uma "seqüência ou linha de narrativa" (*storyline*). Schafer entende como "seqüências narrativas" tudo que possa ser usado para estabelecer um conjunto de diretrizes e limites para a narrativa. Uma diretriz

RUPTURA DE CAMPO: CRÍTICA E CLÍNICA   221

pode ser derivada de cenas dramáticas, de metáforas, de imagens que permitem recontar uma história básica de um paciente dentro de um determinado conteúdo convencionalmente aceito, como o Édipo. A terapia analítica é um processo de construção por meios analíticos de histórias de vida que estavam dominadas pelos processos mentais inconscientes do analisando.

Narratividade não é uma alternativa para verdade e realidade, mas a forma como a verdade e a realidade se apresentam. É sob a forma de versões que a realidade e a verdade são apresentadas. Temos versões da verdade e do real, não há um acesso não mediado pela narrativa, um acesso definitivo para a realidade e a verdade. Esta maneira de pensar é uma alternativa para o objetivismo ingênuo e os argumentos empiristas a favor de concepções psicanalíticas tais como a de "fato clínico".

A significação que adquire uma elocução de um paciente, para uma determinada Escola de psicanálise, é estabelecida por e dentro de um contexto de questões e métodos consistentes com um conjunto de teorias, que Schafer entende como escolhas narrativas. Pode-se assim entender que a natureza dos processos mentais e o conteúdo do inconsciente tenham sido definidos de maneira diferente pelas escolas de psicanálise, e mesmo dentro de uma escola por seus membros.

O diálogo analítico, criado por Freud, desestabiliza as histórias de culpa, trauma, negligência, etc., e as desconstrói através da constante focalização das contradições, das marginalizações ou do apagamento das experiências cruciais da vida carregadas de emoções. Desconstrói hierarquias de valores escondidas que sustentam polarizações tais como macho-fêmea, ativo-passivo, dominante-submisso. Desconstrói especialmente tentativas de estabelecer certos tipos de relações contraditórias e incoerentes com o analista.

Schafer adota o paradigma da circularidade ou da retroação. A "verdade" de uma interpretação se funda na circularidade: uma elocução só pode ser adequadamente interpretada, ou melhor reconceituada, considerando sua conceituação anterior e posterior. "É um proceder por tentativas e o fracasso leva a novas tentativas de determinação de sentido que possa "satisfazer as partes". O ponto importante deste movimento é que o interpretado e o interpretante não são separáveis hierarquicamente, como o são os fatos em relação às teorias.

Já a concepção de Fabio Herrmann é anti-hermenêutica, segundo a entendo. A interpretação como ruptura de campo tem como objetivo fundamental romper com o contexto da rotina, romper com uma forma de relação consigo e com o mundo que aprisiona o paciente, com um modo de realização do desejo que funciona como um nó que impede seu fluir. Ao romper-se a face visível rompe-se o campo ou a face invisível, o inconsciente relativo que sustentava determinado contexto.

Fabio Herrmann não elimina a reconstrução da histórica, mas ela é posterior e secundária em relação à interpretação propriamente dita. Esta compõe-se de um momento de escuta pré-teórico, um segundo momento em que um interpretante é colhido pelo analista. A interpretação consiste também de pontuações ou toques que visam ampliar a falha de sentido já presente na palavra ou expressão insólita, estranha, inopinada. A ampliação da falha de sentido é o que Fabio chama de interpretar em direção ao campo, ou seja, em direção à ruptura. Esta é a angustiante suspensão de qualquer representação.

Da interpretação entendida mais como uma interceptação, surge o que Fabio Herrmann chama de vórtice representacional, como que um estado confusional de momentânea duração. No vórtice abre-se espaço, destacam-se com clareza as representações não admitidas na consciência por serem incoerentes com aquele campo. A interpretação enfim "cria condições para que surja o sentido".[5] Ela é a condição do surgimento do sentido. O paciente cumpre

---

[5] Herrmann, F. *A Psique e o Eu*. São Paulo: Ed. HePsyché, 1999, p.15.

RUPTURA DE CAMPO: CRÍTICA E CLÍNICA   223

neste percurso um papel muito mais importante: "...espero sempre
que a verdade surja do paciente, tentando tocá-lo de várias maneiras, até que dê certo, ajude-o a romper o campo que o aprisionava,
mas que ele mantinha muito a seu pesar".

Para Fabio, a arte da interpretação consiste neste trabalho
conjunto com o paciente, neste dueto, neste *pas-de-deux* que, como
me disse uma analisanda, acaba num *brainstorming* individual.

DEBATE

João Frayze-Pereira
Osmar faz seu comentário e passamos em seguida para a
discussão.

Osmar Luvison Pinto
É um prazer participar mais uma vez de um encontro como
este. É sempre uma agradável sensação de estar entre velhos amigos.
Há bastante tempo a gente discute, conversa e caminha um pouco
mais na abertura dos nossos mapas.

Dois pontos, um do texto do Fabio e outro do texto da Marilsa,
vão compor um fio que, acho, resultarão num comentário e numa
pergunta. Refere-se o do Fabio à questão de a arte da interpretação
se aproximar do gênero literário, da poesia heurística, numa referência à filosofia heurística. Da Marilsa, gostaria de caminhar um pouco
mais no rebatimento dessa arte na Teoria dos Campos, que estaria
num campo anti-hermenêutico.

Nesse fio, vejo que há um problema que se impõe a partir dessas duas reflexões sobre a arte da interpretação. Há uma evidente
tensão, animando tanto um texto como o outro, em torno daquilo
que se pode compreender por interpretar. Talvez o problema passe
pela íntima relação existente entre interpretação e a noção de verdade

colocadas nas duas situações. Sabemos que os conceitos psicanalíticos são sempre instáveis e que, justamente por isso, são bons e muito úteis. Freud, ao falar de interpretação, transitou fortemente entre a interpretação enquanto explicação – explicitação de um sentido verdadeiro –, e, posteriormente, naqueles textos em que o apelo comprobatório é muito forte, da aspiração à sua condição de ciência. Surgiu, assim, uma aproximação do próprio Freud em que interpretar chega mais perto do que nós entendemos como interpretação literária, do texto literário. Quer dizer, essa oscilação existe, essa tensão existe, e creio que ela está o tempo todo referida nas reflexões que vocês apresentam. A propósito da interpretação literária como busca de um sentido vivo e inesgotável, recortei uma fala da Davi Arrigucci, em uma bela entrevista que ele deu para a *Revista Brasileira de Psicanálise*, na qual ele diz que a interpretação deve se colocar como desvendamento do enigma e não como a sua solução.

Minha questão para vocês parte daqui. Qual seria a relação entre interpretação e verdade na Teoria dos Campos? Como a gente pode pensar essa questão? Se em algum momento – queria particularmente pedir para que Marilsa esclarecesse isso – a idéia de que estamos na anti-hermenêutica é uma radical ruptura com essa idéia de verdade? Ou não? Se assim como a interpretação literária, que mantém alguma relação – bem mais leve, por assim dizer – com a verdade, há uma relação mantida na Teoria dos Campos, qual é a natureza dessa verdade que a interpretação pretende evidenciar?

Marilsa Taffarel

Comecei lendo diretamente meu texto talvez para não ficar emocionada neste final do quarto encontro, considerando que cada encontro nosso é mais um encontro, e melhor. Cada uma das pessoas que falaram, falaram lindamente e isso é uma alegria para todos. Nós estamos juntos há muito tempo. Eu, Fabio e Leda, particularmente, há 37, 38 anos. Primeiro, numa sala de estar da Regina Chnaiderman (uma sala-de-estar-estudando-Freud). Depois, no Sedes, pela Teoria dos Campos. Lembro-me perfeitamente de quando Fabio me falou, em 1968, da trilogia que tinha elaborado. Dávamos uma volta em torno de um lago e ele me disse que iria escrever três volumes, um sobre o método, um sobre o cotidiano e um sobre delírio (posteriormente, mudado para a crença). Então, são muitos anos. Recupero-me e tento responder a pergunta de Osmar. Falando do Fabio, eu acho que ele oscila, ele apresenta duas respostas à questão da verdade. Uma que a ruptura de campo nos faz ir ao encontro da verdade do paciente. Outra que a ruptura de campo permite que o paciente circule pela sua finitude infinita, como diz Foucault. Fabio não diria exatamente assim. O que eu responderia é que, a meu ver, não há uma ruptura com a noção da verdade. Há um "S" acrescentado à noção de verdade na Teoria dos Campos. São verdades. Mas eu queria que o Fabio falasse dele.

Fabio Herrmann

Uma das coisas mais difíceis de expor na Teoria dos Campos – e que me levou a dizer a vocês, da outra vez, que nós poderíamos até não usar a expressão Teoria dos Campos – é que é muito difícil de se ver um campo. Cada vez que tentamos dizer o que é um campo, caímos numa armadilha. Se ele pudesse ser dito, ele não seria um campo. É uma armadilha ao gosto chinês de Lao-Tse, que começa o livro do Tao dizendo que o Tao que pode ser dito em palavras não é o verdadeiro Tao. Não acrescenta nada, isto é, ele não acrescenta um outro jeito de dizer que não seja por palavras. O campo que pode ser expresso por palavras é o verdadeiro campo? Em que sentido?

Quando comecei a trabalhar esses problemas, o que constatei em primeiro lugar foi que Freud, como ponto de partida para sua verdade, não só tinha optado por um campo, mas por um campo relativamente simples. Tendo sido a operação dele feita, é claro, ao contrário: construtiva e não desconstrutiva. E assim era para ser feita.

Está tudo certo. Mas só que ao contrário. De que jeito? Nós precisamos escolher o campo, e aí constrói o campo, e aí desconstrói o campo, e aí a gente encontra o campo junto com o paciente. Campo não é uma coisa que se possa encontrar ou definir ao bel-prazer. Qual foi o campo que serviu de ponto de partida para Freud manifestamente, abertamente? Ele partiu de um campo mais óbvio possível (chega a dar até vergonha falar isso de Freud). Ele partiu do campo da psicologia. Só isso. Quando começa a pensar o que é o homem, ele se refere à percepção, memória, às chamadas faculdades mentais. Obviamente, a primeira coisa interessante que ele faz é explodir isso, senão seria uma teoria, uma doutrina. Na época de Freud, surgiram dezenas e dezenas de doutrinas parecidas sobre o homem.

O que aconteceu com Freud foi que ele meteu os pés pelas mãos com respeito à ciência da época. Ficamos felizes com isso, pois onde a psicologia queria avançar e não conseguia, ele avançou pela psicopatologia. E sem fazer muita diferença entre psicologia e psicopatologia. Quer dizer, ele fez uma operação a que chamamos ruptura de campo. Dessa forma, Osmar, a aproximação de verdade que eu acho que nós podemos chegar, é sempre pela ruptura dos enunciados conhecidos e das formulações que nós mesmos acabamos de fazer. Não o grande sedutor, mas o grande traidor, que cria uma idéia, trabalha a idéia com todo carinho para saber como desmanchá-la. Não a porradas, mas com a mesma leveza com que se desmancha uma obra de arte performática, que valeu por um determinado momento de iluminação.

A questão a mais — e que talvez melhor enquadre um dos problemas levantados pela Marilsa —, é: que negócio é esse de ser ao mesmo tempo hermenêutica e anti-hermenêutica? Pois é a ruptura de campo. Um velho negócio chamado ruptura de campo, que é isso mesmo: uma situação estranha, em que a verdade mesma, uma boa interpretação, só vai se dar pelo desmanche da interpretação. Se ficarmos muito orgulhosos e dissermos que descobrimos algo para a humanidade, é bom não esquecer que os críticos de arte vêm

RUPTURA DE CAMPO: CRÍTICA E CLÍNICA

227

fazendo isso, ou vêm sofrendo dessa doença há muito mais tempo que nós.

Quando a obra de arte cai na mão do crítico de arte, este procura encontrar a verdade, algum sentido, dos mais diferentes. Procura encontrar alguma verdade lá, e encontra. Uma boa obra de crítica literária é literatura, é grande literatura. Ele encontra, mas logo em seguida chega o artista e desqualifica o crítico, dizendo: "Encontrei uma verdade melhor. A verdade desse meu quadro aí é este meu quadro aqui, que acabei de pintar". Também não se pode dizer que ele esteja mentindo. Nem um nem outro está errado. Assim, nem o analista que diz: "Chegamos, então, a tais conclusões". Nem o analista que diz: "Se eu chegasse à conclusão de que a consciência não é dona de si mesma, estaria dizendo uma banalidade". O importante é fazer uma operação que mostre como a consciência não é dona de si mesma.

João Frayze-Pereira

Meu papel é o de coordenador, mas, antes de dar a palavra para a próxima debatedora, gostaria de apresentar uma questão ao Fabio, considerando o que ele falou. Não sei se você concorda, Fabio, mas nessa relação entre o crítico e a obra, a obra faz o papel do analista, é a obra que rompe o campo – por isso é que o artista diz ter uma outra verdade. O papel do analista fica posto na obra de arte em relação ao seu espectador, que pode ser crítico ou não. A ruptura de campo é feita pela obra.

Fabio Herrmann

Concordo em absoluto.

João Frayze-Pereira

É o que me ocorreu, ouvindo você aqui.

Fabio Herrmann

Talvez essa seja a razão mais forte de dizer: é preciso a eclipse do autor para que a autoria se mostre.

João Frayze-Pereira

É isso aí. Passo a palavra à Mônica Amaral para seu comentário.

Mônica G. Teixeira do Amaral

Particularmente para Marilsa e Fabio, apresento uma conversa comentada, que tem um pouco a ver com meu percurso na aproximação com a psicanálise, sobretudo freudiana, em seguida aos estudos que fiz da escola de Frankfurt e de Laplanche e aportou na Teoria dos Campos – mas que foi mesmo construída com um grupo, ora quase todo aqui presente.

Fiquei muito atenta à fala de vocês com relação à questão da interpretação como arte e, ao mesmo tempo, como é que isso pode ser pensado também como método, um método talvez *sui generis*, em que muitos acreditam assentar-se o campo da psicanálise. Me interessou, nesse sentido, recuperar dois caminhos de leituras.

Para contribuir com a questão levantada pela Marilsa sobre a teoria hermenêutica, da narratividade, retomo uma leitura de Walter Benjamin, em que ele introduz uma hermenêutica mais próxima da pensada por Fabio ao propor a Teoria dos Campos, particularmente o método que eu chamaria de ruptura de campo. Alinho, em seguida, uma discussão que fiz, e encontra-se no livro referente ao III Encontro, que tem alguma aproximação com pensadores que se colocam como filósofos da pós-modernidade. A exemplo, de um lado, de Derrida, que rompe com toda a confiança na razão ocidental e nos seus caminhos; de outro, Adorno, que de algum modo mantém uma confiança paradoxal na razão e que, acho é mais a idéia do Fabio, embora ele se sinta solto e confiante nessa outra razão que surge a partir da linguagem do sonho. Vou ler um pequeno texto que preparei para esta discussão.

Parece-me fundamental a aproximação que Fabio faz da arte da interpretação a uma espécie de gênero literário, que ele denomina de poesia heurística, e que teria, a meu ver, um valor fundante para o método psicanalítico. A palavra em análise é paralelamente associada, como mimética, à linguagem metafórica da arte – ao que eu acrescentaria, no sentido concebido por Walter Benjamin, como uma atividade que não se reduz à imitação, mas que constitui uma forma lúdica e não violenta do pensar. Uma idéia sugerida pelo filósofo como expressão estética do mundo, mas capaz de conferir o mesmo prazer da metáfora e que, se referida à análise, pode ser entendida como um processo em que a linguagem do paciente é tecida pelo analista como a trama e a urdidura, enquanto carne e avesso da carne – inspirando-se aí em Merleau-Ponty, no livro *O visível e o Invisível* –, que de algum modo também sustenta o pensamento de Fabio, em que ao mesmo tempo o apaixonamento entre analisando e analista se converte em captura no e pelo campo do desejo como esfera do possível.

Lembro-me da conferência de Fabio sobre a cura, em 2000, em que ele recorre à metáfora da cura do queijo, retirando dali as sutis diferenças que constituem um outro processo de cura, o da análise. Um processo que, segundo ele, envolve a cura do desejo, mas que ao mesmo tempo permite ao sujeito habitá-lo, sem dele se descurar. A meu ver, esse é um exemplo de como o autor, autor-analista, lida com a própria teorização psicanalítica, que também não deveria se distanciar da linguagem poética e metafórica, da qual se alimentaria a interpretação.

A possibilidade da interpretação obedecer a um método, ao mesmo tempo em que é uma arte, conforme sugeriu Marilsa, pareceu-me bastante sugestiva. Retomo o exemplo mensurado por ela, que fora retomado por Suzanne Langer, a propósito do trabalho do artesão, em cuja primeira torneada de argila para fazer o vaso grego já se encontrava presente de forma ativa o princípio criativo.

Algo semelhante se passa tanto com o trabalho como com a formação do analista. Algo do trabalho do artesão e da formação do artífice, em que método e criação estão unidos como carne e o avesso da carne. Continuando com a idéia mencionada por Marilsa, acerca de uma característica fundamental da interpretação, segundo Fabio Hermann, que seria a da ruptura de campo, gostaria de voltar à Walter Benjamin e sua concepção da narrativa, comparando-a com o sentido da narrativa em uma análise, para depois mencionar uma idéia que desenvolvi a propósito das idéias de Derrida e Adorno. No plano da narrativa, segundo Benjamin, torna-se essencial a busca das origens e não da gênese, já que ela não visa – segundo uma comentadora de Benjamim, Jeanne Marie Gagnebin – um mero e ingênuo projeto restaurativo do passado, e sim uma retomada do próprio passado. Mas concomitantemente, porque o passado, enquanto passado, só pode voltar numa não-identidade consigo mesmo: ele é a abertura para o futuro. Um inacabamento constitutivo. Creio que aqui podemos nos aproximar de qualquer retomada da análise ou da retomada da narrativa de uma análise em meio à ruptura de campo.

A idéia de ruptura de campo, como algo imanente ao ato interpretativo, associado ao estado de irrepresentatibilidade transitória, como condição do surgimento de novas representações – que dariam corpo à prototeoria do sujeito –, a meu ver, se distancia, de outro lado, da interpretação simbólica, rompendo com a noção de sujeito. Nesse sentido, Fabio Herrmann parece se aproximar de Derrida, por exemplo, uma vez que este acentua a precedência do alegórico sobre o simbólico. Basta observar o uso feito por Herrmann dos contos e fábulas, até nos sonhos, como forma de iluminação da clínica psicanalítica, incluindo o uso do fragmento como forma de representação, e por toda idéia de sistema sob suspeita – mesmo em sua conceituação sobre o inconsciente. Para mim, a forma mais apropriada de fazer frente à dispersão da subjetividade e da cultura, que seria a chamada alta modernidade ou pós-modernidade.

RUPTURA DE CAMPO: CRÍTICA E CLÍNICA   231

Marilsa Taffarel

Apesar de admirar muito Walter Benjamin, optei por Roy Schafer, porque ele já está dentro da psicanálise, já fez a passagem.

Roy Schafer se tornou há alguns anos um kleiniano, tendo começado mais próximo da filosofia analítica, na crítica à metapsicologia que ele faz desse ponto de vista. É uma figura interessante e sustenta uma posição interessante, importante dentro da IPA que, para alguns, vale – como ser desinstitucionalizado igualmente vale. Desinstitucionalizado/institucionalizado numa instituição *sui generis*. Roy Schafer segue uma determinada linhagem dentro da hermenêutica, ele segue Paul Ricoeur.

Já tomei Walter Benjamin que, na sua força textual, se aproxima da idéia e de um sentido que emerge de uma ruptura. Ele se aproxima quando diz, como cito num trabalho, "não tomemos como parâmetro a química, senão a alquimia: não vamos analisar as cinzas, olhemos as chamas". Mesmo considerando Benjamim com todo o seu brilho e o que você disse, considero que o ponto crucial não é a transformação da vivência em experiência – a subjetivação do passado não se colando nela e voltando-se para o futuro –, considero que o ponto crucial é a ampliação da falha do sentido. Acho que isso distingue Fabio.

De igual modo – embora ele se coloque como um hermeneuta –, não tomei Laplanche. Nas suas últimas e não tão recentes publicações, Laplanche se propõe, dentro de sua postura anti-hermenêutica, a reler a metapsicologia freudiana. A diferença crucial entre ele e Fabio está na concepção de alta teoria. Só que aqui começamos cruzar muitos fios e a conversa pode ir além da conta.

Não se trata de reler Freud na obra da metapsicologia. Se trata basicamente, ou fundamentalmente para Fabio, de olhar a forma da psicanálise. E esse é um método muito especial. Ele diz: concebo o método como a forma essencial da nossa disciplina. Na minha tese, faço a distinção entre Fabio, Laplanche e Derrida. De qualquer forma, com tantos outros autores remetidos à sua colocação anterior, também me remeto aos hermeneutas científicos, que se apóiam na força explicativa. No texto que apresentei, só trouxe o que me pareceu essencial para caracterizar, como acabou de dizer Fabio, a ruptura que ele faz com a hermenêutica, mas aí sim conservando a hermenêutica. Porque ele conserva a hermenêutica: o segundo momento da interpretação, em que o interpretante é selecionado, esse momento é hermenêutico. Também explico isso na minha tese. Não vou explicar aqui... *Aufhebung*.

Fabio Herrmann

Aufhebung? Como é que Hegel veio cair em bocas profanas? Sim, claro, tem superações dialéticas, mas uma dialética esquisita, no caso da Psicanálise, uma dialética sem síntese. Levemos o pedantismo ao seu exagero máximo. Tem uma *Aufhebung* da *Aufhebung* na Psicanálise.

O que eu ia dizer é mais simples. Esse encaixe com Roy Schafer me foi sugerido, curiosamente, por um inesperado personagem. Em 86, estávamos em São Francisco, e o presidente da IPA, o próprio, falou: você com essas suas idéias precisa discutir com o Roy. No fim, a conversa não aconteceu, acabei me encontrando com outra pessoa, que não tem nada a ver com o nosso tema.

O que estou observando, em outras palavras, é que vocês estão chegando à Teoria dos Campos por vários caminhos, por vários autores. E – surpreendentemente ou não –, digamos que, de tão por dentro, estou por fora. Não há de se estranhar tanto que por muitos caminhos se chegue à Teoria dos Campos, precisamente porque a Teoria dos Campos não é uma doutrina que tenha limites precisos e sentenças afirmativas e claras, como: "É assim". – "Você está enganado". -"Isso está certo". – "Isso está errado". O que ela possui é uma forma de pensar, e uma forma mais ou menos afinada com seu tempo. E só podia: ela nasceu nesse tempo. Então, tem a ver com muitos autores – às vezes, negativamente, mas tem a ver.

Essa forma que você aponta, Mônica, que no começo eu chamava brincando de historinha – o analista que conta história –, tem tudo a ver com a Teoria dos Campos, tem tudo a ver com a Psicanálise, em particular. Isso porque ou tomo algo de um autor, ou tento fazer, mas é proibido fazer duas vezes a mesma coisa nesse mundo. Ou faço como Freud e começo a discutir infinitamente como, na verdade, a Psicanálise desmancha certas propriedades da psicologia e, então, não são mais da psicologia. Uma psicologia para desmanchar a psicologia: o que já foi feito.

Ou – o que decidi fazer há muitíssimos anos – tento ver para que tanto mais pode servir a Psicanálise. É óbvio que a Psicanálise é uma boa denúncia dos erros da psicologia, de certos desvios racionalistas da psicologia, mas ela serve, igualmente, para uma porção de outras coisas. Ela tem múltiplas utilidades, e é difícil de ser esgotada. Por essa razão, preciso lançar mão constantemente de mudanças de ângulos, de visão. Dificilmente daria certo uma conversa um pouco mais longa com Roy Schafer, por exemplo. Porque, logo em seguida, talvez já estivesse eu falando de outra coisa.

O que é o simples e o impossível? Sim, nós analistas, psicólogos, terapeutas – os analistas que se dedicaram à vida toda à Psicanálise –, decidimos fazer um ataque ao racionalismo psicológico, ao excesso de teorias, às racionalizações, ao uso de uma racionalidade fora de lugar. Isso está certo. O que está errado é o seguinte: por que razão é preciso continuar fazendo sempre a mesma coisa, quando posso fazer outras coisas? Foi esse exemplo que repeti com Mercator, com o pavilhão dourado, com o talentoso Kieffer.

Estou convidando vocês a pensarem feito louco. É para pensar feito louco. Louco bem-feito. O louco bem-feito é aquele que pensa no que os outros não pensam. Só que é claro que nós nos detemos um pouco no consultório, ao invés de pensar como louco, ir até o fim, e acabamos dizendo: "Portanto, a verdade está... no complexo de Édipo", ou que a verdade está em qualquer outra coisa já sabida. A nossa parada deve ser outra, para podermos pensar que, na verdade, não sabemos onde a verdade está. Aí é que está a diferença entre o louco bem-feito e o analista detido no consultório. Por isso, a forma predileta para mim é dizer que não vivemos em um mundo onírico, sonhando. Não. Vivemos em um mundo extremamente lógico, numa lógica que não é racional, que é muito esquisita. É nesse mundo que a gente vive. Se o tomarmos em consideração, ele vai mostrando todo o seu absurdo, toda sua maluquice. O analista é um desembaçador de vidro. Limpa a vidraça, e aí vemos a loucura toda que nos cerca do lado de fora e do lado de dentro. Nos *Andaimes*, chamo isso de *delírio lúcido*.

João Frayze-Pereira
Passo a palavra à Sonia Terepins.

Sonia Soicher Terepins
Já que todos os caminhos levam a Roma, vou fazer o meu. Quando me detenho no tema, a arte da interpretação, fico pensando no jeito de conjugar arte e interpretação. Fabio já nos advertiu antes, e hoje novamente, que interpretação é uma arte, mas não obra de arte. Como obedecer ao método e ao mesmo tempo ser arte?

Ocorreu-me uma expressão normalmente usada quando uma criança apronta, que ela bagunçou: fez uma arte. Como seria a interpretação por via de algo que o analista apronta às vezes intencionalmente e outras sem querer? O paciente vem, e fala e fala: ao analista cabe interpretar. Dentre a porção de coisas que pensei para debater, trouxe algumas como questões.

Uma paciente que não se deita, nem tem a mínima intenção de se deitar, começou a sessão contando como tinha sido seu final de semana. Falava bastante, parecia muito entusiasmada. O que me chamava atenção, na verdade, era o brilho do colar que ela usava: cada vez que ela gesticulava, o colar brilhava, assim como os brincos.

RUPTURA DE CAMPO: CRÍTICA E CLÍNICA   235

E aquilo ofuscava minha visão. O conteúdo da conversa, mesmo sendo interessante, diminuía mais e mais ante aquela luminosidade visual. Nisso, interrompo e digo: "Você está dourada hoje". Ao que ela, surpresa, responde: "Hoje eu estou adorada". E assim prosseguiu a desfilar, perdidamente apaixonada pelo sucesso que trazia consigo.

Dentro daquela captação visual, falei algo e o sentido se modificou: ela escutou outra coisa. Pegou outros elementos e decolou para uma situação que, penso, organizava seus sentimentos ali comigo. Passei, assim, a me perguntar: o que a gente faz quando interpreta? O que vem a ser de fato interpretação? Fabio nos diz que é uma interpolação, uma interferência. O trabalho interpretativo pode ser definido como produção de um *ato falho a dois* – frase que a gente escutou diversas vezes aqui. Creio que essa paciente fez uma montagem visual que me capturou para ser espectadora daquela encenação. Ao me ouvir, transformou dourada em adorada. O que era meu? O que era dela?

O fenômeno da transferência estava em cena, era comigo, era para mim, até porque estávamos só nós duas ali. Pensando em termos de consultório, sabemos que é uma grande montagem – o espaço, o horário, os móveis da sala –, uma situação inventada para a gente identificar certos fenômenos. Outra coisa que também sabemos é que o inconsciente existe, mas nem sempre o apreendemos, apenas em situações especiais.

Voltando para a arte da interpretação que, como qualquer arte, exige técnica. Uma palavra que assusta e sobre a qual já se falou que não deve ser algo mecânico – mas se estamos no domínio da psicanálise, usamos da técnica, no sentido bem traduzido por Fabio, de normas de interpretação. Daí a questão que me fica: a habilidade de escutar naquele caso estava localizada no olhar e não no ouvir o que a paciente me relatava. Aconteceu com alguma simplicidade, pois era justamente o que ela demandava: ser olhada. Enfim, a questão me permanece ecoando o tempo todo, acho que Marilsa abre bem para essa pergunta, entre o saber fazer e a criação. O que é uma interpretação? Onde fica?

João Frayze-Pereira

Vamos ouvir agora o comentário de Suzete Capobianco.

Suzete Capobianco

A razão talvez prioritária de eu estar aqui hoje era o fato de ter como plano inicial perguntar ao Fabio sobre a experiência da corrente alternada, da qual participei ativamente. Como as coisas foram tomando tantos rumos – obra de arte psicopatológica, o texto da Marilsa –, resolvi fazer aqui um pouco da minha especialidade, que é misturar alhos com bugalhos. Isso também ilustra o jeito como trabalho com o Fabio: ele fala e eu vou embora, viajo, construindo alguma coisa, talvez na linha da corrente alternada.

Baseio meu comentário em três histórias. A primeira é a do pavilhão dourado, cujo impacto foi para mim puro dinamite. Eu podia sentir os arrepios dessa história, embora ainda não tivesse trilhado de volta o caminho que me conduziria ao entendimento de que bomba era e onde ela estava. Só senti que era potente. Num primeiro momento, me veio à mente o livro de Elias Canetti, *Auto-de-fé*, em que o protagonista, um sinólogo, um estudioso do oriente, tinha sua vida de tal modo ligada à sua biblioteca que o destino lhe reservou um final igual ao monge de Kioto.

As histórias prosseguem, e do século 15 vamos para o 21. Estamos num torneio de tênis em que um exímio praticante atado às suas manias – para falar o mínimo – chega a nós como uma obra-prima. Não de um jogo em que ele é exímio praticante, mas de outro que ele talvez ignore e eximiamente também pratica: sua loucura privada.

Um pouco cedo para saber, mas não para perguntar: o que pode ter isso em comum? Tomei a pista da palavra *auto*, que me veio pela lembrança de auto-de-fé. Um auto é uma encenação. Diz o dicionário: "Poema dramático de ato religioso ou moralizante, característico do teatro medieval". Uma cena arcaica, portanto.

RUPTURA DE CAMPO: CRÍTICA E CLÍNICA   237

E a palavra, nessa acepção, provém do latim, *actus*. Movimento, impulso, ação. Representação de peça teatral. Auto-de-fé, por sua vez, significa a cerimônia em que eram proclamadas e executadas as sentenças do tribunal de inquisição, destinada para os pouco ortodoxos. Por extensão metonímica, ficou também sendo o suplício dos penitentes pelo fogo, ou simplesmente a destruição pelo fogo, queima. Mas as cenas não se limitavam ao atear do fogo ao templo ou ao pousar da raquete sobre o encontro das linhas. Foram mostradas a nós e interpretadas como dois exemplares da obra de arte psicopatológica: aquilo que não sabemos de nós e que em nós se realiza. Esse modo de mostrar reforça o caráter de encenação e suprime com aguda delicadeza os autores do ato. Nessa cena desaparece, ou melhor, agoniza subliminarmente a relação entre o agente da ação e seu autor. Faz surgir uma pergunta: a autoria. Quem fez? Quem faz?

Talvez aí eu possa achar um gancho. O templo fez? A biblioteca fez? O caráter obsessivo fez? Ou fui eu que inventei como um ato de arbítrio, que não guarda nenhuma *adequatio* da representação à coisa e, assim, não estando em conformidade, não é verdade — e estou a praticar minhas encenações privadas, minha loucura privada. A ficção e a interpretação nos permitem jogar, brincar, como Luís Claudio Figueiredo mencionou em seu texto sobre Winnicott. Porém, quando a gente toma um papel no jogo, logo percebe que a coisa não é brinquedo. Brincar com fogo é fogo.

Recapitulando. Há uma cena, uma peça, um jogo, e os atores não são os autores. Autor vem do latim *auctor*, o que produz, o que gera, o que faz nascer. E também de *augere*, que faz crescer, aumentar, amplificar. Como em toda obra de arte, não é o aspecto da confecção, da utilidade ou representação da coisa que nos revela sua essência.

Nos diz Heidegger (menciono aqui o ensaio *A origem da obra de arte*), que a obra de arte abre no seu modo próprio o ser dos seres. Essa abertura, isto é, esse descobrimento da verdade dos seres, acontece na obra. No trabalho da arte, a verdade do que é lança-se na obra. Arte é verdade, lançando-se na obra.

Trata-se aqui da arte da interpretação. Essa é a nossa obra, no sentido de que o artista é o intérprete. A ele é dado o fazer a obra que, assim que é feita, se abre. Ao fazê-la, traz à luz o que não era possível ser visto quando nosso olhar se tranqüilizava com a familiaridade do que estava ao redor. O ser se esconde nessa familiaridade, e é um trabalho de arte que pode remover, desse bloco de pedra, figuras e cenas. Verdade acontece apenas pelo estabelecer-se no conflito e na esfera aberta pela verdade, ela mesma, pois verdade é a oposição entre clarear e esconder. Verdade não existe em si, de antemão, em algum lugar entre as estrelas Apenas depois de descer num lugar entre os seres.

Isto é Heidegger. A arte permite a verdade originar, ser origem, fundar. Ser chão, fundação, fundamento. Recolhe o escondido que há no ser e, ao formulá-lo, descobre como verdade – qual no sentido grego de verdade – o *desvelamento*. Aqui, a arte é o próprio ato de interpretar. O autor como aquele que faz nascer. O ator da ação não é o monge que ateia fogo, mas o intérprete ao nomear o relato concisamente. O grande sedutor nos aproxima dessa verdade potente. O homem em relação com aquilo que o ultrapassa.

O desfazimento das conexões autorais em seu lugar previamente determinado, inclui a experiência que se chamou corrente alternada, da qual participei. A idéia nasceu para tentar dar conta da seguinte pergunta: escrever sem leitor? (Acho que da idéia tomada ao pé da letra, do leitor inexistente, deslizou-se para um leitor invisível.) Dessa pergunta endereçada e talvez desse deslizamento – suponho que tenha sido assim – chegamos ao nosso leitor invisível. Surgiu então a brincadeira: como seria comentar um caso clínico, minimizando a transferência com o autor? O que sairia dali?

Conto a vocês um pouquinho. Um caso clínico era posto em circulação para que cada um que o recebesse adicionasse impressões. É um jeito novo da antiga associação livre, mas não apenas: cada um sabia limitadamente a esfera na qual suas palavras circulariam, o que lhes dava de antemão um ambiente psicanalítico. O resultado das

RUPTURA DE CAMPO: CRÍTICA E CLÍNICA   239

várias escritas sabe-se hoje. Podemos transitar na textualidade do
caso clínico, abolindo ou evitando a fronteira entre analista e analisando na sessão. O texto nos ultrapassa, somos apenas os ateadores
de fogo. O arrepio que eu sentia ao ouvir a história do pavilhão dourado, a do tenista e a participação na corrente alternada ensinam na
carne o fogo de brincar com coisas sérias. Rompidas as familiarida-
des, abre-se o aberto do ser e, mortos de medo e contentamento,
estamos todos bem vivos, acordados no jogo.

Fabio Herrmann

Não consigo imaginar nada melhor do que estar num lugar
protegido da chuva, conversando com os amigos. Veja bem, Sonia,
você fez uma pergunta que não é uma pergunta, é "a" pergunta: o
que é interpretar? É isso que nós vamos descobrir. O que leva dourada para adorada? O segredo trancado às sete chaves, o segredo da
interpretação não é pouca coisa, e é que a questão não é dourada ou
adorada, que podia ser até um mau trocadilho. Não é a qualidade do
trocadilho que faz uma boa interpretação. Mas é aceitar que você
está vivendo neste mundo em que dourado e adorado podem ser
intercambiáveis. Você não está afirmando que é a mesma coisa, você
não está querendo corrigir, você não está sequer apontando para a
paciente que doura a si mesma com o pavilhão. Simplesmente, você
está ouvindo uma história estranha, e está ouvindo pelas entranhas.

Voltando a um ato falho da primeira mesa. Entranhadamente
a gente escuta, entende, e é isso que faz a interpretação. Quer dizer,
nós levamos a sério a arte. Não foi isso que vocês estavam dizendo?
Nós não conseguimos nos levar muito a sério. A gente está sempre
precisando que o paciente nos diga: "Isso que o senhor está fazendo
está bom. Eu estou melhorando". – "Não se preocupe, continue fazendo." Porque a gente mesmo não acredita que essa coisa absurda
seja Psicanálise. Mas é. Depois a gente lembra que é e volta a fazer. A
gente lembra, por exemplo, que ciência só vai ser arte se for método

240   TEORIA DOS CAMPOS - IV ENCONTRO

– embora meia dúzia de paradoxos embutam-se nisso. Se você não sustentar esses paradoxos, vai ficar no final com a mão vazia (e talvez também com a bolsa).

Sobre o que Suzete estava dizendo. Também não lhe trago uma resposta, mas vou no mesmo gênero de comentário que fiz à Sonia. O que você contou da experiência da corrente alternada? Contou que nós participamos dela, que você escreveu, obteve resposta e voltou escrever; outros escreveram. No fim, todo mundo, pelo menos uma parte, tenho certeza, só queria saber que pedaço eu não tinha inventado. E é óbvio que não inventei pedaço algum. Só uma amostra da Psicanálise vivida por dentro.

Eu proporia a vocês, a todos, a seguinte idéia: quando a gente faz por dentro é Psicanálise, quando faz por fora é nada. Se a gente parar e repetir e acreditar, e deixar que essa coisa brote e cresça, é Psicanálise.

Suzete Capobianco

É como estar voltando. É recordar. É a origem. Se Freud faz uma obra que diz respeito a esquecer e lembrar, esse por dentro que passa pelo coração parece ser uma boa lembrança.

Fabio Herrmann

Qual o caminho das conversas na corrente alternada? Qual é o domínio, qual é o poder especial do Édipo em Colono? É que ele recorda quem é Édipo. Ele não se esquece. Embora se diga o mais desgraçado dos homens. Depois diz: com quem vocês pensam que estão falando? Eu sei quem eu sou. Eu não vou esquecer o lugar, mas ninguém mais vai lembrar o lugar da minha morte. É um recordar. Esse recordar que faz a análise, que faz com que a gente participe dessa grande coisa freudiana pela via do coração. Acho que é isso. Isso é fazer por dentro. Quando a gente acerta, a gente sente que

RUPTURA DE CAMPO: CRÍTICA E CLÍNICA   241

ganhou senão ao mundo, pelo menos ganhou a si mesmo. Quando a gente erra, a gente fica com as mãos estranhamente vazias – e o coração idem.

Marilsa Taffarel

Sonia, não respondi na hora: é claro que você fez aquela pergunta que também faço sobre saber fazer e criação. E é uma pergunta, como disse Fabio, essencial. Para essa pergunta, encontrei a resposta em Suzanne Langer. Prefiro aproximar, gosto de aproximar a Teoria dos Campos dessa filósofa, que é uma discípula de Cassirer. Diz ela que a arte consegue essa reunião da criação e da máxima habilidade. Como podemos entender isso? Dei aqueles exemplos de dois nomes singulares, vamos dizer assim, nomes próprios, como aquela primeira torneada do vaso de argila. Acho que além de habilidade, tem ali criação, algo de criação. Inspirada nela, lembrei desses exemplos, dos quais há milhões em nossas clínicas. Mas isso não é um processo analítico, isso é exemplo de uma primeira torneada. O processo analítico, a travessia, aí é muito mais. E, em geral, sai um vaso muito peculiar.

João Frayze-Pereira

Passo a palavra à Maria Lucia.

Maria Lucia Castilho Romera

A palavra está comigo. Vamos ver se os vasos não caem. Também acho, como a Sonia, que a interpretação é arteira. Pensei em tantas formas de desenvolver essa minha fala e quando o vaso caiu me ocorreu: deve ter alguma coisa me chamando para o palco.

Por que pensei em várias maneiras? Porque sou uma transmissora. Lá em Uberlândia – por isso falo tanto de Uberlândia –, feito Colono, é que Édipo pôs o pé na terra. É o chão onde a gente pisa, onde a gente tem dificuldades e, enfim, de onde puderam sair 24 pessoas num ônibus bem durinho para vir neste encontro. Daí a minha preocupação em expressar as inquietações que em geral conduzo para este grupo, que hoje está aqui.

Mas não vou fazer isso; como Marilsa me alertou, essas perguntas desses alunos de graduação, de pós-graduação, que parecem as mais simples, são as que dão mais trabalho. Então, nos aguardem que, no próximo ano, durante o curso de especialização – e no próximo ônibus –, a gente vai falar muito a respeito dessa questão. Temos muitos amigos e nossa casa, senhoras e senhoras, serve de tudo, de *Apfelstrudel* a queijo e pão de queijo. E também queijo curado, meia cura, temperado, fresco; de tudo um pouquinho, indo por esse lado arteiro. A gente está num palco, talvez por isso as coisas vão caindo no nosso colo. E este é um momento importante: estamos todos um pouco tristes, um pouco alegres, um pouco esperançosos. Estamos todos no *entre* – uma situação em que a Teoria dos Campos vem sempre me ensinar.

Durante este encontro, lembrei muito de duas frases de Guimarães Rosa, já que estou meio na toada de falar de Minas e de queijo. Uma: "A estranheza daquele fato deu para o estarrecer de toda gente, aquilo que não havia, acontecia". Outra: "Aquilo que não era o certo exato, mas que era mentira por verdade". Podia até parar por aqui, mas não vou, porque eu sempre quis ser atriz e contracenar com gente tão importante, e não vou parar de jeito nenhum. Agora que me deram a palavra não me arrancam esse microfone nem a paulada.

Mais duas questões, e aqui a minha questão de ser professora. Acho muito gostoso voltar à arte da interpretação. Tenho visto que muita gente se preocupa em não escorregar no dogmatismo e falar de grandes certezas. É fácil ser dogmático, difícil é a arte de não ser. Em todos os sentidos.

Na fala da Marilsa, fiquei assustada com a questão do anti-hermenêutico. Pela Teoria dos Campos, conforme Fabio, nós somos

RUPTURA DE CAMPO: CRÍTICA E CLÍNICA   243

anti-hermenêuticos e também hermenêuticos. Quanto à interpretação criar condições para que surja o sentido, acho que entra aqui também a condição do desaparecimento de sentido. É o desaparecimento, para que algo apareça e permaneça, no entanto, aquilo que já estava dado. Falo de um ponto de vista quase empirista sobre a arte da interpretação. Quando começo ensinar psicanálise para meus alunos, isso significa destroná-los. Nos cursos de psicologia, começo a ensinar clínica, não psicanálise e consigo, assim, transmitir o desassossego imprescindível para que eles possam se aproximar dessa verdade, que nós estamos tentando captar aqui neste contexto. É um movimento que os pega, que os toma meio de surpresa, por isso é muito importante. E que bom que temos agora os recursos dos conceitos metodológicos e técnicos da Teoria dos Campos, pois observo com clareza que nesse momento inicia-se uma recitação de conceitos. Isso então é *vórtice*. Entrei em *vórtice* e fiz rupturas.

Entendo esse meu fazer de ensino e o que está acontecendo aqui como o caminho de retorno. O bom filho ou mau filho à casa torna – e essa casa é a casa da interpretação. Nisso tudo, não poderia deixar de dizer que, ontem, quando me preparava para essas questões, fui desviada de meu caminho e levada para ver o filme *A casa vazia*. Saindo do cinema, pensei que naquela casa habitamos todos nós, moradores da Teoria dos Campos. No filme, o protagonista vai arrombando casas, ele é um assaltante de casas. E em cada casa ele se hospeda do mesmo jeito que o dono da casa se hospedaria, do jeito mais aproximado do próprio dono.

Para mim, este encerramento é mais do que tudo uma abertura, uma volta àquilo em que tudo se originou, ou seja, a arte da interpretação.

Gostaria que Fabio me ajudasse. Uma vez ele foi à Uberlândia e deu um exemplo muito interessante a propósito dessa questão. Não é uma arte espontaneísta, é uma arte tão precisa que beira o fio da navalha. Arte que se faz com rigor tamanho que nos assusta a todos. Tão precisa que acaba mexendo com a gente, num corte quase fatal.

Fui um pouco longe porque lembrava aquele exemplo em que você falava de certa posição do esquiador, a ser feita quase no limite da queda, já que é quase caindo que se chega à posição em que não é mais possível deslizar e cair. Nunca esquiei, mas adaptaria isso para o andar a cavalo em nossa terra. Tem que ser de um jeito tal que se incorpore um pouco o galope: de outra forma, a gente trota.

João Frayze-Pereira
Agora, vamos ouvir a Camila.

Camila Salles Gonçalves
Como todos, sou grata, principalmente por esta experiência, uma das mais originais da minha vida. Apesar de certa intimidade com o palco – mantenho um grupo de teatro pré-amador –, estar aqui com os amigos e falar sobre, espero, a Teoria dos Campos e a arte da interpretação, sei lá.

(Um dos meus atores, o que faz o papel de Zeus, encontra-se presente. Não percam sua próxima apresentação. Fim do comercial.)

Sei que resolvi estourar os equívocos. Ser uma equivocrata. Escrevi um texto curto, que vou tornar mais curto ainda, que tem duas partes. Uma chama-se *Ao pé da letra* e a outra *Segunda intenções*. Nas *Segundas intenções*, assinalo, diminuo e aumento a perguntinha que ia fazer para Marilsa, juntando com algumas interpretações da situação epistemológica atual de Fabio Herrmann, para ver o que ele acha disso.

Em *Ao pé da letra* peguei quatro versos. Falou-se de poética, de heurística: então, quatro versos. Creio que de muito bom gosto, como todos os que foram usados aqui como epígrafe. O primeiro é de um grande filósofo e poeta, Rubens Rodrigues Torres Filhos, do livro *A letra descalça*.

RUPTURA DE CAMPO: CRÍTICA E CLÍNICA   245

"Os pais agem tão bem que na paisagem/ os pais agem também: serpente repentina, sol solteiro,/ lua que inunda o fusco, cio, maré./ Na via enviesada (ou brusca do sentido)/ a letra vai a pé." Guardem os números, por favor.

Segundo: "Suave, como ter mãe e irmãs, a tarde rica desce...".

Terceiro: "O meu porquinho-da-índia foi minha primeira namorada".

Quarto: "O teu silêncio é uma nau com todas as velas pandas...".

Estas citações não são epígrafes. São um material de trabalho. Trazem versos que desvendam descobertas no relacionamento com o outro desde os primórdios – Édipo, se preferirem. Até a experiência como analista, até a experiência com o analisando. Disto sabe a psicanálise, mas o que tem a ver com a Teoria dos Campos e com sua arte da interpretação? Nada, talvez. Sirvo-me desse material como poderia me servir de um sonho, de um fragmento, da história, da mitologia. Pergunto à minha imaginação e a de vocês o que poderia fazer aí a arte da interpretação?

Em primeiro lugar, convém deixar a imaginação de lado: o material já provém da arte da interpretação de grandes poetas. A constatação de que a arte psicanalítica da interpretação nada tem a fazer aí ajuda-me a entender e a pôr em destaque o que ela não pode e não deve tentar fazer, porque está fora de seu campo. A arte é separável do método e ele só se constitui na presença do analisando.

Em segundo lugar, proponho que imaginemos, como em sonho, que temos analisandos capazes de dizer as frases citadas. O que faz o analista? A gente tem falado muito difícil. Tenho um conselho, guardado há uns nove anos, de um livro de Fabio Herrmann, que dou para meus alunos-analisandos lerem: "O analista deve agarrar-se às presentações mutáveis do desejo, às fantasias como se diz usualmente".

Em terceiro lugar, sugiro que embarquemos na perplexidade da pergunta – como fazer e o que dizer? – para, em seguida, valorizar a diferença entre a fala do analista e interpretação. Caricatura de sentença interpretativa, no primeiro verso, seria a emissão de uma interpretação que apontasse para o analisando a circunscrição em que ainda ele se vê pelo mundo dos pais. Já a discussão sob o ponto de vista da fala do analista poderia ser acompanhada da brincadeira do 'sol solteiro', da 'lua que inunda o fusco'.

No livro do qual tirei a frase de Fabio Herrmann ele nos ensina até o pulo-do-gato. Alguns alunos e supervisionandos que me ouviram dizer isso não leram porque não acreditaram. Lembro, então, exemplos que deveria ter dado de como se fala da situação analítica no exercício da arte da interpretação. Daí, uma sucessão de aspas.

Com certa freqüência, a troca de palavras "não precisa ser direta nem clara, pois toca os dois interlocutores, ou contendedores, sem mediações racionais, toca-os como se tocam as cordas de um violino".

A fala do analista, às vezes, "destaca uma fala do paciente"; em outras, "possibilita que a fala do paciente recupere seu valor mais forte perdido no fluxo do discurso". Há ocasiões em que a interpretação "pode se deixar ecoar o efeito cumulativo de sessões seguidas". Se vamos buscar a melhor forma "do fazer clínico", temos por onde começar, temos essas aulas de flexibilidade.

Haveria mais exemplos, é claro, mas indico o que pode ser o pulo-do-gato: "boa parte do processo interpretativo é perfeitamente mudo, passando-se quase só na escuta do analista". No quarto verso – o silêncio que é nau e pode navegar –, o analista, que Fabio nos vem mostrando há décadas, pode aqui, perfeitamente, rir, se espantar, brincar com o lusco-fusco oferecido pelo analisando. Por que não? Winnicott não tirou patente, e a Teoria dos Campos não se investe na condição de única opositora da rigidez e do furor interpretativos. Resultante da imensa tarefa de investigar e examinar criticamente o método da psicanálise, ela igualmente nos permite desvendar perfis do método e descrever seu modo de funcionamento.

Falou-se em *Apfelstrudel, Aufhebung*, paradoxo, lógicas e lógicas – nesta *Segundas intenções*, volto ao método, aos perfis do método. Acredito que Fabio Herrmann tem nos mostrado perfis do método. Pesquei duas frases, uma da Marilsa: "O que Fabio faz é olhar a forma da psicanálise". Outra do Fabio: "Lançar mão de ângulos de visão". Ao refletir sobre o método, acredito que Fabio tenha e venha realizando esse trabalho de pegar e nos apresentar os modos sob os quais ele aparece. Usando com clareza os nomes feios, Fabio é um fenomenólogo do próprio método. Desde Kant, ninguém, nenhum ocidental tem esperança de ver a coisa em si, por ele chamada *numenum*. A nós, ocidentais, resta a esperança de ver as várias formas de aparecer daquilo que aparece, fenômeno que vem do grego, φαινωμαι (aparecer).

Relaciono esse trabalho de fenomenologia do método, que tenho acompanhado, com o que disse Marilsa do momento fenomenológico na arte da interpretação de Fabio. Se é hermenêutica, *lato sensu?* Talvez. Nos especialistas podemos encontrar uma imensa bibliografia e pesquisa, e não vou entrar nisso. Minha questão é quanto ao momento fenomenológico, o que pode ser isso? Falou-se muito de consciência. Vou falar rapidamente de duas consciências segundo a fenomenologia. Uma consciência espontânea, que se abre diretamente para o fenômeno.

Nas frases mais clássicas, Sartre diz: *se eu amo uma mulher, é porque ela me aparece como amável.* Não tem nada na salmoura do espírito, nada por dentro. Não tem que olhar para dentro: por que essa mulher é uma mulher amada? A consciência já se abre espontaneamente para essa mulher como uma mulher amada, ou para uma máscara japonesa como terrível. Terribilidade é a propriedade dessa máscara japonesa para a qual a consciência – a espontânea – se abre. E há uma segunda consciência, que se debruça sobre a primeira, uma consciência reflexiva. No momento fenomenológico da análise, é a consciência espontânea que ouve e entende a fala daquele jeito; todos esses *papers*, que depois apresentamos, são resultados da consciência reflexiva.

Sobre o método, acho que Fabio entrou em cheio no método onírico não por ter falado de sonho: lembro aqui A *interpretação dos sonhos*, quando Freud fala da lógica do sonho. Estamos indo muito longe para procurar o melhor invólucro, a casca da laranja. Essa é a lógica que Fabio tem usado para desenvolver e nos apresentar o próprio método. Ele apresenta o método usando, acho, procedimentos que estão presentes no fazer do sonho. Quando chamei, pensando na minha segunda consciência, Fabio de demiurgo do sonho, estava pensando no demiurgo como aquele que pega a matéria informe e lhe dá uma forma.

Como ficamos? Ruptura de tempo é um resultado da aplicação do método – e o método da psicanálise, Fabio nos diz, é a ruptura de campo. Há, depois, uma série de deslizamentos: os conectivos lógicos, da lógica do sonho, que Freud apresenta, também não têm essa exclusão, ou isto ou aquilo. A gente não precisa procurar em Winnicott. Está em Freud, Fabio sabe muito bem disso. Acredito que no perfil que Fabio nos apresenta neste quarto encontro – sei lá quantos perfis nós vamos ver, tomara que hajam tantos encontros quanto perfis possam ser apresentados – ele segue uma lógica de sonho. Uma lógica que pode perfeitamente ser seguida, que resulta não do decifrar, mas de um novo olhar, uma nova forma de apresentação dentro dessa fenomenologia que vocês têm praticado. É isso. Não sei se é pergunta, comentário, debate.

João Frayze-Pereira
Passo a palavra aos dois expositores.

Fabio Herrmann
O tempo, por enquanto, auspicia a eternidade. Diante de tudo isso, por enquanto, é um convite que talvez pudesse ser feito pelo anjo de Buñuel. Algum dia ainda poderemos sair, porque o

que nos prende, evidentemente, não é esse dia gostoso: é muito mais a companhia e o prazer renovado deste encontro, em que não estive tanto quanto gostaria de estar, e vocês sabem muito bem que não foi por falta de vontade. Pela mostra que estou vendo, no entanto, foi muito bem, terminando muito bem: é o que nós queríamos, o que nós queremos.

Eu não sei o que nós queremos. Realmente, não sei. Se eu soubesse em positividade a resposta a cada uma das perguntas que vocês fazem, talvez até pudesse dizer: nós estamos querendo tal coisa. Nós estamos querendo, por exemplo, dar uma forma mais sólida à Teoria dos Campos e garantir um grupo que a sustente – nesse caso, o instrumento escolhido, que é este encontro, não seria o melhor; melhor seria a formação de guerrilhas urbanas.

Este nosso estar aqui é mais um convívio, mais um estar por dentro, é mais a fundação de um reino, de um Estado, alguma organização política, mas que vai aderir àquilo que Camila meio falou, meio sussurrou: uma espécie de equivocracia. Um governo muito bem organizado pelo equívoco. É este o nosso estar aqui hoje. E tem sido assim até certo ponto em todos os encontros – particularmente este que se acentua pela organização e pela forma que se revestiu que, acho, funcionou muito bem. Teatro, encontro. Considerarmos as próprias pegadas e tomá-las com o respeito que elas merecem e, ao mesmo tempo, com bom humor, sem o qual elas não são sequer pegadas, são simplesmente rastros de uma sombra.

O que dizia você, Maria Lucia, sobre o ensino da psicanálise via Teoria dos Campos, e você fala de um lugar onde rebenta a onda, na praia de Minas, na praia interior. A onda rebenta bem nesse lugar onde você está, no qual você fala, do qual vieram seus alunos e também você – e o que isso contém? Que sentido tem esse lugar, até certo ponto absurdo, esse interior dos interiores? Um sentido contrário do que se pensa: a psicanálise ensinada pela Teoria dos Campos pode ser uma contradição cômica, apenas um erro, se pensarmos em dar um longuíssimo curso à epistemologia interna da própria Teoria dos Campos e montar um imenso quadro sinóptico de todos os conceitos. Se ensinar Psicanálise fosse isso, você não ia só achar muito esquisito, você ia ficar sem alunos rapidamente.

Por outro lado, a Teoria dos Campos, penso eu, é a melhor das formas de se ensinar Psicanálise, porque ela é só um pôr em prática. É pôr por dentro em prática a Psicanálise, não aceitando – tanto quanto se pode neste mundo feito de precariedades – nenhuma objetivação. Nunca se diga que a Teoria dos Campos é isso ou aquilo nesse sentido, porque a Teoria dos Campos é o modo de ser da Psicanálise. A Teoria dos Campos é modo de ser da Psicanálise que hoje se abre – se desse modo a Psicanálise fosse e sempre tivesse sido, a Teoria dos Campos não precisaria sequer existir. Fosse também a psicologia o que deveria ser, não precisaria existir Psicanálise; e, por fim, se o conhecimento, não a filosofia em particular, o conhecimento em si fosse ensinável como aquilo que deveria ser, não precisaria igualmente existir a teoria do conhecimento. Bastaria um saber do que nós estaríamos fazendo – o que na prática estamos fazendo –, que é deixar que se circule e cresça como uma massa de conhecimento, de pensar, e que nos leva, que não admite contradições. E a contradição é, simplesmente, parte do processo de levedação e de crescimento dessa massa.

A Psicanálise, por isso, é uma arte, mas é difícil pensá-la como uma arte, pelo receio de não nos levarem a sério. Ou que é uma ciência, que não é uma ciência. Ou que é isso ou que é aquilo: incorremos sempre no mesmo e velho pecado. O que acontece quando isso acontece? Simples, nada de muito complicado: aprendendo alguma coisa, queremos capitalizar aquilo que aprendemos, seja a Teoria dos Campos, seja qualquer uma das escolas psicanalíticas. Aí tanto faz: acaba ficando tudo igual. Tudo igual sobre a égide da valorização daquilo que faço.

Se a Psicanálise pode ser ensinada pela Teoria dos Campos? É lógico que sim, desde que seja por essa prática corrosiva de considerar que, a cada conhecimento da Psicanálise, seria impensável e

RUPTURA DE CAMPO: CRÍTICA E CLÍNICA   251

cômico ensinar Psicanálise e omitir um detalhe: o de como Freud a criou No momento em que a gente transmite, é preciso transmitir Freud em toda profundidade, para depois poder, no mesmo ato, fazer a crítica do que nós estamos transmitindo. Não de Freud, da nossa própria transmissão. Assim eu concebo o ensino da Teoria dos Campos. Por fim, aquilo que você propõe, que é o pulo-do-gato, eu diria ser uma espécie de gato da Alice do qual, em vez de ter sobrado o sorriso, sobrou o pulo. Perdeu sua materialidade e ficou um movimento, um reposicionamento: um pulo-do-gato sem gato. Já disse um filósofo que a metafísica consiste em procurar num quarto escuro um gato preto que não está lá. No caso nosso é exatamente isso. A Psicanálise, graças a Deus, não a metafísica. Ela, a nossa boa amiga Psicanálise, consiste nesse pulo do qual você pegou a essência e, generosamente, deu uma porção de exemplos.

Você podia ter dado só um exemplo, não sei se você fez bem: tenho feito isso à vida toda, dado uma porção de exemplos, exemplos no estilo dos que você deu, isto é, de procurar mostrar que não é acertar um bom trocadilho, uma sessão, ou acertar uma boa explicação numa sessão, ou um bom contato afetivo com o paciente numa sessão. Nada disso é o pulo-do-gato. Nada disso é o essencial que modifica. Esse essencial que modifica é um estar por dentro, vivos dentro da Psicanálise. *Credo quia absurdum.* Acredito porque é absurdo. Isto é, praticando uma conversa que, na aparência, gera uma resposta do tipo: você não pode estar falando isso a sério? Até já ouvi: você é uma pessoa tão legal, por que fala essas coisas? Se Freud não ouviu isso, eu já ouvi uma porção de vezes. E olha que há uma distância entre o nosso tempo e o tempo dele. Já ouvi também: para que inventar isso? Por que não faz uma coisa mais simples? Ou por que você, um analista de tanto futuro, foi se meter no meio disso? Que vocação perdida! Esse absurdo, isso que parece tão absurdo, é, no entanto, apenas o conjunto de exemplos, ou um conjunto de exemplos, que nos encaminham para a única definição plausível do que seja um campo: sua ruptura.

Suzete Capobianco

Um pouquinho em homenagem à Maria Lucia, quero fazer um acréscimo às duas frases citadas por ela, acrescentando à praia, que bate no interior, e dá toda essa idéia de ruptura. Me lembrei de uma historinha de João Guimarães, que uma amiga pôs como epígrafe numa tese. Uma senhora chega numa venda e diz: meu senhor, vim comprar fazenda para fazer alguns remendos. Replica o vendeiro: e de que cor são os buracos?

Fabio Herrmann

Prêmio de economia e precisão. Porque é exatamente isso. Quando você vai para aquilo que pede fazenda para remendo, quando você quer construir, corrigir alguma coisa da Psicanálise, apontar erros, é preciso aceitar que o absurdo venha junto, senão acontece esse terrível acidente. Nós perdemos a coragem de narrar os nossos sonhos, e voltamos para onde é mais seguro.

Marilsa Taffarel

Freud quis fazer um tratado (que prometeu para 1910) sobre o método e não fez. Lacan quis fazer um tratado sobre o método e não fez. Recentemente, J. Alan Miller escreveu sobre o método, porque tornou-se moda. E escreveu bem, elucidativamente sobre o método em Lacan. Acho que só foi possível Fabio fazer não um tratado sobre o método, pois, como ele mesmo diz: neste nosso tempo, em que dizer que é preciso método, pode ser dito com a Psicanálise. A interpretação é uma arte. Só neste tempo. É isso.

Fabio Herrmann

Se é isso, está bem dito – e acho que é o suficiente, porque é a melhor síntese que eu poderia fazer da nossa conversa. Faz sentido

RUPTURA DE CAMPO: CRÍTICA E CLÍNICA 253

dizer isso, é possível dizer isso, e será possível dizer isso, enquanto eu puder dizer das duas coisas. Que o método é um deus generoso – mas, ao mesmo tempo, o método é arte. Não teria como resumir melhor.

João Frayze-Pereira

Temos que encerrar essa mesa-redonda que, na verdade, transcorreu como uma conversa inteligente entre amigos. Para realizar o encerramento deste IV Encontro, convido Marion Minerbo, como presidente da comissão organizadora, para uma palavra final e uma palavra de abertura de perspectivas para o quinto encontro.

Marion Minerbo

Este encontro mostrou que a Teoria dos Campos está dentro de nós. Faz parte da nossa maneira de pensar a psicanálise. Testemunhamos aqui a força dessa obra e sua vitalidade, é o que basta para encher o coração de um homem e o coração de todos nós. Agradecemos ao Fabio por um dia ter tido essa idéia única que o possuiu, a idéia da *ruptura de campo*, e que vem fazendo com que produza para nós a Teoria dos Campos. O que agora nos possui é o pulo-do-gato sem gato, e espero que a gente possa fazer um quinto encontro da Teoria dos Campos.

Conclusão
A ARTE DA INTEPRETAÇÃO

Fabio Herrmann

A arte da interpretação é uma arte, e não apenas uma obra de arte, um exemplar especial, um caso, um elemento ou um procedimento de cálculo – uma operação repetida infinitas vezes, sempre com o mesmo resultado. Resumindo, em primeiro lugar, a arte da interpretação não é uma máquina de calcular, e, em segundo, a interpretação não é uma obra de arte isolada – a descoberta de *um* sentido, de *uma* propriedade. Antes, a interpretação, neste caso, é um gênero literário, como, por analogia à filosofia, quando se diz *filosofia heurística*, pode-se e deve-se dizer uma poesia heurística para o conhecimento psicanalítico movido pela arte da interpretação.

Abrindo completamente a questão, como forma literária a Psicanálise é um caso de intimidade extrema com os atos que perfazem a análise, não apenas com o contato com o paciente.

A intimidade entre paciente e analista é algo importantíssimo, não se discute. No entanto, a verdadeira intimidade a ser estabelecida é a intimidade entre psicanalista e método Psicanalítico, entre o psicanalista e todos os passos em que a psicanálise se realiza, se perfaz. A posição do analista, por exemplo, é tão íntima à carne do processo, que ela sequer aparece. Cada vez que o analista tenta se colocar na posição psicanalítica, imitando em si a posição mesma que lhe cabe como analista – com intimidade e, digamos, de maneira bem feita –, o que resulta não é uma analista em seu trabalho natural, mas um analista imitando a Psicanálise. Há uma sensação, por assim dizer, de artificialidade, de fragilidade, a ação dessa analista não flui naturalmente. Nossa neutralidade não tem uma acepção cirúrgica, a que permite a alguém escolher entre um caminho e outro sem tomar demasiado em conta a dor humana. Não, pelo contrário, a nossa neutralidade consiste em se confundirem analista e método. O método escolhe o analista e não o contrário – o analista não escolhe o método necessariamente, ele é escolhido. No máximo o que o analista pode fazer é escolher suas técnicas, procurar a forma do bem-fazer clínico.

Enquanto arte, a arte da interpretação, no entanto, também tem suas obras, obras de arte. Onde as vamos descobrir? Em muitos lugares, porém, o lugar de excelência para descobrir a arte da interpretação, e por mais paradoxal que isto possa soar a vocês, é na psicopatologia. Um ato de psicopatologia, rigorosamente falando, é uma obra de arte, embora, com muito gosto pudéssemos passar sem ela, é claro. Não é raro que em condições em que o homem tem de render sob tensão muito grande, a psicopatologia se transforma em curso prático muito concentrado. Durante este mês pudemos assistir às partidas de tênis do torneio aberto americano, do US Open. Um dos jogadores, chamado Kieffer, um alemão, depois de cada ponto era obrigado internamente a dirigir-se ao lugar exato onde se encontram as linhas vertical e de base na quadra de tênis e pousar a raquete no seu encontro. Talvez (talvez?, não, não sei o que isso

RUPTURA DE CAMPO: CRÍTICA E CLÍNICA 257

pudesse dizer), talvez exigindo precisão de si mesmo, talvez rogando que a próxima bola saia. É impossível saber o que significa um ato como esse, mas é possível ver que isso é poesia e é teatro; é poesia em ação cênica muito bem montada.

O nosso movimento da TdC, baseado em constatações desse tipo, levou ao paroxismo, digamos, o gênero poético da interpretação, a arte da interpretação, em um experimento que ficou conhecido como *corrente alternada*. Habitualmente, quando recebemos um material clínico, tendemos a interpretá-lo de acordo com a nossa experiência com nossos próprios pacientes – e isto é óbvio –; na *corrente alternada*, tomamos isso, que parece ser um desvio, como uma regra precisa de comportamento. Um analista recebia um material clínico escrito com a maior liberdade e da maneira a mais pessoal possível, por quem o mandou, mas não sabia de quem estava recebendo. Isso era administrado em uma central, uma espécie de operadora. Esse analista respondia não com observações sobre o caso, mas com material clinico próprio, colocado também da forma a mais neutra, no sentido próprio do termo, a mais íntima ao processo, embora sem entrar em qualquer elemento próprio do paciente, pois não se tratava de seu paciente, servindo de cânon interpretante para o analista seguinte. A sucessão dessas passagens de bastão, dessa série de material que se ia acumulando, foi tecendo uma teia de arte da interpretação, até o ponto em que tínhamos uma aparência de interpretação, ou quase de um artigo complexo, um pequeno livro, sobre um assunto que ninguém seria capaz de dizer exatamente qual era.

Talvez vocês possam compreender como este passo, saindo da psicologia vulgar da qual tratávamos no começo de nossas discussões aqui, atingiu o plano da arte, da arte da interpretação e se tornou modelo e essência de uma prática analítica menos atrelada ao senso comum. Acredito que este exemplo, e outros que eventualmente possamos discutir, deixem bastante mais claro o problema maior para a nossa clínica que é o da arte da interpretação.

Sobre os Autores

Camila Pedral Sampaio
Psicanalista do Instituto de Psicanálise de Sociedade Brasileira de Psicanálise de São Paulo. Professora doutora da PUC-SP. Membro do CETEC.

Claudio Rossi
Psicanalista da Sociedade Brasileira de Psicanálise de São Paulo. Presidente da FEBRAPSI. Membro do CETEC.

Fabio Herrmann (1944-2006).
Psicanalista da Sociedade Brasileira de Psicanálise de São Paulo. Professor doutor da PUC-SP. Autor da Teoria dos Campos. Fundador do CETEC.

Leda Herrmann
Psicanalista da Sociedade Brasileira de Psicanálise de São Paulo. Presidente do CETEC.

Luís Claudio Figueiredo
Psicanalista. Livre-docente em psicologia pela USP. Professor da PUC–SP e da USP.

Magda Guimarães Khouri
Psicanalista da Sociedade Brasileira de Psicanálise de São Paulo. Membro do CETEC.

Maria da Penha Zabani Lanzoni
Psicanalista da Sociedade Brasileira de Psicanálise de São Paulo, da Sociedade Psicanalítica do Rio de Janeiro e do Núcleo Psicanalítico de Belo Horizonte. Membro do CETEC.

Marilsa Taffarel
Psicanalista da Sociedade Brasileira de Psicanálise de São Paulo. Membro do CETEC.

Sandra Moreira de Souza Freitas
Psicanalista da Sociedade Brasileira de Psicanálise de São Paulo. Membro do CETEC.

Sandra Lorenzon Schaffa
Psicanalista da Sociedade Brasileira de Psicanálise de São Paulo.

COORDENADORES E DEBATEDORES

Alan Victor Meyer
Psicanalista da Sociedade Brasileira de Psicanálise de São Paulo.
Membro do CETEC.

Alice Paes de Barros Arruda
Psicanalista do Instituto de Psicanálise da Sociedade Brasileira de
Psicanálise de São Paulo. Membro do CETEC.

Ana Cristina Cintra Camargo
Psicanalista do Instituto Sedes Sapientiae. Membro do CETEC.

Ana Cristina Spíndola
Psicanalista. Membro do CETEC.

Ana Maria Loffredo
Psicanalista do Instituto de Psicanálise da Sociedade Brasileira de
Psicanálise de São Paulo. Professora doutora do Instituto de Psicologia da USP. Membro do CETEC.

Belinda Mandelbaum
Psicanalista. Professora doutora do Instituto de Psicologia da USP.

Bernardo Tanis
Psicanalista da Sociedade Brasileira de Psicanálise de São Paulo.

Camila Salles Gonçalves
Psicanalista do Instituto Sedes Sapientiae. Membro do CETEC.

Cecília Maria de Brito Orsini
Psicanalista da Sociedade Brasileira de Psicanálise de São Paulo. Membro do CETEC.

Cíntia Buschinelli
Psicanalista da Sociedade Brasileira de Psicanálise de São Paulo.

Fabrício Santos Neves
Psicanalista.

Fernanda Colonnese
Psicanalista do Instituto de Psicanálise de São Paulo da Sociedade Brasileira de Psicanálise de São Paulo.

Gislainne Magalhães de Sá
Psicanalista. Membro do CETEC.

João Frayze-Pereira
Psicanalista da Sociedade Brasileira de Psicanálise de São Paulo. Professor livre-docente do Instituto de Psicologia da USP. Membro do CETEC.

Leda Maria Codeço Barone
Psicanalista do Instituto de Psicanálise da Sociedade Brasileira de Psicanálise de São Paulo. Professora doutora da UNIFIEO. Membro do CETEC.

Liana Pinto Chaves
Psicanalista da Sociedade Brasileira de Psicanálise de São Paulo. Membro do CETEC.

Luciana Saddi
Psicanalista da Sociedade Brasileira de Psicanálise de São Paulo. Membro do CETEC.

Luís Carlos Menezes
Psicanalista. Presidente da Sociedade Brasileira de Psicanálise de São Paulo.

Maria Cecília Pereira da Silva
Psicanalista da Sociedade Brasileira de Psicanálise de São Paulo. Membro do CETEC.

Mara Cristina Souza de Lucia
Psicanalista. Diretora da Divisão de Psicologia do ICHC-USP. Membro do CETEC.

Maria Lucia Castilho Romera
Psicanalista da Sociedade Brasileira de Psicanálise de São Paulo. Professora doutora da Universidade Federal de Uberlândia. Membro do CETEC.

Maria Lúcia de Oliveira
Psicanalista. Professora doutora da UNESP. Membro do CETEC.

Marion Minerbo
Psicanalista da Sociedade Brasileira de Psicanálise de São Paulo. Membro do CETEC.

Mônica G Teixeira do Amaral
Psicanalista da Sociedade Brasileira de Psicanálise de São Paulo. Professora doutora da Faculdade de Educação da USP. Membro do CETEC.

Osmar Luvison Pinto
Psicanalista da Sociedade Brasileira de Psicanálise de São Paulo.
Membro do CETEC.

Raquel Spaziani da Silva
Psicanalista. Membro do CETEC.

Rogério Coelho de Souza
Psicanalista do Instituto de Psicanálise da Sociedade Brasileira de
Psicanálise de São Paulo. Membro do CETEC.

Rosemary Bulgarão
Psicanalista da Sociedade Brasileira de Psicanálise de São Paulo.
Membro do CETEC.

Rubia Mara Nascimento Zecchin
Psicanalista do Instituto Sedes Sapientiae. Membro do CETEC.

Sílvia Maia Bracco
Psicanalista do Instituto de Psicanálise da Sociedade Brasileira de
Psicanálise de São Paulo. Membro do CETEC.

Sylvia Salles Godoy de Souza Soares
Psicanalista da Sociedade Brasileira de Psicanálise de São Paulo.

Sonia Soicher Terepins
Psicanalista do Instituto de Psicanálise da Sociedade Brasileira de
Psicanálise de São Paulo. Membro do CETEC.

Suzete Capobianco
Psicanalista. Membro do CETEC.

Vânia Ghirello Garcia
Psicanalista. Membro do CETEC.